GOETHE Y SCHILLER
Historia de una amistad

Libros de Rüdiger Safranski en Tusquets Editores

TIEMPO DE MEMORIA
Un maestro de Alemania
Martin Heidegger y su tiempo
Nietzsche
Biografía de su pensamiento
Schiller
o La invención del idealismo alemán
Schopenhauer
y los años salvajes de la filosofía
Romanticismo
Una odisea del espíritu alemán
Goethe y Schiller
Historia de una amistad

ANDANZAS
Un maestro de Alemania
Martin Heidegger y su tiempo

ENSAYO
El mal
¿Cuánta globalización podemos soportar?

FÁBULA
Un maestro de Alemania
Martin Heidegger y su tiempo
El mal
Nietzsche
Biografía de su pensamiento
Schopenhauer
y los años salvajes de la filosofía
Schiller
o La invención del idealismo alemán

RÜDIGER SAFRANSKI
GOETHE Y SCHILLER
Historia de una amistad

Traducción del alemán de Raúl Gabás

Título original: *Goethe & Schiller. Geschichte einer Freundschaft*

1.ª edición: septiembre de 2011

© Carl Hanser Verlag. Múnich, 2009

© de la traducción: Raúl Gabás Pallás, 2011
Diseño de la colección: Lluís Clotet y Ramón Úbeda
Diseño de la cubierta: Estudio Úbeda
Reservados todos los derechos de esta edición para
Tusquets Editores, S.A. - Cesare Cantù, 8 - 08023 Barcelona
www.tusquetseditores.com
ISBN: 978-84-8383-349-0
Depósito legal: B. 23.797-2011
Fotocomposición: Pacmer, S.A. - Alcolea, 106-108, 1.º - 08014 Barcelona
Impresión: Limpergraf, S.L.
Encuadernación: Reinbook
Impreso en España

Queda rigurosamente prohibida cualquier forma de reproducción, distribución, comunicación pública o transformación total o parcial de esta obra sin el permiso escrito de los titulares de los derechos de explotación.

Índice

Prólogo 11

1 17
Primer encuentro en 1779. Concesión de premios en la Hohe Karlsschule. El estudiante y el famoso poeta de visita. Espíritu de la época del *Sturm und Drang*. La naturaleza de Goethe y la de Schiller. Uno descubre el hueso intermaxilar, el otro la libertad. *Los bandidos* saltan por encima del hombre, *Ifigenia* lo aquieta. Afán de éxito con medida y sin medida.

2 39
Dos huidas y dos transformaciones. Schiller huye del duque y tras una serie de rodeos llega finalmente a Weimar. Huida de Goethe a Italia. Schiller en Weimar bajo los dioses y los servidores de los dioses. Goethe, ausente. Todos lo aguardan, también Schiller.

3 57
Schiller y Charlotte von Lengefeld. Un verano enamorado de la Antigüedad. Encuentro con Goethe en casa de los Lengefeld. Goethe se mantiene reservado. Amor y odio de Schiller. Dos historias de amor. Christiane y Charlotte: Goethe se vincula hacia abajo y Schiller hacia arriba.

4 77
Goethe y Schiller, incitados por la Revolución francesa. El *pathos* de Schiller en la cáscara de nuez. Miradas al océano de

los hombres. Goethe cierra su círculo. El gran arte de la ignorancia. Contra los exaltados. El arte de Goethe como asilo y el campo de juego de la Revolución en Schiller. Gracia y dignidad. El ofendido favorito de la naturaleza.

5 97
El viaje de Schiller a Suabia. Contacto con el editor Cotta. Fundación de la revista *Las Horas*. Servicio literario. Invitación a Goethe. Giro en la vida de Goethe. El feliz acontecimiento: el encuentro en el verano de 1794. La gran carta de Schiller en el día del cumpleaños. Primer intercambio de ideas, primera visita de Schiller en la casa del Frauenplan.

6 117
Trabajo común en *Wilhelm Meister*. El sentimental Schiller en el taller del genio ingenuo. El impulso de juego. Reacciones ante la publicación. Schiller: «[...] que frente a lo eximio no hay otra libertad que el amor». Impulsos de Schiller y crítica. Wilhelm Meister: ¿también un afortunado simplemente?

7 137
Las Horas. Elevadas ambiciones. Dos maneras de antipolítica política. La formación sociable de Goethe y la educación estética de Schiller. Schiller enoja a Fichte. ¿Cuánto estilo necesita la filosofía? *Las Horas* en crisis. Las *Elegías romanas* como tabla de salvación. Enfado con los Schlegel. El final de *Las Horas*.

8 159
Goethe en Jena. Imágenes de la vida de una amistad. Charlotte y Christiane. Distancia frente a una desordenada vida amorosa. Schiller y Christiane bajo la luz de la luna. Los señores conversan en la colina del general en jefe de la literatura. Los Epigramas. Schiller, *Egmont* y la crueldad. El verano de las baladas de 1797.

9 181
Hermann y Dorothea. Goethe planea su tercer viaje a Italia. Schiller quiere retenerlo. Hölderlin, entre los maestros. El auto de

fe de Goethe antes del viaje. El diálogo epistolar sobre la percepción simbólica. Goethe tras las huellas de Schiller en Suabia. La idea de escribir *Guillermo Tell*.

10 199
Goethe y la sequía poética. El miedo de Schiller ante la obra y el delirio creador. Se cierra la barraca filosófica. El temple estético del espíritu. *Wallenstein*. El retorno triunfal al teatro. Goethe ayuda y admira. La idea del monstruoso todo del mundo. Schiller en la casita del jardín.

11 215
Sobre lo épico y lo dramático. Después de *Las Horas* de Schiller, *Los Propileos* de Goethe. Antigüedad y ausencia de fin. El coleccionista y los suyos. La novela de familia. Imagen de grupo con Schiller. ¿Cuánta realidad puede soportar el arte? La complacencia en lo esquemático. Contra el diletantismo. Fichte, expulsado de Jena. Schiller se traslada a Weimar.

12 229
La dramaturgia de Weimar. Contra lo desnaturalizado y lo demasiado natural. El duque gobierna el gusto. Ejercicios de traducción: el Voltaire de Goethe, el Shakespeare de Schiller. Goethe, el amigo y el jefe. *María Estuardo*. ¿Cuánta religión y cuál? *Fausto* y el derecho del más fuerte.

13 249
Goethe tiene demasiado mundo, Schiller demasiado poco. Asuntos románticos en casa de Schlegel. El triángulo de Goethe, Schelling y Schiller. *Juana de Orleáns*, de Schiller y *La hija natural*, de Goethe. El enfado en torno a Kotzebue. Descontento entre Goethe y Schiller.

14 269
Éxitos teatrales de Schiller. Prohibición de las exclamaciones de «viva». Goethe cede el tema de *Guillermo Tell* a Schiller. El revolucionario conservador. Madame de Staël en Weimar. La

oferta de Berlín. Goethe retiene a Schiller en Weimar. Últimas obras. El motivo del impostor. *Demetrio* y *El sobrino de Rameau*. Muerte de Schiller.

Epílogo.
Segunda carrera de Schiller en el espíritu de Goethe 291

Apéndices
Bibliografía 307
Notas 317
Índice onomástico 337

Prólogo

La amistad, en su sentido más propio, no abunda. Aristóteles ya había afirmado: «Queridos amigos, no hay ningún amigo». Kant, que remite a Aristóteles, advierte: la amistad, pensada en su «pureza» y en su «sentido completo», es sólo «un lugar común para novelistas».[1] En cualquier caso, la amistad real no se da con tanta frecuencia como sugiere el uso exagerado de la palabra. Goethe y Schiller consideraron su amistad como una planta rara, maravillosa, como una suerte, como una dádiva. Les parecía asombroso lo que habían logrado, o lo que les había sobrevenido, y se apoderó de ellos una agradecida admiración. Retrospectivamente, Goethe calificó la amistad de «feliz acontecimiento», y ese mismo calificativo conserva todavía para nosotros, pues haría falta recorrer amplios trechos de la historia del espíritu para encontrar algo comparable, si pretendiéramos asistir a la escena privilegiada en que dos creadores de máximo rango se unen por encima de los contrastes para estimularse recíprocamente e incluso para producir una obra común.

La amistad entre ambos fue magnificada ya entonces hasta convertirla en una leyenda protagonizada por héroes. Se vieron convertidos en los príncipes poetas del Olimpo literario y se les dio la denominación de «dioscuros». También la envidia y la aversión tuvieron su papel. Y, aunque no se les podía enmendar la plana, se quiso por lo menos provocar un pique entre ambos, establecer una jerarquía. ¿Quién es el más importante?, o ¿no están sobrevalorados los dos? Oficialmente pronto fueron venerados como clásicos marmóreos, aunque en cada generación surgían gestos de rebeldía. Cuando en 1829 Goethe editó su correspondencia con Schiller, Grabbe la calificó de «colección de fruslerías en papel»[2] y Börne escribió que «nuestros dos máximos espíritus no son así [...] esto resulta un prodigio [...], una transformación del oro en plomo».[3]

Goethe y Schiller sabían de sobra que la gente podía hastiarse de ellos, y a veces se ejercitaban en el arte de ultrajar al público. Entendían su alianza como un castillo defensivo desde donde lanzaban con buen humor sus rayos contra la vida literaria de la época.

Goethe y Schiller fueron rivales antes de convertirse en amigos. El primero se sentía molesto por la fama del más joven. Inicialmente, Schiller no era para él otra cosa que un recuerdo nada bueno de su propia etapa *Sturm und Drang* («tormenta e ímpetu»), que ya había superado. Y Schiller veía en Goethe una «mojigata orgullosa a la que habría que dejar embarazada para humillarla ante el mundo».[4] Tuvieron que suceder algunas cosas hasta que Schiller pudiera escribir a Goethe: «¡Cuán vivamente he [...] experimentado [...] que frente a lo eximio no hay otra libertad que el amor!»,[5] y Goethe declara frente a Schiller: «Usted me ha proporcionado una segunda juventud y me ha convertido de nuevo en poeta, algo que casi había dejado de ser».[6]

Este libro cuenta los detalles de lo que sucedió a este respecto, narra cómo Schiller vio por primera vez al admirado Goethe en el acto de entrega de premios en la Karlsschule, cuando éste fue huésped del duque Karl Eugen de Württemberg, y el singular paralelismo que adquirió el curso de sus vidas en los años que siguieron: dos casos de fuga y transformación. Schiller huye de Stuttgart y del ámbito de poder del duque. Goethe huye a Italia. En ambos la huida es una liberación para iniciar una nueva actividad artística. Y dos veces también una nueva alianza de amor: Schiller y Charlotte, Goethe y Christiane. Goethe se enamora y se vincula socialmente «hacia abajo», Schiller, en cambio, «hacia arriba». Y luego se produce el laborioso acercamiento. Schiller se aproximó con cautela a Goethe, que por su parte mantenía la distancia. Finalmente, en el verano de 1794 tiene lugar en Jena el feliz acontecimiento del encuentro logrado. Comienza entonces su intercambio epistolar, sin duda la más importante obra común de uno y otro y la fuente principal para este libro. La amistad se prolonga desde 1794 hasta la muerte de Schiller en mayo de 1805. El paralelismo de los temperamentos y caracteres produce en cada uno un incremento de las fuerzas creadoras, en Goethe sobre todo en los primeros años de la amistad y en Schiller durante los últimos años.

Montaigne ve en la amistad lograda un acontecimiento por el que «dos almas se funden mutuamente».[7] Pero lo cierto es que ése no fue el caso en la amistad entre Goethe y Schiller. No fueron uña y carne, y por fortuna no aspiraron a serlo, pues en naturalezas tan diferentes eso habría conducido necesariamente a un desengaño. Goethe se atuvo a la máxima que en diciembre de 1798 formuló como sigue en una carta a August Herder:

> Si siempre fuéramos lo bastante cautos para unirnos con los amigos sólo bajo un aspecto, aquel en que armonizan realmente con nosotros, y no reivindicáramos en absoluto el resto de su ser, las amistades serían mucho más duraderas y estarían menos expuestas a las interrupciones. Pero normalmente es un defecto de juventud, un defecto del que ni siquiera en la edad adulta nos desprendemos, la exigencia de que el amigo sea como otro yo, de que forme un todo sólo con nosotros; y durante un tiempo nos engañamos al respecto, pero el engaño no puede prolongarse mucho tiempo.[8]

De hecho, Goethe se unió al principio a Schiller sólo «en un aspecto», y Schiller se mostraba sumamente cauto para no sobrecargar en exceso la unión. Sin embargo, lo que les vinculaba era suficientemente importante. Era lo más importante para ellos: el trabajo en la propia obra, que con la amistad se convirtió en un trabajo común. La experiencia dichosa de que algo semejante pudiera sucederles hizo que la unión fuera mucho más allá de un contacto meramente parcial. Ahora bien, la referencia a la obra siguió siendo el centro y la base: el fin declarado de la amistad era ayudarse y promoverse recíprocamente en un intercambio intenso de pensamientos y sensaciones. Goethe escribe:

> La inclinación, e incluso el amor, no contribuyen en absoluto a la amistad. La amistad verdadera, la activa, la productiva, consiste en que andemos con igual paso en la vida, en que él apruebe mis fines y yo los suyos, y en que así progresemos juntos de forma permanente.[9]

Para Schiller, semejante forma de amistad es una «relación construida sobre la base de una perfectibilidad recíproca».[10] Y Goethe, cuando quería expresar con una sola palabra el fruto de esta amistad, decía que lo había hecho «progresar». Se trataba por tanto de una alianza, una ayuda recíproca para trabajar en uno mismo; se trataba de una empresa común de elevación. En la época clásica de la literatura alemana, la historia de la amistad entre Goethe y Schiller es una demostración práctica de la idea de formación.

Goethe confesó una vez que la exhortación «conócete a ti mismo», de apariencia tan importante y canónica, siempre le había resultado sospechosa, pues en la mirada a uno mismo nunca puede distinguirse exactamente entre lo encontrado y lo inventado. Y recomendaba el rodeo a través del mundo, pues el hombre sólo se conoce a sí mismo en la medida en que conoce el mundo y es conocido por él. De acuerdo con ello, dice Goethe, al llegar a los años de madurez, en lugar de perderse en el laberinto interior de los espejos, centró su atención en «la medida en que otros quisieran conocerme para que yo en ellos y desde ellos, como en un espejo, pueda adquirir mayor claridad sobre mí mismo y mi interior».[11] En este sentido, Schiller tuvo que ser una suerte para él. Apenas pudo encontrar otro espejo de la conciencia mejor que el de Schiller, ese genio de la reflexión. Goethe recurrió a Schiller para llevar algo de luz a su inmensamente rica vida interior. ¿Por qué era inmensamente rica? La respuesta es muy sencilla: porque él había dado entrada en sí mismo a todo un mundo. «Todo objeto nuevo, si lo observamos atentamente, abre un nuevo órgano en nosotros.»[12]

Schiller es diferente. Se queja de su falta de experiencia del mundo. En 1795 escribe a Goethe: «Suele resultarme maravilloso imaginármelo a usted arrojado al mundo de esa manera, mientras yo permanezco sentado entre mis ventanas con cristales de papel, y ante mí sólo tengo papel».[13] Schiller, entre sus ventanas de cristales de papel, tenía excesiva fuerza de reflexión. Su materia vivencial no consumía completamente su potencia espiritual. Podía ponerla a disposición del amigo, para servir a éste de espejo y enriquecerse él mismo con algo de mundo. En Goethe se le ofrecía un continente completamente distinto, si no para tomar posesión de él, por lo menos para explorarlo. Además, Goethe, genio de la intuición, le hizo adquirir confianza en las fuerzas del inconsciente. Sólo gracias a la amistad con Goethe aprendió Schiller que los impulsos creadores radican en un ámbito que «por su naturaleza» no puede ser comprendido.[14] Ambos se complementaban de manera prodigiosa: uno cuidaba de la claridad y de la conciencia, y el otro del vínculo creador con lo oscuro e inconsciente. Su ideal común era lograr unir las dos regiones: la idea y la experiencia, la libertad y la naturaleza, el concepto y lo ambiguo. Ellos mismos, y más todavía la posteridad, llamaron a eso «lo clásico».

Los amigos eran fuente de alegrías el uno para el otro y se ayudaban mutuamente. «Continúe», escribe Goethe, «familiarizándome con mi propia obra»,[15] y Schiller responde: «Me admira y fascina el rico cambio de su fantasía, y, aunque no pueda caminar al mismo ritmo, seguirlo con la mirada es ya un disfrute y una ganancia para mí».[16]

Con la muerte de Schiller, Goethe sabía que también tocaba a su fin una época de su vida. Tan íntima había llegado a ser con el tiempo la relación entre ambos, que Goethe confesaba a Zelter, el amigo de los años tardíos: «Pensé que me perdía a mí mismo, y lo cierto es que pierdo a un amigo y, con él, la mitad de mi existencia».[17]

Schiller murió sin poder extraer un balance concluyente de esta amistad. Estaba inmerso todavía en el trabajo, en el trabajo común. Examinaba precisamente las anotaciones de Goethe sobre Diderot, y en su última carta escribe: «Ahora, me veo en este [...] artículo metido en cierta controversia con usted».[18]

Esta amistad, tan rica en matices e historias, fue, no obstante, ante todo esto: una conversación en tono de controversia hasta el final. Y por eso podemos extraer tanto de ella.

1

El 11 de diciembre de 1779, procedentes de Berna, Karl August, duque de Weimar, y Goethe, consejero privado de legación, hacen un alto en Stuttgart, donde el duque Karl Eugen de Württemberg los acoge como huéspedes. El duque Karl Eugen en persona guía a los huéspedes a través de la Hohe Karlsschule, la academia que él patrocina y a la que llama, con orgullo, su «vivero». Los estudiantes se abren paso para ver en persona al famoso autor de *Götz* y de *Werther* y quizás atrapar al vuelo una mirada suya. No les faltarán oportunidades. El 14 de diciembre se celebra con música, discursos y cantos corales la fiesta de la fundación de la Karlsschule en el castillo nuevo. En una sala de actos decorada con flores se hallan presentes diversos personajes: delante, en el centro, Karl Eugen; a su derecha, el duque de Weimar, y a la izquierda, con gesto rígido y digno, Goethe. Tiene solamente diez años más que Schiller, pero está allí ante él, por encima de él, como un antiguo poder procedente de un mundo superior. También Iffland lo vio entonces por primera vez: «Goethe tiene una mirada de águila, que no puede soportarse. Cuando levanta la sobreceja, parece como si se le elevara también el hueso frontal».[1] Se conceden los premios anuales. Los distinguidos se acercan, se arrodillan y besan con gratitud el faldón del duque. Schiller recibe tres medallas de plata y diplomas en distintas asignaturas de medicina. También él tiene que arrodillarse y besar el faldón. Lamenta no poder atraer la atención, y no osa alzar una mirada de soslayo hacia arriba, donde Goethe mira por encima de su persona.

En este momento, Goethe tiene fama todavía de ser un representante del *Sturm und Drang*, aunque ya no lo es. Antes de emprender este viaje, había escrito en su *Diario:*

> Otros tiempos, otras preocupaciones. Silenciosa mirada retrospectiva a la vida, a lo revuelto, al tráfago [...]. Qué singular complacencia había encontrado en los misterios, en las relaciones oscuras e imaginativas [...]. Cuán insensatamente me envolví en las cosas humanas y divinas [...]. De qué forma me abstuve de seguir camino alguno, sino que estoy ahí más bien como quien se salva del agua y comienza a secarse por la acción solar...[2]

Últimamente, su actitud es forzadamente digna. El entorno más inmediato, que lo había conocido y apreciado cuando su comportamiento era distinto, acoge con extrañeza este cambio. Wieland escribe: «En lugar del calor que irradiaba vida por doquier, hay hielo político a su alrededor. Siempre es bueno e inofensivo, pero no se comunica».[3] Goethe notó la extrañeza que provocaba. En una carta del 13 de septiembre de 1780 a Charlotte von Stein se compara con un «pájaro que sin saber por qué cae al agua y los dioses, que lo ven a punto de ahogarse, intentan convertir poco a poco las alas en aletas de pez. Los peces, que se preocupan por él, no entienden por qué no se encuentra bien en su elemento».[4] ¿Por qué los demás han de complacerse en él, si él no logra complacerse en sí mismo? ¿Cómo no van a extrañarse de él los demás, si él mismo se siente extraño frente a sí y a su nueva tarea?

Allí estaba, pues, este «gélido» Goethe, con gesto rígido e infundiendo profundo respeto, en la tribuna del nuevo castillo en Stuttgart, posiblemente inmerso en el aburrimiento. Dos semanas después escribe a la señora Von Stein: «Deambulamos de corte en corte, pasamos frío y nos aburrimos, comemos mal y bebemos todavía peor. Aquí la gente te da pena, pues se dan cuenta del aspecto que ofrecen, y un extraño les infunde temor. Están mal instalados, y en general tienen a su alrededor a tontos y bribones».[5]

En Stuttgart, esos «tontos y bribones» habían advertido a Goethe que no mencionara el caso de Schubart ante el duque de Württemberg. Corría entonces por boca de todos la historia del escritor y antiguo organista Christian Friedrich Daniel Schubart. Éste, desde la ciudad imperial de Ulm, se había encarado con el duque Karl Eugen, censurándolo por la venta de los hijos de los habitantes de Württemberg a Inglaterra para las guerras coloniales, y se había burlado de Franziska von Hohenheim, amante del duque, calificándola de «despabiladeras» que arden y despiden mal olor.[6] Con falsas promesas, atrajeron a Schubart a Württemberg y allí lo apresaron. Cuando en febrero de 1777 Schubart fue arrojado a un calabozo en el Alto Asperg, el duque quiso estar presente junto a Franziska; los dos ofendidos no querían perderse esta satisfacción.

Los sucesos aún estaban frescos en el recuerdo, y Schubart seguía en el húmedo calabozo como prisionero personal del duque; no podía leer ni escribir, y tampoco recibir visita alguna; pero su fama creció en toda Alemania como mártir de la libertad de palabra. Se cursaron peticiones y se redactaron poemas en honor del cautivo y amigo de la libertad. En la lejana ciudad de Weimar, Herder intercedió a favor de Schubart y en las *Cartas sobre el progreso de la humanidad* le atribuyó un puesto de honor en la galería de héroes que habían luchado por la libertad y la humanidad.

La esposa de Schubart esperaba recibir ayuda de Goethe: «¡Dios!, pensaba yo, quizá sea él un instrumento divino para granjearnos amigos.»[7] A través de un intermediario, se acercó a Goethe, que se mostró dispuesto a ponerse en contacto con la mujer, pero el encuentro no llegó a producirse. Karl Eugen levantó una pantalla de aislamiento en torno a Goethe. Helene Schubart estaba desesperada. «Mi corazón habla en voz alta con él y, sin embargo, en sus circunstancias no puedo osar visitarlo...»[8] Los estudiantes, casi todos «enardecidos» a favor de Schubart, esperaban mucho de la ayuda de Goethe. De hecho, poco después, las condiciones de la prisión de Schubart se aligeraron. Lo cual, sin duda, nada tenía que ver con Goethe, cuyo peso político sobrevaloraron con toda seguridad sus admiradores.

«Goethe era nuestro Dios»,[9] recuerda Georg Friedrich Scharffenstein, compañero de Schiller. Con la aparición de la obra teatral *Götz von Berlichingen* en 1773 y la novela *Las desventuras del joven Werther* en 1774, Goethe se convirtió de repente en el máximo exponente del «genio» para los jóvenes ambiciosos y obsesionados por la literatura. Los rasgos de su persona se perfilaban con claridad a través de su obra; y se especulaba –de una forma que sólo se había dado en el caso de Rousseau–, sobre el trasfondo biográfico de aquel libro. La fama de Goethe era síntoma de un cambio en la vida literaria. Escribir, leer y vivir se acercaron entre sí. Se aspiraba a reconocer y a ver valorada la propia vida en la literatura, se buscaba encontrarse a sí mismo, y también se quería encontrar al autor, que de pronto se hace interesante con su biografía, e intenta hacerse interesante en el caso de que no lo sea todavía. Esta valoración de lo personal, tanto en el lector como en el autor, forma parte del culto al genio en aquellos años. Por ejemplo, tuvo una poderosa repercusión en el público literario el hecho de que Goethe, pocas semanas antes de su viaje a Stuttgart, clavara en una encina del parque de Ettersburg la novela *Woldemar*, de su amigo Fritz Jacobi, y a continuación, desde la cima de un árbol, declamara versos satíricos. Goethe recaía de este modo en el *Sturm und Drang*. También a Stuttgart habían llegado noticias al respecto. A Schiller le había gustado.

Los escándalos formaban parte del culto a la persona en la época del genio. Un artista presenta una obra. Está bien. Pero no basta. Mejor si la propia vida se convierte en obra de arte, en una obra que estimula la curiosidad y el afán interpretativo del público. Goethe lo había hecho así. Se hablaba ya entonces de su vida, de los años en Frankfurt, de sus mujeres, de cuánto de Goethe había en *Werther*, de las aventuras enloquecidas con el joven duque en los primeros años de Weimar. La fama de Goethe había empezado con *Götz von Berlichingen*. El éxito de este libro se debía al cambio de las ideas tradicionales relativas al rango y el prestigio. Algunos miembros de familias antiguas preguntaron al célebre autor si podría eternizar también su linaje. Y como Goethe no se mostraba dispuesto a hacerlo, Von Riedesel, barón de Eisenach, mariscal heredero de Hesse, ofreció un premio de veinte ducados por un drama que hiciera a su familia tan famosa como la de Berlichingen. Esta recompensa había de concederse en la feria de Leipzig del año 1777, y el barón era tan audaz que optó por Lessing como juez del certamen. Pero nadie se erigió en abogado de los Riedesel. Con *Götz* quedaban todos en la sombra. Incluso llegó a discutirse por extenso la cuestión de si realmente la mano de hierro del caballero era la derecha, como decía Goethe, o la izquierda. Un recensor de Gotinga se decidió por la derecha con el argumento de que esta mano «de hecho es tan indispensable para un caballero como lo es para algunos editores, compiladores y recensores, si bien con la diferencia de que el caballero necesita más contenido en la cabeza para usarla».[10]

Götz fue un éxito nacional, pero el éxito de *Werther* llegó a ser europeo. Las prendas de vestir de Werther –chaleco y pantalones amarillos, frac azul y botas marrones– constituyen aún hoy un caso excepcional en Alemania: que la literatura haya provocado una forma de vestir y, contra lo que acostumbra suceder, sin que su origen sea Francia, Inglaterra o Estados Unidos. Parece que aquí y allá se produjeron asimismo suicidios por imitación. *Werther* se convirtió en libro de culto de toda una generación. El joven Bonaparte lo leyó siete veces. Consideraba que aquel amor desdichado era sobrecogedor, pero que la sociedad no estaba bien presentada, algo que más tarde reprochó al autor en el famoso encuentro de Erfurt en 1808. También en Bonaparte el entusiasmo por la novela había despertado la curiosidad por la personalidad del autor. El escéptico Lessing, que había criticado ya *Götz*, tampoco dio una acogida favorable a *Werther*. Con todo, no pudo sustraerse al encanto del interés biográfico, y publicó los escritos filosóficos de K.W. Jerusalem, que era considerado como el modelo del destino de Werther. Lessing quería mostrar que ese Jerusalem era un «tipo» totalmente distinto de *Werther* y de su autor.

Cuando en 1775 Goethe aceptó la invitación del duque Karl August para ingresar en la corte de Weimar, se suscitó un enorme interés para ver cómo se desarrollaba este «tipo». El poeta que había criticado la sociedad palaciega, ¿tomaría los rasgos del príncipe, o bien, a la inversa, el príncipe se adaptaría al poeta? ¿Se haría cortesano el poeta, o se haría genial el príncipe? Al principio parecía que era el joven duque el que emulaba a su mentor. Se contaba hasta qué extremos tan perversos había llegado Goethe en compañía de su joven duque en cacerías, francachelas y fiestas campestres en compañía de las bellezas rurales. Se decía que Goethe había convertido aquel lugar de contemplación, aquella sede de las musas, en el cuartel general de los genios. Lo cierto es que Goethe arrastró tras de sí como una cola de cometa a otros autores del *Sturm und Drang:* a Lenz, Klinger, Kaufmann y los hermanos Stolberg, que entonces todavía eran neófitos en la nueva fe. Hubo fiestas de las que los filisteos de Weimar seguían hablando aún al cabo de decenios. Según narra Böttiger, «entre otras cosas se celebraban banquetes en honor del genio,[11] donde los comensales comenzaban arrojando todos los vasos por la ventana; en cambio, se usaban como copas un par de sucias urnas funerarias que se habían extraído de un cercano túmulo antiguo». Los asistentes competían en gestos y formas de presentarse para producir efectos inusitados. Lenz hizo de bufón, Klinger dio la nota devorando un trozo de carne de caballo cruda, Kaufmann se sentó en la mesa del duque, a pecho descubierto, con el cabello revuelto y un colosal bastón nudoso. A la señora Von Stein, los actos de aquellos genios le resultaban muy desagradables, y, en una carta a su amigo Zimmermann, se quejaba de que Goethe adoptara «una conducta indecorosa, profiriendo maldiciones con palabras bajas y plebeyas»; de esa manera, añadía, pervierte incluso al duque, que cae también en tales «modales» y recientemente ha llegado a decir «que las gentes con buenos modales [...] no por tenerlos merecen llevar el nombre de un varón honorable».[12]

La noticia de las locuras de Weimar llegó también a oídos de Klopstock, en Hamburgo. Creyéndose obligado a defender la «república de los sabios», escribió una carta de exhortación al que, veinticinco años más joven que él, consideraba como su discípulo más dotado: «Si el duque sigue bebiendo hasta enfermar, en lugar de fortalecer su cuerpo, como dice, sucumbirá y no llegará a viejo...».[13] Goethe contestó en tono cortante: «Dispénsenos en el futuro de tales cartas, querido Klopstock. Usted no nos sirve de ayuda para nada y lo único que logra es provocarnos un par de horas de mal humor».[14]

En la segunda mitad de los años setenta del siglo XVIII, las noticias relativas a los actos de aquellos genios de Weimar se hicieron más escasas. Pero el concepto de genio, que Goethe encarnaba tan persuasivamente, no perdió nada de su fuerza de irradiación entre jóvenes como Schiller y sus amigos en la Karlsschule. «Genio» era para ellos un asunto del corazón, un grito de lucha en las batallas espirituales de su presente, unas batallas en las que ellos participaban, aunque de momento aún desde la lejanía. El genio de Goethe los deja a todos en la sombra, por ejemplo, a Klopstock, a quien Schiller había venerado inicialmente, como otrora lo hiciera Goethe, que en los comienzos de su desarrollo intelectual tuvo que liberarse de Klopstock. Schiller recorrió la fase de Klopstock cuando Goethe ya la había superado. En las odas y en el *Mesías* de Klopstock había encontrado Schiller «amor y agrado» para explayarse «en los espacios infinitos»[15] y, sin embargo, unir lo enorme con lo minúsculo. Klopstock fue para la generación de Schiller el sonido sublime de los padres:

> No me quiero lanzar
> al océano universal
> de todos los mundos;
> sólo quiero flotar
> en torno a una gota del cubo,
> en torno a la esfera terrenal.[16]

También Schiller había sentido la postura del rebelde de los mundos, del ángel caído Abaddona, al que el cielo se le convierte en desierto, y el mundo en una nada.

Para Schiller, como también para Goethe tiempo atrás, Klopstock había sido un ídolo de la juventud.[17] En esa edad se prefiere lo gigantesco, porque no se conoce todavía la vida. A diferencia de ello, Schiller aprendió de Goethe algo sublime que, al contrario de Klopstock, no conduce a las estrellas, sino que abraza de lleno la vida. Cuando todavía era un «esclavo de Klopstock»,[18] Schiller, se regalaba con lo supraterrestre sin tocar el suelo;

pero en Goethe encontró lo terrestre con brillo supraterrestre. Lo que Goethe aprendió algunos años antes, ahora también lo aprende Schiller, a saber: que lo sublime permanece vacío si no se forma dentro de la «lejanía de la vida».

Goethe escribirá sobre Klopstock en *Poesía y verdad:* «La dignidad del objeto elevaba en el poeta el sentimiento de la propia personalidad»[19]. Gracias a Goethe comprende Schiller que el sentimiento de la propia personalidad tiene que brotar de uno mismo, de su fundamento creador, y no está abocado a la dignidad del objeto. El genio no necesita la cresta de grandes temas para parecer grande. El poeta genial es el «Prometeo» de una segunda creación: «Aquí me siento yo y formo hombres, los formo a mi imagen...»,[20] leemos en la oda a Prometeo.

En los años setenta del siglo XVIII, cuando se hablaba del genio, el pensamiento se dirigía ante todo a Shakespeare. Treinta años antes, éste seguía siendo prácticamente desconocido en Alemania, pero ahora es considerado como el creador de hombres por antonomasia. Goethe escribe en su discurso sobre Shakespeare: «Competía con Prometeo, a su imagen formaba los hombres rasgo a rasgo, pero con grandeza colosal».[21] Shakespeare no se eleva como Klopstock sobre la naturaleza, ni la imita idílicamente, como los anacreónticos; más bien, la crea desde su naturaleza interior y, por eso, acierta con la verdad de la naturaleza exterior y del hormiguero humano.

«Naturaleza» es, junto con «genio», la otra palabra mágica de la época. Ambos términos forman una unidad y se oponen a lo artificial y a la coacción. El genio no se atiene a reglas, sino que se da a sí mismo algunas que brotan de la propia naturaleza creadora. Más adelante, Kant encontrará la fórmula decisiva para esta idea: el genio es aquel don de la naturaleza que «da la regla al arte».[22]

Schiller descubrió a Shakespeare a través de su profesor Jakob Friedrich Abel, que ingresó en la Karlsschule con un discurso sobre el «genio». En sus palabras del 14 de diciembre de 1776, pronunciadas exactamente tres años antes de la visita de Goethe a la Karlsschule, Abel afirmaba: «El genio juega con pensamientos grandes y audaces, como Hércules con el león. ¿Qué no sufrió

Shakespeare? Gritan y croan a sus pies, pero él se mantiene impávido, con su cabeza en las nubes del cielo».[23] En sus clases de los años siguientes, Abel hará que Schiller conozca a este «león». Para dar un carácter plástico a los conceptos psicológicos acostumbraba servirse de piezas literarias. En una ocasión esclareció el problema de los celos con el ejemplo de *Otelo,* drama del que leyó algunos pasajes tomados de la traducción de Wieland. Abel describe así la escena:

> Schiller era todo oídos, todos los rasgos de su rostro expresaban los sentimientos de los que estaba henchido y, apenas terminó la lección, me pidió anhelante el libro. Y a partir de ese momento, lo leía y estudiaba con celo ininterrumpido.[24]

Con los compañeros cambiaba raciones de comida por algunos tomos de Shakespeare. Su lectura le sobrecogía. Pero entre el entusiasmo anterior de Goethe y el de Schiller hay una diferencia característica. Schiller aclaró más adelante este punto en su obra *Poesía ingenua y poesía sentimental*. El autor «ingenuo», representado entre otros por Goethe, puede confiarse sin congoja a la naturaleza, se siente llevado por ella y la expresa. En cambio, el autor «sentimental», tal como Schiller pretende serlo, reflexiona y dispone las cosas según le conviene antes de dejar que éstas lleguen a él. No quiere exponerse a la violencia de la naturaleza inmediata. Pero Shakespeare, escribe Schiller, producía en él el efecto de una naturaleza inmediata. Lo admiraba, pero también lo temía. Schiller escribirá más adelante, recordando sus primeras impresiones de Shakespeare: «Todavía no era capaz de entender la naturaleza de primera mano, sólo podía soportar la imagen sometida a reflexión a través del entendimiento y compuesta a través de las reglas».[25] Por tanto, la «naturaleza» pura de Shakespeare todavía resultaba excesiva para el joven Schiller. El caso de Goethe era diferente. Éste tenía un hambre insaciable de naturaleza pura, y cuando descubrió a Shakespeare exclamó: «¡Naturaleza!, ¡naturaleza!, nada contiene tanta naturaleza como los hombres de Shakespeare».[26]

Pero el *Sturm und Drang* y los que idolatraban a Goethe, ¿qué entendían por «naturaleza» y por «natural»? Naturaleza es lo que crece orgánicamente desde dentro y se desarrolla. Lo que acontece por naturaleza puede coartarse, reprimirse y mutilarse desde fuera mediante órdenes artificiales, formas mecánicas de pensamiento y reglas que no favorecen el desarrollo, sino que lo limitan. Fue Rousseau el que proporcionó a su siglo los lemas decisivos para el malestar en la cultura. A partir de Rousseau nos preguntamos si el hombre no es propiamente un ser dotado de empatía, que, sin embargo, en el mecanismo social es forzado al egoísmo. ¿No es genuinamente creador y, a pesar de todo, tiene que dilapidar sus fuerzas en tareas que limitan y matan el espíritu? A causa de la educación y la formación dominantes, ¿no se mata la unidad originaria de sentimiento y entendimiento? Su aspiración a la propiedad y a la posesión, ¿no lo induce a querer dominar o a delimitarse meticulosamente? Las reglas sociales, ¿no lo han despojado de sus derechos naturales?

Estas preguntas proceden de la gran desconfianza frente a las relaciones dominantes. Pero el hombre no se conforma con exigencias abstractas, no sólo se halla ante al deber, sino que se encuentra vinculado además al ser auténtico, que lleva el nombre de naturaleza. Tras las huellas de Rousseau se indaga en la naturaleza la verdad escondida, que puede entresacarse de las relaciones falsas mediante una búsqueda tenaz basada en la conciencia de sí mismo. Jakob Lenz, el amigo del joven Goethe, había expuesto drásticamente el problema en su obra *El preceptor*. En ella, un profesor particular se castra para no arriesgar su porvenir en el seno de una familia noble. A la postre, la coacción de la naturaleza en el propio cuerpo supone la propia mutilación y destrucción. No todos han presentado el problema de forma tan estridente, pero Goethe opinaba algo semejante cuando ponía en boca de Werther:

> Pueden decirse muchas cosas a favor de las reglas, aproximadamente lo que puede decirse a favor de la sociedad burguesa [...], mas, por el contrario, todas las reglas, se diga lo que se diga, destruirán el verdadero sentimiento de naturaleza y la verdadera expresión de la misma [...]. ¡Oh!, amigos, ¿por qué el torrente del genio se des-

borda tan pocas veces, brama tan pocas veces en altas olas y conmueve vuestras almas admiradas?[27]

La naturaleza es fuerte, está llena de energía, pero ¿es siempre buena? En ciertos momentos, el sentimiento dichoso de la naturaleza parece sugerirlo. «Cuando acerco mi corazón al hormigueo del pequeño mundo que pulula entre los tallos, a las innumerables e insondables figuras, a todas los formas de gusanos y mosquitos...»,[28] entonces, dice Werther, le parece como si el espejo de su alma se convirtiera en el «espejo del Dios infinito». Pero en otra ocasión, casi en el mismo entorno, el «escenario de la vida infinita» se le transforma en el «abismo del sepulcro eternamente abierto».[29] El «muere y transfórmate»[30] se convierte en el devorar y ser devorado, la naturaleza pasa a ser un «monstruo que rumia eternamente».[31] Si la naturaleza externa ofrece esta imagen escindida, la naturaleza interior, subjetiva, ¿no se mostrará también contradictoria y abismal? Es sabido que Werther termina destruyéndose a sí mismo y cabe dudar de si son solamente las limitaciones sociales las que lo hunden.

Es exactamente esta ambivalencia del concepto de naturaleza en Goethe la que atrae al joven Schiller, y es interesante observar lo que éste extrae de ella.

Pocas semanas antes de la visita de Goethe a la Karlsschule, Schiller vio que su primera disertación, dedicada a la «filosofía de la psicología», era rechazada, y fue el propio duque el que la rechazó, aunque en el pasado, cuando necesitaba médicos, empujara a Schiller a estudiar medicina. Ahora, en cambio, no puede colocar a sus pupilos en puestos profesionales, por lo que, apoyándose en los informes de los profesores, rechaza la disertación: «En consecuencia, estimo oportuno para él que permanezca un año más en la academia, donde, mientras tanto, su fuego podrá atemperarse un poco...».[32] El «fuego» de Schiller era la pasión con que en el campo de la fisiología quería escrutar aquella ambivalencia de la «naturaleza» que había encontrado en su admirado Goethe. Schiller quiere acreditarse como un «penetrante conocedor de espíritus»,[33] que por caminos distintos de los de Shakespeare o Goethe, a saber, como un médico que filosofa, «intenta, por así decirlo, sorprender al alma en sus operaciones más secretas»,[34] tal como escribe en el año 1781 en el prólogo a la primera edición de *Los bandidos*. Se impone al médico la conclusión de que posiblemente las «operaciones más secretas» hunden sus raíces en el reino de las sombras, a una profundidad mayor de lo que podría gustar a un alma orgullosa, que hace alarde de su independencia y quiere experimentar la naturaleza solamente como un sentimiento de la misma, pero no en el propio cuerpo. Según Schiller, el dogma del *Sturm und Drang* según el cual la naturaleza es todo y nosotros hemos de desplegar sus fuerzas para encontrar en ella nuestra verdad, tiene que acreditarse en la investigación concreta del nexo entre espíritu y naturaleza, alma y cuerpo. ¿Cuánta libertad nos deja nuestra propia naturaleza, nuestro cuerpo, y cuánta fuerza de configuración tenemos nosotros frente a ella? Estamos aquí ante una pregunta que Goethe nunca se planteó así. Para Goethe la «naturaleza» era lo envolvente, lo que simplemente soporta y produce. Para Schiller, en cambio, era la parte contraria, un contrincante de la libertad. Aproximadamente en el tiempo de la visita de Goethe, tuvo que redactar el informe de la autopsia de un cadáver. En él escribió: «Cuando se le abrió el pecho, se derramó una gran cantidad de suero amarillento [...]. Las vísceras contenían una viscosidad amarillenta [...]. En la mitad superior del pulmón izquierdo había una especie de pus».[35] El informe termina con esta frase: «No se le abrió la cabeza». Schiller tuvo que redactar tres disertaciones hasta que finalmente le fue aceptada una. En todas ellas aborda el problema de la relación entre cuerpo y alma e intenta abrir la «cabeza» con su instrumental analítico, para averiguar si puede encontrarse allí la sede de la soberanía. A este respecto, en sus sutiles construcciones conceptuales se nota en el trasfondo la repercusión de la ambivalente imagen de la naturaleza en Goethe, la duplicidad de hormiguero vivo, lleno de amor, y abismo que se traga el sentido.

El primer capítulo de la primera disertación, el único conservado, aborda esta cuestión: ¿cómo a partir de estímulos corporales, o sea, a partir de la «naturaleza», surgen los fenómenos de la realidad de la conciencia? El autor aspira a analizar los procesos que tienen lugar en la transformación de lo fisiológico en lo psíquico, tema que en la tercera tesis analiza con mayor profundidad. A este respecto, la investigación especial que se apoya en la neurofisiología coetánea es preparada con una gran escenificación de la teoría. En trazos audaces desarrolla Schiller con ímpetu entusiasta toda una filosofía del amor como principio natural, cósmico, que constituye en todas partes el nexo de la vida, la gran cadena de los seres. Este pensamiento corresponde a las palabras donde Goethe habla del «soplo del que lo ama todo,[36] que en un gozo eterno nos lleva y conserva flotando en el aire». En Schiller, este conjuro de la filosofía del amor al principio de las investigaciones fisiológicas equivale a la invocación de una musa que ha de dirigirlo, a fin de evitar que él, abandonado de todos los buenos espíritus, no caiga en la tentación materialista: «Un ataque audaz del materialismo derrumba mi creación». Si vence el materialismo, ya sólo podemos decir sobre el hombre las palabras de Karl Moor: «El hombre surge del lodo, y camina un tiempo por el lodo, y hace lodo, y fermenta luego juntamente con el lodo, hasta que al fin se pega asquerosamente en las suelas de los zapatos de su biznieto».[37] Este punto de vista corresponde a la consternación de Goethe ante una naturaleza como «abismo del sepulcro eternamente abierto».[38]

Para Schiller, el principio del amor, que querría ver introducido en la naturaleza, es un conjuro negativo contra la tentación de contemplar la naturaleza como «abismo» o «lodo». Ese amor de partida sólo es realmente un principio, una magnitud especulativa. El «soplo del que lo ama todo» es algo percibido; en cambio, el amor de Schiller es pensado grandiosamente, pero no pasa de ser ideado. Ha de introducir un principio animador en la «máquina» del mundo de los cuerpos, tiene que salvar la «sima» entre alma y cuerpo, espíritu y naturaleza, y superar el dualismo entre conocimiento y realidad.

Tiene que haber espíritu en la naturaleza, pues de otro modo no podríamos conocerla en absoluto: sólo lo igual conoce lo igual. En diversas ocasiones utiliza Schiller como motivo director en su filosofía del amor la imagen de la gran «cadena de las fuerzas»,[39] metáfora que una tradición venerable pone en sus manos y que también utiliza Goethe. Esa metáfora ha dominado el pensamiento occidental desde Platón. La gran cadena se mueve desde arriba hacia abajo como emanación divina, y asciende desde abajo hacia arriba, «siempre en dirección hacia el espíritu».[40] Sobre todo, los miembros de la cadena no están unidos en sentido único, a la manera de la causa y el efecto. De ahí deduce Schiller con audacia una conclusión extraordinaria: por tanto, no puede ser que lo fisiológico, por ejemplo, el enrejado de nervios en el cerebro, sea la única actividad, una actividad ejercida en la acción del espíritu; más bien, tiene que haber una causalidad a la inversa, la ejercida en la naturaleza desde el espíritu. Cada miembro de la gran cadena tendrá que ser a la vez causa y efecto. Esto, aplicado al sistema nervioso, significa que hay procesos fisiológicos que transcurren sin nuestra voluntad e incluso contra ella, y otros que son desatados por la voluntad y que, en consecuencia, no son sino una causa emanada de la voluntad. «El alma tiene un influjo activo en el órgano del pensamiento»,[41] escribe Schiller. Pero ¿cómo puede lo físico transformarse en psíquico? Schiller no es capaz de explicarlo, especula sobre una supuesta «fuerza intermedia».[42] Pero no llega más lejos, pues, en primer lugar, no puede demostrarla y, en segundo lugar, no sabe exactamente qué tipo de entidad ha de buscar, si algo material o algo espiritual. La «ominosa fuerza intermedia» es en verdad tan sólo una idea.

Las investigaciones de la naturaleza que Goethe emprende casi al mismo tiempo son un poco más firmes y, sin embargo, más contemplativas; están animadas por la «mirada, la observación y el descubrimiento». La manera de proceder de Goethe difiere por completo de la que sigue Schiller, que está impulsado por la ambición de «sorprender a la naturaleza en sus operaciones secretas». Con todo, también para Goethe, igual que para Schiller, es decisiva la idea de la gran cadena, y se ocupa más en concreto de esta pregunta: ¿cómo se ha desarrollado el hombre desde el reino animal? Para cerrar la cadena le falta todavía el *os intermaxilare*, el hueso intermaxilar, que se muestra en los simios, pero no en el hombre, según todos los indicios. Pero a Goethe se le ocurre pensar que quizás en el hombre se forma de nuevo en el estadio prenatal. Y un buen día llega a sus manos el cráneo de un embrión. En él descubre el fino lugar de sutura, había hallado las huellas apenas visibles del hueso intermaxilar. «Estoy tan contento que me da saltos el corazón y se me estremecen todas las vísceras», escribe a la señora Von Stein; y a Herder, en el mismo día, el 27 de marzo de 1784: «No he descubierto oro ni plata, pero sí algo que me produce una alegría inefable, el hueso intermaxilar [...]. También a ti debería producirte alegría, pues es como una clave de bóveda para entender la realidad del hombre».[43] Sin embargo, el eco en el mundo de los especialistas no fue muy sonoro, cosa que evidentemente enojó a Goethe: «Vuelvo a comprobar que el especialista profesional niega sus cinco sentidos; pues raras veces se preocupa por el concepto vivo de la cosa, y sólo le interesa lo que se ha dicho acerca de ella».[44] En cualquier caso el profesor Justus Christian Loder, de la Universidad de Jena, incluyó el descubrimiento de Goethe en su *Manual de anatomía*. Todo eso no desvió a Goethe de su camino, la teoría de los huesos le había embelesado. Estudió seguidamente un cuerno de rinoceronte, e incluso hizo que le enviaran un cráneo de elefante, que escondió en su habitación para que no lo tildaran de loco. Schiller especulaba sobre una ominosa «fuerza intermedia», Goethe, en cambio, tenía su *os intermaxilare*, un miembro intermedio en la serie de configuraciones de la vida.

Hay medios para dar, de una u otra forma, con el hueso intermaxilar, el cuerno de rinoceronte y el cráneo de elefante. Pero ¿cómo puede encontrarse la libertad en el cerebro, tal como lo intenta Schiller con ahínco? La busca mediante una teoría de la «atención».[45] ¿No es sorprendente que podamos dirigirla por «libre voluntad» como si se tratara de un rayo de luz? ¿No queda demostrado con ello que no sólo dependemos de estímulos, sino que además podemos escoger aquello a lo que queremos reaccionar? La atención dirigida por la voluntad, ¿no concede una mirada a la esencia de la libertad de decisión? Schiller, alentado por la alegría del descubridor, aunque no tenga en la mano algo tan duro como el hueso, reprochará más tarde a Goethe que «palpe demasiado», y con aliento y orgullo presenta su hallazgo relativo a la libertad: «La atención, a través de la cual fantaseamos, reflexionamos, nos distinguimos y concentramos, a través de la cual queremos. Es el influjo activo del alma en el órgano de pensamiento el que realiza todo esto».

La libertad es desde ahora el gran tema de Schiller. Ha intentado hallar un lugar para ella desde lo fisiológico. La percibimos en el movimiento intencional de la atención, por tanto, tiene que existir o, tal como escribe en su disertación, «la experiencia la demuestra. ¿Cómo puede rechazarla la teoría?».[46] Schiller, como ya hicieran el *Sturm und Drang* y el joven Goethe, había empezado declarando santa la naturaleza, pero ahora sigue otros caminos; con la libertad se desprende, vuela por encima de la naturaleza e incluso se le opone. Pero todo ello no está enteramente exento de peligros. La libertad, dice Karl Moor, «incuba colosos y cosas extremas».[47]

En el momento de la visita de Goethe en Stuttgart, Schiller no sólo ha concluido su primera disertación, sino que también está a punto de terminar *Los bandidos,* la obra que lo hará famoso de la noche a la mañana. De este modo, va a repetirse un éxito que Goethe había tenido diez años antes con su *Götz*. Schiller presenta a dos hermanos enemistados, dos extremistas de la libertad.

Karl es un idealista extremo, en la medida en que, con el entusiasmo de su corazón, cree en un buen orden paternal del mundo, en un orden «natural» de las cosas; pero basta una tergiversación, una debilidad del padre y una maldad del hermano, para hacer que Karl se adhiera a una banda de bandidos, con los que, como noble salvaje, se entrega al furor de una venganza contra el orden perturbado del mundo.

Franz es un materialista extremo; la naturaleza lo ha tratado mal: se deslizó del «seno materno» en segundo lugar, un destino que lo excluye de la herencia. La naturaleza le ha impuesto «una carga de fealdad»: «¿Por qué precisamente a mí la nariz lapona? ¿Precisamente a mí esta boca de negro, estos ojos de hotentote?».[48] La naturaleza es cruel e injusta. ¿Por qué no habría de serlo él? Franz ha sido golpeado por ella y, por tanto, devuelve el golpe.

De nuevo tenemos así la imagen de la naturaleza ambivalente: la que «lo ama todo» y el «abismo».

Para Karl, la naturaleza es la que lo ama todo, el orden bello y bueno; para Franz, es el «abismo». Ambos actúan de acuerdo con la manera en que experimentan e interpretan la naturaleza. Uno se presenta como vengador del orden del mundo momentáneamente perturbado, el otro ofrece la figura del malvado que «razona». «Yo quiero erradicarlo todo a mi alrededor, todo lo que coarta mi posibilidad de ser señor.»[49] Para Schiller lo decisivo es que ambos actúan libremente, pero actúan así reaccionando a su vivencia de la naturaleza. La obra quiere mostrar que el hombre no sólo es lo que hace de él la naturaleza, sino también lo que hace de él su libertad. Franz se toma la libertad de ser malo y luego se suicida. Karl, dispuesto a la penitencia por sus acciones, se confía al veredicto de los jueces.

En 1782, poco después del estreno, Schiller redacta una reseña de su obra y en ella critica la falta de cercanía a la realidad en sus figuras. Escribe que éstas no están formadas de acuerdo con la naturaleza, sino que el autor «ha saltado por encima de los hombres».[50] También lo percibieron de este modo en la lejana ciudad de Weimar, por lo menos así se lo criticaron Goethe y Wieland, comentando que el joven de Suabia había exagerado realmente con las creaciones de su cabeza.

De hecho, el autor «salta por encima» de los hombres según son usualmente y como término medio; aspira con ello a hacer un experimento con los extremos. La obra es, en realidad, un dispositivo experimental para caracteres extremos, que desarrollan de forma monstruosa pero consecuente el principio de su existencia –la libertad–, hasta llegar a la catástrofe. Schiller sigue adherido al tema de la libertad, pero sabe que ha de trabajar más a la hora de ponerse en consonancia con la naturaleza. Como médico ha abogado por más libertad en la naturaleza, como poeta tendrá que aprender a hacer que la naturaleza tenga más vigencia en la libertad.

Por una parte, esto se le resiste, pues Schiller está más lleno de la conciencia del hacer, que de la conciencia del dejar que los hechos acontezcan. No percibe la naturaleza como algo que lo soporta todo benévolamente y lo deja prosperar. De otro lado, lo impulsa la idea del perfeccionamiento, que lo hace ávido de aprender. Y por eso quiere aprender también lo natural. De ahí las recensiones dedicadas a sus propias obras. También en textos posteriores, especialmente en *Don Carlos,* Schiller utilizará el recurso de enjuiciarse públicamente. Y ni siquiera se avergonzará de mencionar sus defectos con más claridad de lo que suelen hacerlo los críticos. Quiere obtener ante el público la absolución de su propia evolución como autor. No le resulta difícil, pues para él, el trabajo poético no es tanto un proceso íntimo, expresivo, que conviene dejar en la oscuridad, cuanto un hacer y experimentar consciente. Schiller mira siempre al espacio público, que es el lugar de repercusión de sus obras. Lo mismo sucedía cuando era más joven. Los compañeros cuentan que a Schiller le gustaba recitar sus poemas y que no temía la crítica. También llama la atención su estilo retórico. La preocupación por el efecto es siempre dominante. Ya el pequeño Fritz predicaba a sus compañeros de juego desde una silla, ataviado con un negro delantal de cocina. También se ha hecho famosa aquella escena, en un bosque junto a Stuttgart, donde Schiller, en un oculto claro del bosque, ofrece a sus amigos con pasión y gesto revoltoso algunos fragmentos de *Los bandidos,* entonces en proceso de gestación. Parece que en presencia de Scharffenstein dijo: «Queremos escribir un libro para que el verdugo lo queme íntegramente»;[51] y esta frase es puesta de forma casi idéntica en boca de uno de los ladrones. Schiller quería provocar a un siglo que «llamaba la atención con la tinta», y se recreaba en su imaginación previendo cómo sus bandidos, sus genios de la fuerza, irrumpirían en el mundo paternal de aquellas conmovedoras obras teatrales que entonces estaban de moda. Al principio no se atrevió a confiar en que esto llegara a suceder, pero cuando sucedió, se produjo algo así como el cumplimiento de un sueño.

Dos años después de *Los bandidos,* con ocasión de una representación de *Fiesko,* Schiller habla por primera vez de aquella voluntad de poder que lo impulsa y que sólo conoce a un autor teatral capaz de tener al público en sus manos:

> Fue siempre sagrado y solemne aquel gran momento, cuando en el teatro los corazones de tantos centenares de espectadores, como

llevados por el golpe omnipotente de una varita mágica, oscilan al ritmo de la fantasía de un poeta [...], cuando llevo por la brida el alma del espectador y, según mi capricho, la arrojo ya al cielo ya al infierno, como si de un balón se tratara; y es una alta traición al genio, una alta traición a la humanidad, descuidar este momento feliz donde hay tanto en juego, donde pueden ganarse o perderse tantas cosas para el corazón.[52]

Schiller pertenece a la nueva generación, que ya no entiende el éxito literario como Goethe. Éste creó sus obras como si se dirigiera tan sólo a los aficionados; las publicaba y esperaba relajadamente su resultado. Incluso después de obtener un éxito tan colosal con sus dos grandes obras iniciales, *Götz* y *Werther*, siguió escribiendo en tono de cámara para un grupo de amigos que alcanzaba con su mirada. No se consideraba a sí mismo de forma alguna como escritor profesional. Aunque más tarde formulará junto con Schiller una dura crítica al diletantismo, sigue entendiendo sus escritos como una afición en sentido elevado. Hacía como si se sorprendiera de sus éxitos. Schiller era diferente. Después de huir de Stuttgart, se consideró un escritor profesional, lo que se correspondía también con su afán de éxito. Actuaba constantemente en el frente de los posibles éxitos. Era el éxito lo que determinaba su trabajo en la obra. No era un autor que viniera solamente de dentro, la intimidad no era su asunto. El drama es para Schiller un arte de regular los afectos rigurosamente calculable, una máquina para la producción de grandes sentimientos.

Desde su instalación en Weimar, Goethe prefiere la moderación y el recogimiento. Es un ejemplo de ello la primera redacción, en 1779, de *Ifigenia*, una obra pensada para el teatro de aficionados de Weimar. La obra tuvo buena acogida, sobre todo por el hermoso vestuario; Goethe, que hacía de Orestes, aparentaba una buena figura; pero el conjunto no era un arte capaz de despertar los afectos. Y no tenía que serlo, pues la duquesa Louise de Weimar se estaba recuperando de un parto difícil. Se imponía la moderación. *Ifigenia* es un alma pura y, evidentemente, nada más, y es lo más adecuado para la situación. Ningún tono elevado, ningún contraste, todos son nobles, también las figuras secundarias, hasta el rey de los bárbaros perdona, y en la muerte sagrada sopla un aire templado. Goethe escribía a la señora Von Stein el 23 de marzo de 1779: «Sucede como con el amor, que también es monótono».[53] Cuando más tarde Schiller, por razones de amistad, quiso adaptar el texto para el gran escenario, encontró muchas dificultades en su intento. Para él, un organismo que no deja salir hacia fuera su rica vida, es una ostra cerrada.

También cuando actuaba o recitaba, Goethe se mostraba reservado, evitaba la gran pasión, el efecto rudo, los tonos estridentes. Su voz era sonora, rica en modulaciones, se mostraba parco en gestos. El joven Schiller actuaba de forma completamente distinta. Su obsesión por el éxito no conocía todavía ninguna medida.

Pocas semanas después de la visita de Goethe a Stuttgart, se celebró con toda solemnidad el cumpleaños del duque. Se permitió a los estudiantes representar un drama, y Schiller recibió el encargo de elegir la obra y preparar la ejecución. Escogió *Clavigo*, de Goethe, y se reservó el papel principal. Tuvo que ser una representación digna de recuerdo. Un testigo presencial relata:

> ¿Cómo fue su actuación? Se puede decir sin ninguna exageración que fue horrible. Lo que tenía que ser conmovedor y solemne, resultaba chillón, hinchado, y sonaba como una machacadora. Expresaba la interioridad y la pasión a través de rugidos, resoplidos y pataleos; en resumen, toda su actuación resultó completamente desaliñada, a veces era repulsivo y otras, hacía reír.[54]

En otra escena, donde la acotación escénica decía que Clavigo debía moverse con gran confusión en un sofá, «Schiller se entregaba tan salvajemente a movimientos bruscos en el mueble, que los espectadores esperaban, entre risas, que cayera».

Por el momento, Schiller no extrajo de este fracaso ninguna lección. Siguió teniéndose infatigablemente por un buen actor. En Mannheim, después de su huida de Stuttgart, recitó su *Fiesko* a los actores. Otro fiasco: los actores se esfumaron. Tras la catastrófica lectura, a Schiller no se le pasó por la cabeza en absoluto que el mal efecto tuviera algo que ver con su manera de declamar. Por el contrario, se quejaba de la falta de entendimiento de los actores y amenazó con que, si lo poetizado para el teatro no tenía éxito, él mismo haría de actor, pues «en rigor, nadie sabe declamar como él».[55]

También en este aspecto él, obsesionado por el efecto, aprenderá a poner límites a su furor.

2

Durante la época de su visita a Stuttgart, Goethe lleva una doble vida. Por una parte, es un alto funcionario del ministerio, formal y un poco envarado; pero, tras este dique defensivo, está el poeta y artista, y en medio sigue disponiendo un sistema defensivo. El 17 de mayo de 1778 escribe a Charlotte von Stein:

> Mi alma era como una ciudad con pocos muros, pero que contaba con una fortaleza detrás de sí, en la montaña. Yo vigilaba esa fortaleza, y dejaba la ciudad sin defensas en la paz y en la guerra, ahora empiezo a fortificar también la ciudad.[1]

Encerrado en su fortaleza, lejano e inasequible, tal es el efecto que probablemente ejerció Goethe en Schiller durante la concesión de premios en la Hohe Karlsschule. Lo cierto es que Goethe necesitará partir, necesitará huir a Italia, para impedir que su emparedamiento en el oficio y las dignidades mate el impulso creador. También Schiller tiene que arrancarse del círculo de vida en el que lo retiene el duque; también él tiene que huir para llegar de nuevo a la posesión de sí mismo. Por tanto, dos huidas y dos transformaciones.

Primero Schiller. Su huida se relaciona con el éxito de su primera obra teatral. En 1781 termina *Los bandidos*. Seguidamente busca una editorial y un escenario; ahora cuenta con ingresos regulares. Ahora bien, su sueldo como médico de regimiento no pasa de 18 florines al mes; Goethe, en cambio, gana diez veces más. Schiller todavía no se considera un escritor profesional. Para publicar o llevar una obra a escena tenía que pedir permiso al duque, un asunto que resultaba peligroso en un texto en el que proliferaban los discursos contra la tiranía. «¿Por qué hay déspotas? ¿Por qué han de doblegarse miles y miles de hombres bajo el capricho de un estómago y depender de sus flatos?»[2] Schiller intenta lanzar la obra sin contar con el duque.

Pero la búsqueda de editor fracasa, y por ello se decide a imprimir el texto a sus expensas, invirtiendo en la edición 140 florines, que equivalían a dos tercios de sus ingresos anuales. Pide un préstamo, y las deudas le perseguirán hasta su época de Weimar. La pieza llama poderosamente la atención cuando aparece en el verano de 1781 y es leída también en Weimar. El *Periódico Académico de Erfurt* emite este juicio: «Si esperábamos a un Shakespeare alemán, aquí lo tenemos».[3] El teatro de Mannheim muestra interés. Sin embargo, la dirección, para evitar escabrosas alusiones políticas, desea que la acción se ubique en el siglo XVI, en la época de *Götz von Berlichingen*, que sigue de moda. Schiller se resiste: «Todos los personajes son demasiado ilustrados, demasiado modernos, de manera que la obra entera sucumbiría si se cambiara la época en la que se desarrolla».[4] Pero Schiller todavía no es un autor de vanguardia para imponerse con sus objeciones.

El 13 de enero de 1782 tiene lugar en Mannheim el legendario estreno, durante el cual el teatro, según relata un testigo presencial, parecía un «manicomio»[5] donde hombres extraños entre sí «se abrazaban sollozando». Se ha producido la irrupción. Schiller escribe al intendente: «Creo que si alguna vez Alemania encuentra en mí a un poeta dramático, diré que eso se cumplió la semana pasada».[6] Pero todavía no se atreve a dedicar su vida exclusivamente al teatro y a la escritura.

En secreto, Schiller viaja dos veces a la cercana ciudad de Mannheim para asistir a la representación de su obra. Habría tenido que pedir permiso al duque. Es amonestado y castigado. El conflicto con el duque se agudiza en agosto de 1782, fecha en que llega a éste una queja que le hace temer desagradables complicaciones con Suiza. Se esgrimía que *Los bandidos* contenía calumnias contra Graubünden. Efectivamente, el ladrón Spiegelberg dice: «Grütz, si quieres convertirte en un bribón, necesitarás, por así decirlo, un peculiar genio nacional propio, un clima de bribones, y en consecuencia te aconsejo que viajes al país de Graubünder, que es la Atenas de los timadores actuales».[7] El duque prohíbe a su médico de regimiento cualquier otro escrito que no sea de medicina, bajo pena de destitución del cargo o de prisión militar. Con ello a Schiller se le hace imposible permanecer en Suttgart. Se decide por la huida.

Había vacilado bastante, ya que no quería perjudicar a su padre, que dependía del duque. Y cuando emprendió la huida, no le comunicó nada, a fin de darle la posibilidad de esgrimir más tarde, con buena conciencia, que no estaba enterado de los planes de su hijo. La decisión de escapar da alas a Schiller. Trabaja día y noche en su siguiente obra: *Fiesko*. Fija el día 22 de septiembre de 1782 como fecha de la partida. Es el día de la fiesta que el duque celebra en honor de la gran duquesa rusa, de visita en Stuttgart. En el atardecer de ese día todos los huéspedes y la mitad de los ciudadanos de la ciudad estarán pendientes del grandioso espectáculo de la iluminación solemne en la Solitude, con los fuegos artificiales como momento cumbre. Schiller calculaba que ése era el momento propicio para poder escapar pasando desapercibido. La huida tuvo éxito.

Desde el camino que le conduce a Mannheim, Schiller contempla en el cielo nocturno el resplandor rojo de los grandes fuegos artificiales. Bajo esta iluminación comienza su nueva vida para el arte. Pero hay momentos en los que Schiller llega a tener miedo de su propio coraje. ¿Ha de regresar a los dominios del duque, aunque sólo sea para complacer al padre? Pero ahora Schiller sabía que se había convertido en una persona pública y no podía exponerse a perder su fama. La noticia de su huida se había extendido como un reguero de pólvora en Stuttgart y más allá de esta ciudad. La Alemania literaria no tardó en enterarse. Schiller se sentía obligado a la figura en la que se había convertido dentro de la vida pública. La huida había sido un golpe de liberación, pero ahora ya no era libre frente a este acto de libertad. Una acción es más que una idea. Ésta puede revocarse, pero aquélla no; en todo caso podemos traicionarla. Y Schiller no quería hacer tal cosa. No vuelve, aun cuando en Mannheim se encuentre en una situación que lo humilla: un autor teatral no vale mucho más que un criado. Cuando la miseria en Mannheim amenaza con deprimirlo en exceso, recobra fuerzas pensando que no se ha resistido al duque para ser esclavizado ahora por otra miseria. Recuerda la frase de Karl Moor: «¡Desfallezca el tormento en mi orgullo!».[8] Tiene que tragarse su orgullo, pues la huida no ha terminado todavía. Corre el rumor de que el duque solicitará la extradición. Por tanto, hay que volver a huir. A finales de 1782 Schiller se refugia en Bauerbach, Turingia, gracias a la acogida que le ofrecen en una propiedad de Henriette von Wolzogen, la madre de un amigo de escuela y su futuro cuñado.

El 7 de diciembre de 1782 llega al nevado Bauerbach. Es un pueblo minúsculo y solitario. Schiller se siente como «un náufrago que ha escapado de las olas con fatigosa lucha».[9] Pero ahora se encuentra bien atendido. La casa está limpia, en la chimenea arde la lumbre, la ropa de cama está preparada, en la despensa hay de todo. Pronto gozará de su tranquilidad. Escribe a su amigo Andreas Streicher: «Ya no me angustia ninguna necesidad, ningún contratiempo de fuera ha de perturbar mis sueños poéticos, mis ilusiones ideales».[10] Comienza a trabajar en *Don Carlos*. El 14 de abril de 1783 escribe al que luego será su suegro, Wilhelm Friedrich Hermann Reinwald, sobre la figura principal de esta obra, el príncipe: «He de confesarle que en cierto modo me gusta como si fuera mi novia».[11]

Pasado un año, Schiller se atreve a volver a Mannheim y de nuevo permanece allí dos años en un puesto teatral subalterno. Una espinosa historia de amor con Charlotte von Kalb se encarga de crear confusión. Charlotte es una mujer admirable, aunque melancólica y excéntrica. Había sido dada en matrimonio al señor Von Kalb, el hermano más joven del antecesor de Goethe en la comisión de finanzas de Weimar. Goethe cultivaba el contacto epistolar con esta señora, que solía exaltarse en sus sueños y fantasías. Ella sentía entusiasmo por Goethe y ahora también lo siente por Schiller, al que le habla de la posibilidad de hacer que ambos traben conocimiento mutuo. La idea le seduce, pero Schiller se resiste. Él se siente amado como alguien que todavía no es. Cuando llegue a ser realmente como se me supone, escribe, «nunca olvidaré cuánto debo a aquella relación hermosa y pura».[12] Es siempre víctima de este sentimiento atormentador; tiene la sensación de que ciertamente se ha liberado para ser escritor, pero todavía no es libre. Las obras que ha creado aún no son perfectas, medidas por el patrón de lo que le parece posible conseguir. Afirma que eso, junto con las otras humillaciones que le inflige la dirección del teatro, es su «martirio».[13]

Inmerso en este temple de ánimo, Schiller recibe una misiva anónima de Leipzig. Cuatro amigos desconocidos, dos mujeres y dos hombres, se han unido para enviar anónimamente sus retratos y manifestar al poeta en una carta su veneración cordial. Más tarde Schiller conocerá sus nombres: Christian Gottfried Körner, consejero del consistorio de Dresde, y su amigo Ludwig Ferdinand Huber, así como las novias de ambos, las hermanas Minna y Dora Stock, hijas de aquel Stock, grabador en cobre, que en tiempos había dado clases de dibujo en Leipzig al estudiante Goethe. En la carta de los cuatro leemos: «En una época en que el arte se convierte cada vez más en esclavo de ricos y poderosos voluptuosos, es un respiro que aparezca una figura y muestre de qué es capaz el hombre también ahora».[14] Schiller deja la carta en la mesa por un tiempo. De momento, no se siente digno de la admiración que se le rinde. Pero pronto regresan su seguridad y su fuerza.

En las Navidades del año 1784 Schiller es invitado a la corte de Darmstadt, donde precisamente se encuentra en condición de huésped el duque Karl August de Weimar. Lee fragmentos de *Don Carlos*. Otro día tiene una entrevista con el duque de Weimar, que «con gran placer» responde a su ruego concediéndole el título de consejero de aquella ciudad. En esta ocasión se deja «arrebatar vertiginosamente» hacia las mayores esperanzas. ¿Qué pasaría si se fuera a vivir a Weimar? Quizás allí podría comenzar de nuevo como escritor y autor teatral; quizá, como ha practicado también un poco de Derecho, podría obtener en la corte un puesto lucrativo en la administración, quizás el recién estrenado consejero titular podría convertirse en un consejero remunerado, cerca del consejero privado Goethe.

El estado de ánimo en que ahora se encuentra le permite escribir a Leipzig. Presentía, escribe, que la «naturaleza» tiene «un proyecto propio»[15] en relación con él. Sabe muy poco todavía de los amigos de Leipzig, pero se lanza a esta amistad, que de momento sólo existe en la fantasía. Esa amistad a la buena ventura es bastante inusitada. Pero Schiller también se siente así: como un hombre poco usual. Escribe: «Para ciertos hombres, la naturaleza ha roto el vallado aburrido de la moda...».[16] Más adelante, esta frase resonará poderosamente en la oda «A la alegría»: «Tus encantos de nuevo atan, / lo que la espada de la moda cortara».[17] El entusiasmo lo arrebata, lo arrastra hacia los nuevos amigos. El 9 de abril de 1785 abandona Mannheim, como si se tratara de nueva fuga.

«Con la lejanía sucede como con el futuro»,[18] escribe Schiller a Huber. «Un gran todo alboreante está ante nuestra alma.» Viaja a Leipzig lleno de esperanzas. Se acerca cada vez más al círculo de vida de los años posteriores (y últimos) de su vida, en Jena y Weimar. También se acerca cada vez más a la esfera de Goethe. Los dos años transcurridos en Leipzig, Gohlis, Dresde y Loschwitz constituyen una época literariamente productiva. Schiller concluye las «Cartas filosóficas», termina *Don Carlos*, compone la oda «A los amigos» y comienza la novela *El visionario*. Se convierte en editor de la revista *Talía* y trabaja en la *Historia de la independencia de los Países Bajos*, una obra que de la noche a la mañana lo convierte en el escritor de temas históricos más importante de Alemania. La fama de Schiller crece. Después de pasar dos años con los amigos en Leipzig y Dresde, Schiller parte de nuevo en agosto de 1787. Esta vez no se trata de una huida, sino de tantear cautelosamente, a la búsqueda de nuevas posibilidades. Se dirige a Weimar, Goethe sigue todavía en Italia.

Vayamos ahora a la huida y transformación de este último.

Fue toda una sorpresa la energía con que Goethe se dedicó a los asuntos oficiales desde finales de los años setenta; actuaba objetivamente y con disciplina, como si nunca se hubiera propuesto otra cosa. El duque le transfirió poco a poco competencias en casi todos los departamentos. Goethe se ocupaba de los asuntos militares; redujo la tropa de infantería de 500 a 136 hombres, disolvió por completo el cuerpo de artillería, sólo conservó la guarnición de morteros para las salvas de honor. Figuraba en la comisión de finanzas y corría también a su cargo la obtención de crédito. Ésta era precisamente la razón de su viaje a Suiza, cuando hizo una parada en Stuttgart. Goethe inspeccionaba la pequeña industria del ducado, sobre todo los telares de Apolda. Cuando en el año 1779 trabajaba en el cercano Dornburg en su *Ifigenia*, escribió a la señora Von Stein: «Aquí el drama no quiere avanzar, está maldito, el rey de Táuride está hablando como si ningún fabricante de calcetines de Apolda pasara hambre».[19] Perseguía el ambicioso proyecto de reabrir las minas de plata en Ilmenau, pero el medio de transporte tuvo que adaptarse después de algunas catastróficas inundaciones. Goethe dirigió la comisión de la construcción de caminos, un asunto que le dio mucho trabajo, pues aquella recóndita capital de la cultura se hallaba en un ángulo muerto por lo que se refiere a los medios de transporte; y, en general, los caminos en el ducado eran malos. Lichtenberg se burlaba de que en Alemania no pudiera prosperar la novela de aventuras, pues, la historia, por ejemplo, de un rapto, a diferencia de lo que sucedía en Francia e Inglaterra, no tenía ninguna perspectiva de éxito, ya que tarde o temprano, el delincuente y la víctima quedarían atascados en el lodo de los caminos.

En política exterior Goethe asumió en nombre del duque las negociaciones con los estados medios y pequeños, encaminadas a crear una alianza de príncipes contra la prepotencia de Prusia y de los Habsburgo. Allí vio «cómo juegan los grandes con los hombres y los dioses con los grandes»,[20] y pudo lisonjearse de pertenecer un poco a los grandes. Aprendió rápidamente a emplear la desconfianza como base de negociación de la diplomacia. Acerca de unas negociaciones en Berlín le decía a su amigo Merckt: «En los estados de Prusia no he pronunciado ninguna palabra en voz alta que no hayan podido imprimir. Por eso, a veces he sido tildado de orgulloso, etcétera».[21] Y produjo realmente esta impresión en el conde Lehndorff: «Este señor Goethe es mi vecino de mesa. Hago lo posible para inducirlo a hablar, pero es muy lacónico. Parece que se da excesiva importancia como gran señor, además de figurar como poeta».[22]

Goethe evitó querer pasar por poeta en el lugar inadecuado.

En el oficio había de contar solamente la «habilidad» oficial. Algunos no la tenían en muy alta estima. El barón Von Lyncker, hijo del director de la Caja de la comarca de Weimar, escribe en los recuerdos de su vida:

> Realmente se podría afirmar que las minas de Ilmenau, confiadas a la dirección de Goethe, consejero privado de legación, así como su manera de llevar las calzadas, las obras hidráulicas y las construcciones en orillas, han costado una suma desproporcionadamente alta de dinero, sin que se haya conseguido el éxito deseado. De forma cómica, el caballo cortesano sobre el que Goethe andaba vagando en los asuntos mencionados recibió el nombre de *Poesía,* y dondequiera que aparecía con su ingenioso caballero, se decía que había unas representaciones maravillosas.[23]

Tal vez Goethe también lo viera de este modo; pues le escribe a Charlotte von Stein: «Y si pienso que voy sentado en mi jaca y recorro mi camino asignado, de pronto, debajo de mí, el caballo adquiere una figura grandiosa, se reviste de indomable gozo y de alas, y se va de allí conmigo».[24]

Esta carta es de septiembre de 1780, y seis años más tarde su autor se va realmente «de allí», pues huye a Italia. La doble existencia como Pegaso y funcionario se le había hecho demasiado pesada. «¡Cuánto mejor me encontraría si, separado de la disputa de los elementos políticos [...] pudiera dedicar mi espíritu a las ciencias y a las artes, para las que he nacido!».[25] Sentía que su vena poética estaba secándose.

Quería sacar adelante *Tasso* y *Egmont,* pero se queda estancado. Emprende entonces la reelaboración de *Werther.* Apremiado por el tiempo, pues el editor Göschen quería iniciar la nueva edición de la obra, pudo terminarla antes de emprender el viaje en septiembre de 1786. De igual modo que Schiller creerá más tarde que sólo puede llevar a escena su *Los bandidos* tras una nueva redacción, también Goethe pensaba que sólo podía presentar su genial obra temprana con un texto revisado. Cuando escribió *Werther,* había transformado la «realidad en poesía», y hubo de ver cómo algunos creían que «la poesía había de transformarse en realidad, que había que emular los acontecimientos de la novela y que era necesario suicidarse».[26] Para evitar esto había que ver a Werther desde una perspectiva superior, racional. Así, la ficción del editor, que ha sabido algunas cosas acerca de Werther (primera redacción), se convierte en un narrador que es conocedor de todo y que endereza, cuando hace falta, el delirio enamorado del exaltado. Albert, la contrafigura, no sólo aparece como el filisteo que Werther ve en él, sino que además recibe su propio derecho y dignidad. A Johann Christian Kestner, el amigo de los meses transcurridos en Wetzlar y el modelo para Albert, Goethe le escribe con vistas a la transformación: «Mi [...] intención era presentar a Albert de tal manera que resulte extraño para el joven apasionado, pero no para el lector».[27]

En esta revisión precipitada de *Werther* se advierte constantemente el esfuerzo por conseguir que la normalidad burguesa aparezca bajo una luz mejor. Pero a la vez, Goethe sentía la exigencia apremiante de escapar de la normalidad de Weimar. A Charlotte von Stein, a quien escondió sus planes, lo mismo que al duque, le escribía dos meses antes de la partida: «Quien toma en sus manos la administración, sin ser el señor que gobierna, tiene que ser o un filisteo, o un pícaro, o un loco».[28] Charlotte no extrajo de esta observación la consecuencia de que su amigo estaba a punto de marcharse, como tampoco lo hizo el duque cuando recibió el enigmático saludo de despedida de Goethe: «Superaré todo tipo de defectos y llenaré todo tipo de lagunas; que me asista el espíritu sano del mundo».[29]

Todos quedaron sorprendidos, algunos se sintieron ofendidos, otros consideraban que la huida era la confesión de un fracaso. De cualquier forma, era una huida: «El 3 de septiembre, a las tres de la madrugada, salí de Karlsbad a hurtadillas, pues de otro modo me lo habrían impedido»,[30] leemos en la primera frase del diario de viaje.

Sabemos bien lo que el viaje a Italia produjo en Goethe. El propio autor se pronunció claramente al respecto. Mencionemos solamente los aspectos que luego tendrán importancia en la amistad con Schiller.

Uno de ellos es el erotismo. Goethe está sorprendido y luego fascinado por la accesibilidad de las mujeres. Por lo menos, eso le parece a él. En delicada insinuación escribe a la señora Von Stein sobre el nuevo sentimiento vital que acaba de despertarse: no había pensado que habría de «desaprender» tantas cosas, y prosigue: «No es sólo el sentido del arte, es también el sentido moral el que sufre una gran renovación».[31] Y frente al duque será más claro. La amabilidad de las modelos de los pintores, escribe desde Roma en febrero de 1787, le vendría a pedir de boca «si los influjos franceses [se refiere a la sífilis] no hicieran inseguro también este paraíso».[32] En un boceto del pintor Tischbein lo vemos malhumorado en una cama doble, alejando la almohada, y donde leemos la inscripción: «La maldita segunda almohada».[33] Poco después Faustina, la amada romana, usará esta segunda almohada. Las *Elegías romanas,* que hablan de estas experiencias, serán publicadas por primera vez en *Las Horas* de Schiller, en contra del consejo del duque.

He aquí la vitalidad en la vida pública. Goethe escribe desde Vicenza:

> Por lo demás, los habitantes de Vicenza me gustan mucho; tienen una humanidad libre, que procede de una vida siempre pública [...].[34] Cómo siento también que en los pequeños estados soberanos tengamos que ser miserables hombres solitarios, pues, especialmente en mi situación, apenas se puede hablar con alguien que no quiera alguna cosa. Nunca he sentido como aquí el valor de la sociabilidad.[35]

Esta «humanidad libre» de la «vida pública» estará presente en Goethe cuando trame con Schiller el proyecto de los *Epigramas*. Ambos piensan en un público literario ávido de disputas. Lo sitúan en un ágora donde las personas, sentadas juntas, se lanzan tonterías a la cara, intercambian regalos, se arremolinan, pero pronto se reconcilian de nuevo y toman juntas un café.

He aquí la arquitectura del espacio público: Palladio. No tiene sólo un aspecto monumental o museístico, sino que además concede a cada uno el sentimiento de una vida superior. Aquí es evidente que el arte pertenece a la vida. La Antigüedad real y la emparentada con ella se alzan espontáneamente en el brillo de la vida. En general todo está lleno de presente, no se gime por paraísos perdidos o futuros, como en las obras del arte cristiano, que Goethe despacha con palabras enojosas, porque le quitan a uno las ganas de disfrutar de la vida, con sus crucifixiones, con las flechas que perforan a los santos, con las figuras miserables del infierno futuro y del presente. «¡Qué cosas tuvieron que pintar los desdichados artistas!», escribe sobre un cuadro de Paolo Farinato en Verona. «Los artistas tuvieron que torturarse para hacer importantes tales miserias.»[36] Le atrae el neopaganismo del Renacimiento. Incluso en las esculturas de los monumentos funerarios se muestra la voluntad y fuerza de vivir:

> Ningún hombre encorazado de rodillas, a la espera de una resurrección alegre, el artista [...] sólo tiene la simple presencia de los hombres [...]. Éstos no tienen las manos recogidas, no miran hacia el cielo, sino que son lo que eran, están juntos, participan los unos de los otros, se aman.[37]

Goethe se entrega en Italia al sueño de una Antigüedad mejor, en el mismo instante en que Schiller emite su queja en «Los dioses de Grecia» sobre el ocaso del politeísmo, amigo del arte y de las imágenes.

Una vida pública alegre, el Eros, el arte de la vida y el arte son los poderes vitales cuya fuerza transformadora experimentaba Goethe en Italia. La pasión por el arte era la más poderosa. En ella confluía todo. En Roma se encontró con Karl Philipp Moritz, que había adquirido fama con su novela autobiográfica *Anton Reiser*. El novelista, un hombre triste pero capaz de entusiasmo, amaba desdichadamente a una mujer casada, y había dejado su puesto docente en Berlín para buscar la salvación de su alma en Italia. Goethe lo apreciaba como si fuera un hermano menor, «sólo que abandonado y dañado por el destino, mientras que yo he sido preferido y favorecido».[38] Por su parte, Moritz veneraba a Goethe con idolatría y, a través de los diálogos con él, en el ensayo *Sobre la imitación plástica de lo bello* se sintió estimulado a ejercer una defensa brillante de la autonomía artística. Esta obra es el texto programático del idealismo artístico en Alemania, que también repercutió en Schiller. Lo bello artístico, decía en él Moritz, no está sometido a ningún fin extraño, porque es «un todo que subsiste por sí mismo»;[39] es un reino propio donde todos los elementos están referidos teleológicamente entre sí. El arte está «impregnado» de fines y no tiene que ser referido a un fin que se halle fuera de él y al que haya de servir. Sólo el mal arte bizquea a la búsqueda de éxito y desplaza con ello su centro de gravedad a un punto exterior. El buen arte, en cambio, tiene el centro de gravedad en sí mismo y por eso actúa como un imán. Ese arte es orgulloso, y así los indiferentes le son indiferentes. De esa manera, el arte puede convertirse en heredero del antiguo Dios, pues, ¿qué otra cosa es Dios sino el conjunto de todos los fines, sin estar sometido a ningún fin extraño?

Los amigos del arte percibieron las ideas de Moritz como un toque de liberación, y Goethe, en Roma, fue el primero que advirtió este efecto. Esas ideas fueron de utilidad ante la perplejidad que se producía cuando los realistas más recalcitrantes preguntaban a los artistas: ¿para qué sirve el arte? Ahora se podía contestar con Moritz que la pregunta está mal planteada. El arte no tiene ningún para qué, y eso es exactamente lo que lo distingue de espíritus y actividades meramente serviles. El gran arte no quiere otra cosa que no sea él mismo, nos invita a demorarnos en él, es el instante lleno.

Goethe había intentado conservar la existencia artística en su «ciudadela» interior, pero, a través de la vivencia de Italia y de la esclarecedora teoría de Moritz, encontró los medios espirituales y emocionales para situar el rango y la dignidad del arte por encima de los deberes oficiales y la vida en la corte. Poco antes de emprender su retorno a Alemania, escribía a su duque: «Puedo decir que en esta soledad de año y medio me he encontrado de nuevo a mí mismo; pero ¿como qué? – ¡Como artista! Lo que yo sea aparte de eso, deberá juzgarlo y utilizarlo usted».[40] Por tanto, tal como se ve en ese momento, la huida a Italia le ha posibilitado su nuevo nacimiento como artista.

Cuando en julio de 1787 Schiller llega por primera vez a Weimar sabe, evidentemente, que Goethe se encuentra todavía en Italia. Pero están presentes además los otros «dioses e idólatras de Weimar»,[41] a los que quiere visitar, en primer lugar el duque, pero también Wieland y Herder. Del duque Karl August, que unos años antes le había concedido el título de consejero, esperaba un puesto remunerado, que no había de ser un cargo elevado como el de Goethe o el de Herder; bastaría una sinecura, tal como la que disfrutaba Knebel. Schiller deseaba acabar con la necesidad de vivir exclusivamente de la pluma. Pero la confianza que había depositado en el duque se esfumó ya durante el viaje. En Naumburgo supo que el duque, en viaje hacia Potsdam, había cambiado los caballos en la misma casa de postas en la que él se encontraba. Por tanto, de momento no lo podría encontrar en Weimar.

Entre los otros «dioses de Weimar» buscó en primer lugar a Wieland, el compatriota suabo de Biberach. Lo visitó en su casa, donde tuvo que abrirse camino a través de un «bosque de pequeñas, cada vez más pequeñas, criatituritas».[42] Wieland, que en el pasado había criticado a fondo *Los bandidos,* adoptó un tono amistoso y a las pocas semanas ofreció a Schiller la posibilidad de editar conjuntamente *El Mercurio Alemán,* la revista más prestigiosa de Alemania. La oferta era lisonjera, pero Schiller no pudo aceptarla, pues todavía estaba muy atado a su propia empresa literaria, la revista *Talía.* Fue también Wieland quien lo introdujo en el círculo de la duquesa madre Anna Amalia, donde Schiller produjo gran impacto, tal como Wieland afirmaba después. Wieland se encontraba en el entorno de Anna Amalia Hahn como en su casa. Gozaba allí de todas las libertades, incluso tenía licencia de «dormir junto a ella en el sofá». Primeramente Wieland se esforzó mucho por Schiller, y le aseguró que nunca había dudado de que «llegaría a ser un gran escritor».[43] Poco tiempo después se produjo una disonancia entre ambos. Quizás había celos de por medio, pues Schiller entabló relaciones también con Herder. Éste hablaba mal de Wieland, al que calificaba de espíritu raso y frívolo. En cambio, no acababa nunca de fantasear sobre Goethe. Lo ama, escribía Schiller a Körner, «con pasión, con una especie de divinización».⁴⁴ Körner contesta con la curiosidad de saber qué dijo exactamente Herder sobre Goethe, y Schiller se explaya mucho más en su siguiente carta:

> Herder le atribuye una clara inteligencia universal, el sentimiento más verdadero e íntimo, la mayor pureza de corazón. Todo lo que él es, lo es enteramente y, como Julio César, puede ser muchas cosas a la vez. Según la afirmación de Herder, está limpio de todo espíritu de intriga, nunca ha perseguido a nadie a sabiendas, ni ha socavado la dicha de ningún otro ser humano. Ama la transparencia y claridad en todas las cosas, incluso en las pequeñas de sus asuntos políticos, y precisamente con este celo odia la mística, la afectación, la confusión. Herder quiere que sea admirado igualmente como hombre de negocios, y que sea admirado más todavía como tal hombre de negocios que como poeta. Para él es un espíritu universal.⁴⁵

Schiller se lleva un desencanto al enterarse de que Herder todavía no ha leído ningún escrito suyo. «En general se comportó conmigo», escribe Schiller a Körner, «como si supiera que yo era un hombre con cierto prestigio.»⁴⁶ En el curso de las siguientes semanas hubo una serie de intensas conversaciones. Cuando Goethe esté de nuevo allí, el intercambio entre ambos ya no será tan íntimo y vivificante.

Aunque ausente, Goethe proyecta su sombra por todas partes. Schiller escribe a Körner:

> El espíritu de Goethe ha modelado a todos los hombres que pertenecen a su círculo. Él y su secta se caracterizan por un desprecio orgulloso de toda especulación e investigación, con una vinculación a la naturaleza cultivada hasta la afectación y una resignación a sus cinco sentidos; en suma, se caracterizan por una ingenuidad infantil de la razón. Prefieren buscar hierbas o practicar la mineralogía a enredarse en demostraciones vacías. La idea puede ser sana y buena, pero también se presta a mucha exageración.⁴⁷

Y a pesar de todo, Schiller se queda pegado a Weimar. Entre otras razones, según escribe a Körner, pesa en primer lugar la de que «la relación cercana con este gigante de Weimar, te lo confieso [...], ha mejorado la opinión que tengo de mi persona».[48] «Me he tenido por demasiado pequeño y he tenido por demasiado grandes a los hombres de mi alrededor.»[49] Se siente halagado cuando también lo invitan a celebrar el cumpleaños de Goethe en su casita del jardín, aunque la celebración se haga sin el festejado. ¿Quizás es visto ya como una especie de lugarteniente? «Comimos como lobos, y bebí vino del Rin a la salud de Goethe. Difícilmente sospechará en Italia que me encuentro entre los huéspedes de su casa.»[50]

Schiller se adapta a Weimar. «Mi vida sigue ahora un curso muy tranquilo, y a la vez muy activo»,[51] escribe a Körner el día 19 de diciembre de 1787. «Tengo menos tiempo que buenos amigos, y esta relación es extraordinariamente estimulante.» Se queda, y al igual que los otros adictos a Weimar, espera el regreso de Goethe. Sin embargo, en este invierno corre el rumor de que quizá Goethe no regrese, o de que no asuma ya sus anteriores deberes oficiales. Schiller le dice a Körner en una carta:

> ¡Pobre Weimar! El regreso de Goethe es inseguro, y su separación perpetua de los asuntos del Estado está prácticamente decidida ya para muchos. Mientras Goethe pinta en Italia, los Voigt y los Schmidt tienen que sudar para él como bestias de carga. Gasta en Italia un sueldo de ochocientos táleros por no hacer nada, y dichas personas han de soportar doble carga por la mitad de dinero.[52]

Es cierto que, en una carta del 29 de mayo de 1787, Goethe había pedido al duque desde Nápoles que lo liberara de las obligaciones en el consejo de gobierno, que nombrara sucesor suyo como presidente de la cámara al consejero privado Schmidt, y que no continuara sobrecargando al colega Voigt, «que soporta algunas cosas en mi lugar».[53] Goethe ruega al duque que le confíe únicamente «lo que no puede hacer nadie más que yo y encargue el resto a otros», pues ésta es la mejor manera de servir a todos, al duque, al gobierno y a él mismo. Añade que desearía establecer una nueva base para su vida y su actividad en Weimar: «Mi relación con los negocios ha surgido de una vinculación personal con usted, permita que ahora entablemos una relación diferente». No queda claro qué cariz tendrá en sus detalles particulares esta «nueva relación», en todo caso habrá de tomar en consideración el hecho de que ahora se ve decisivamente como «artista», y en cuanto tal solicita apoyo al duque: «Siga cuidando de mí, y depáreme mayor bien del que yo mismo puedo depararme».[54] En esta carta recapitula algunas estaciones de su viaje: Roma, Sicilia, Nápoles. Ha sido, escribe, un primer «mordisco», una degustación anticipada de un viaje de mayor hondura en años futuros. Ha ido precipitadamente «de cumbre en cumbre», añade, y ahora sabe cuánto queda todavía por descubrir. Comenta que algunas cosas, por ejemplo, el paisaje homérico de Sicilia, son para él un «tesoro indestructible»[55] para el resto de su vida. «Yo, viajero, recojo lo que puedo»,[56] escribe a Herder el día 13 de enero de 1787, y había que entender estas palabras literalmente, pues recogía piedras, hojas secas, esculturas, piedras preciosas, que se transportan a Weimar en cajas. Pero «recoge» también impresiones y las describe extensamente en cartas, destinadas a circular por Weimar.

En junio de 1787, después de una estancia de cuatro meses en Nápoles y Sicilia, Goethe vuelve a Roma, donde permanece todavía un año. Toma clases de dibujo, estudia documentos, se asoma a los conocimientos anatómicos y practica la pintura de paisaje. Le dan lecciones Friedrich Bury, Jakob Philipp Hacker y Johann Heinrich Meyer, que en años venideros será su asesor en materia de arte. Emprende apasionadamente estos asuntos, pero al final concluye: «Ya soy demasiado viejo para hacer algo más que chapucear».[57] Cuando ante el duque presuma de ser un «artista», está claro que no se refiere a las artes plásticas, para las que carece de base suficiente. Pero es el centro de la colonia de pintores alemanes en Roma. A la actuación en este grupo la llama la «Wilhelmiade»[58] (la Guillermada), pues alimenta al pueblo de artistas como Wilhelm Meister a su tropa de actores.

En Roma siguió trabajando en *Wilhelm Meister*. Cuando en 1786 visitó la ciudad por primera vez, *Ifigenia* ya había sido versificada; durante su segunda estancia en Roma, terminará *Egmont*. Goethe comunica a sus héroes el sentimiento de vida de los días romanos, referido enteramente al disfrute del presente: «¿Vivo solamente para pensar en la vida? ¿No he de disfrutar del momento presente para estar seguro del que sigue? ¿Llenaré de cuidados y quimeras el instante que viene?».[59]

Cuando Goethe piensa en el futuro, ve ante sí el regreso a un país de niebla, lleno de hombres rígidos, miedosos y malhumorados. Quisiera retrasar tanto como fuera posible el momento del regreso. En la primavera de 1788 llega un escrito del duque, que accede a la solicitud por la que Goethe rogaba ser liberado de la mayoría de las obligaciones cotidianas de su puesto. A tenor de la respuesta, el duque nombrará a Schmidt presidente de la cámara. Y a pesar de la exoneración, obtiene un aumento de sueldo. El duque manifiesta solamente un ruego: que Goethe vuelva pronto.

Ante esta carta llena de deferencia, Goethe no tiene más remedio que regresar: «A su amistosa y cordial misiva respondo yo inmediatamente con un alegre: ¡vuelvo!»,[60] escribe el 17 de marzo de 1788.

Se despide de Roma. En una clara noche de luna pasea por última vez por los caminos familiares, el Corso y el Capitolio, que «se alzaba como un palacio de hadas en el desierto»;[61] visita la estatua de Marco Aurelio y el Coliseo. «Pero cuando me acerqué a los grandiosos restos del Coliseo y miré a su interior cerrado a través de las verjas, no puedo negar que se apoderó de mí un escalofrío, y aceleré mi regreso.»

De camino en el carruaje, ya en Alemania, anota a manera de lemas algunas normas para su conducta futura: «ocultar – el momento presente [...]. No hablar de Italia a manera de comparación [...]. Reconocer la existencia de cada uno [...]. No rígido y atado corto».[62]

El 18 de junio de 1788, a las diez de la noche, Goethe llega a Weimar. Hay luna llena, como en su última noche romana.

3

Cuando Goethe llega a Weimar, Schiller no está allí. Desde hace un mes, vive en casa de Unbehaun, director del coro de Volkstädt, una pequeña población en las cercanías de Rudolstadt. Había aceptado una invitación de los Lengefeld, a los que había conocido en noviembre de 1787 en una excursión con Wilhelm von Wolzogen, su amigo de la época de estudiante. Karoline, la mayor de las dos hijas, describe así el encuentro memorable: «En un día gris de noviembre vimos venir a dos caballeros calle abajo. Estaban envueltos en sus abrigos; reconocimos a nuestro primo Wilhelm von Wolzogen, que bromeando se cubría la mitad de la cara con el abrigo; el otro caballero nos era desconocido y despertó nuestra curiosidad».[1] Las dos jóvenes habían buscado el alojamiento en el cercano Volkstädt, pues había que guardar la distancia pertinente. Schiller se sintió atraído por las dos hermanas. El matrimonio de Karoline, cuyo nombre de casada era Von Beulwitz, estaba en vías de disolución. Charlotte estaba libre todavía, pero se esperaba para ella un matrimonio adecuado a su posición social.

Los Lengefeld pertenecían a la antigua nobleza imperial. El padre, un inspector general de montes, había muerto en 1775. De las dos hermanas, Karoline era la más vivaz y apasionada. Tenía como modelo a las mujeres de los salones de Berlín, que eran conscientes de su importancia y participaban en la vida intelectual; desde la distancia, mantenía contacto con la Liga de la Virtud que había fundado Henriette Herz. Entre sus amigas se contaba Karoline von Dachröden, la futura esposa de Wilhelm von Humboldt. Schiller conocerá a Humboldt a través de Karoline. Y a través de Charlotte se encauza el encuentro con Goethe.

La madrina de Charlotte era la señora Von Stein, quien le escribió en una ocasión: «Ni siquiera cuando me haya petrificado del todo, se apagará en mí la chispa que pertenece a mi fiel Lolo».[2] Goethe se había encontrado con Lotte muchas veces cuando ella era una niña en casa de la señora Von Stein. Jugó a veces con ella. E incluso parece que la tuvo sentada en sus rodillas. Como mientras tanto la relación de Goethe con la señora Von Stein se había enfriado, es obvio que su celosa tía madrina le transmitiera noticias poco agradables sobre la casa de Goethe, sin que esto mermara la veneración de Charlotte por éste. Fue Charlotte la que preparó el encuentro de Schiller con Goethe en Rudolstadt el 7 de septiembre de 1788. En el verano de aquel año había comenzado el romance de Schiller con las hijas de la familia Langefeld. Resumamos aquí brevemente la historia.

Karoline era suficientemente impulsiva, directa y audaz para desdeñar a veces las formas socialmente obligadas. A semejanza de sus amigas de Berlín, deseaba dirigir un salón ingenioso, y lo lograría en Weimar, después de la separación de Von Beulwitz, como esposa de su primo Wilhelm von Wolzogen. Karoline, a la que Goethe calificó de mujer extraordinaria, quería dar a su vida un matiz novelesco, y escribió de hecho una novela con pseudónimo, que Schiller publicó en *Las Horas,* y que August Wilhelm von Schlegel tuvo por obra de Goethe.

Al principio, en aquel romance no estaba muy claro por cuál de las dos hermanas se interesaba en realidad Schiller. A veces, sus cartas cordiales se dirigen a ambas, y las hermanas podían jugar tratando de adivinar a cuál de ellas «se refería» Schiller. Al receloso Körner, que no quería perder a su amigo por una mujer, Schiller le explica el 14 de noviembre de 1788 que la ambigüedad es estratégica: «He debilitado los sentimientos distribuyéndolos, y así la relación se mueve dentro de los límites de una amistad cordial y racional».[3]

Entre las hermanas no había ninguna disonancia, ni siquiera cuando la ambigüedad de Schiller las llevó a competir entre sí. Posiblemente Karoline habría roto el matrimonio con Beulwitz por amor a Schiller. Pero dejó la precedencia a su hermana y no se separó de su marido hasta después de la boda de Schiller.

Vayamos ahora a Charlotte, la hermana más joven. Era tímida y reservada cuando Karoline llevaba la voz cantante. Leía mucho y depositaba concienzudamente sus pensamientos en un borrador, luego se los enseñaba a Schiller para que los leyera. Charlotte, para la que su madre había previsto una carrera como dama de la corte, detestaba la vida pública y sólo desde la distancia podía soportar aquella feria de las vanidades. El 26 de noviembre de 1788 le escribe a Schiller:

> Hay más amor humano si lo observamos desde la distancia, que si nos involucramos en él directamente, pues, si se mira en todas sus pequeñeces, se ahoga con frecuencia el sentimiento cálido de lo humano. Vivo silenciosa y tranquila en mi habitación, y me alegra poder estar ocupada conmigo misma.[4]

Lo que más le agradaba era una soledad a dos, la actividad oculta y la eficacia desde el trasfondo. Apreciaba el rango familiar y promovió más tarde la elevación de Schiller al estado noble. En consecuencia, cultivaba las formas sociales. Christiane Vulpius no recibirá ninguna invitación.

Sin género de dudas, Charlotte no es una «muchacha con dinero». Es, ciertamente, de buena casa, pero los Lengefeld no son acaudalados, por lo cual es tanto más importante para la madre proporcionar un buen partido a la hija. Schiller sabe que, desde un punto de vista calculador, no vivirá a sus expensas. Y sabe también que en unión con los Lengefeld puede ascender en la escala social. Pero, evidentemente, no se involucra en este asunto sólo con la cabeza, sino que también sueña: «En sus hermosos parajes [...] encontraré de nuevo mi corazón»,[5] escribe a Charlotte el 2 de mayo de 1788, poco antes de emprender su viaje a Rudolstadt.

Schiller está contento en este verano incipiente, y no sólo debido al amor. Vuelve a sentir también su genio, escribe a Körner el 5 de julio de 1788. Ha encontrado de nuevo su conciencia como artista, que en el invierno anterior había perdido durante ciertos periodos.

La redacción de la novela *El visionario* se había estancado, pero al menos seguía adelante con fluidez la *Historia de la independencia de los Países Bajos*, y Schiller consideró la posibilidad de dedicarse enteramente a la historia. En este terreno no es necesario inventar nada, es posible apoyarse en lo que ya está ahí. Y por lo que se refiere a las sensaciones, basta con estar abierto a ellas. No es preciso recurrir a las propias reservas. Brevemente, se había sentido «vacante» como poeta y había comenzado a dudar de la utilidad del arte para la vida. La belleza es superabundancia, ¿no es también superflua? En todo caso, había escrito a Körner, puede servir como adorno, como «banco benéfico»,[6] para descansar de los negocios serios, una cosa secundaria que no ha de convertirse en asunto principal. Körner estaba indignado por este ataque de pusilanimidad. «¿Quieres degradarte a la condición de peón de las necesidades bajas de hombres vulgares, siendo así que estás llamado a dominar sobre los espíritus?»[7]

Schiller conoce demasiado bien las tribulaciones que un poeta puede padecer por culpa de la prosa de las relaciones burguesas. Él está sumergido en su obra, lo protegen el entusiasmo que siente y la atmósfera de creación. Pero si se queda en seco cuando lo perturban los asuntos económicos o se estanca la producción poética por otras razones, entonces se anega en dudas. ¿Por qué no ha elegido una profesión burguesa? Mientras vive y trabaja en su arte, éste es la cosa más obvia, pero en los momentos de pusilanimidad, la belleza cae bajo la necesidad de justificarse. El descubrimiento de la Antigüedad le ayudó a superar la crisis de su dedicación artística. Leyó a Homero y a los antiguos trágicos. En la primavera escribió «Los dioses de Grecia». Pero no presentía entonces que este gran y exitoso poema iba a ser un paso importante en el largo camino de aproximación a Goethe. En un momento en el que duda del valor del arte, Schiller comienza a soñar, igual que Goethe en aquel mismo tiempo en Italia, con una Antigüedad griega, en la que había triunfado el sentido de la belleza sin que nadie lo discutiera. «Los dioses de Grecia» comienza con los versos:

> Cuando gobernabais todavía el mundo hermoso
> por los fáciles andadores de la infantil alegría,
> vosotros, en el país de las fábulas seres gloriosos,
> dirigíais una era humana por caminos de la dicha.[8]

Schiller, como Goethe, se apoya en Winckelmann, que, con su obra *Reflexiones sobre la imitación de las obras griegas* (1755), había resaltado el carácter modélico de la Antigüedad. Desde su punto de vista, en ella se realizó perfectamente la idea del hombre bello y libre. En este sentido, Schiller afirma: «Cuando los dioses eran más humanos, los hombres a los dioses estaban más cercanos».[9]

La Antigüedad transfigurada se convierte en un estímulo. Tal vez el arte pueda convertirse todavía en el elemento que soporta la cultura. Actualmente, dice Schiller, no desempeña esa función. En la modernidad dominan la ciencia racional, el materialismo y la utilidad. El mundo se ha convertido en un taller de trabajo, con el arte como elemento decorativo. Interpreta esta situación como una consecuencia del monoteísmo cristiano, con el que, a su juicio, empezó el gran desencanto. Los dioses se retiraron del mundo en aras del único Dios. Y eso significó un empobrecimiento. La esfera donde en tiempos irradiaban el dios Helio y las Oréades en la cúpula celeste, es ahora un espacio vacío, donde «se mueve sin alma una bola de fuego».[10] Por encima de esa esfera se entronizó primero Dios, y luego, tan sólo, la razón científica. Tanto si se trata del dios cristiano como del moderno dios de la ciencia, de ambos hay que decir:

> Han caído con sus pétalos todas estas flores,
> el invernal tiempo del norte las arrastró.
> Uno sólo entre todos se enriqueció,
> y en sus aras pereció el mundo de los dioses.[11]

Así pues, por amor al arte Schiller llega al neopaganismo y con ello a las cercanías del espíritu de Goethe. Para Schiller, como también para Goethe, el Dios cristiano es un fantasma bastante desagradable, compuesto de angustia y sentimientos de culpa. No es un dios de la santificación de la vida presente, como los dioses griegos: «El creador más cerca del placer estaba, que del pecho de la criatura manaba».[12] Si se quiere venerar al Dios invisible, hay que abandonar el mundo de los sentidos:

> ¿Dónde me coloco yo?
> En este lúgubre silencio,
> a mi creador presencio,
> que en oscuridad se envolvió.
> Yo no quiero celebrarlo, ¡no![13]

Todo ello estaba en consonancia con el gusto de Goethe. Charlotte lo presiente y, cuando éste visita la casa de los Lengefeld, dispone abierto el cuaderno de marzo de *El Mercurio Alemán* en un sitio muy visible. La mirada de Goethe recae en él, lo lee con aprobatoria inclinación de cabeza y queda tan afectado, que de regreso a Weimar no puede poner fin a sus elogios, e improvisa ante las damas que le acompañan todo un discurso sobre cómo de la fe en los dioses griegos emana un caudal de amistad hacia el hombre.

El verano de 1788 estuvo para Schiller no sólo bajo el signo de los romances de amor, sino también bajo el del alentador juego con la Antigüedad. Cuando a primeras horas del atardecer Schiller tomaba el camino desde Volkstädt hacia el hogar de los Lengefeld en Rudolstadt, a lo largo del río Saale, a través de campos de cereales y de árboles centenarios, las hermanas salían a esperarlo a mitad del camino. Lo aguardaban vestidas de blanco en un pequeño puente y cuando llegaban se ponían a ambos lados de él. Daban a este ritual el nombre de «la recepción de las ninfas del río». Si el tiempo era malo o Schiller no podía venir de Volkstädt por otras razones, una mujer se encargaba de que las cartas fueran de un lado a otro. En ellas se imitaba el estilo de la traducción de Homero realizada por Voss. Schiller le escribe a Lotte a finales de agosto de 1788: «¿Cómo ha dormido usted hoy por la noche en su graciosa cama? ¿Y ha visitado el dulce sueño sus amables y benévolos párpados? Dígame un par de palabras aladas».[14] Lotte le responde a Schiller en septiembre: «Espero que cuando la alboreante mañana despertó con rosados cirros, usted todavía dormitara tranquilamente».[15] A veces, Charlotte camina sola a través de las praderas, se sienta a la orilla del río y recuerda «Los dioses de Grecia». Por la noche sueña con ellos y se lo escribe a Schiller, que está en la cama con dolor de muelas.

El 26 de mayo de 1788 él escribe que le va «como a Orestes en la *Ifigenia* de Goethe [...]. Usted hará en mí las veces de la diosa bienhechora y me protegerá de los malvados poderes subterráneos».[16] Aquel año, cuando Schiller descubrió la Antigüedad para sí mismo, leyó la *Ifigenia* de Goethe. Escribe a Cornelius Riedel en Weimar: «La *Ifigenia* me ha deparado de nuevo un hermoso día, aunque he de pagar el placer que me produce con la desalentadora sensación de que yo no podré producir nunca algo semejante».[17]

A la vez, redactaba una reseña de la obra, pero en ella no habla de los sentimientos mezclados de no poder producir nunca nada semejante. Al contrario. Schiller censura al autor teatral profesional, en el que encuentra algunos inconvenientes para el escenario, por ejemplo, el «espíritu sentencioso»,[18] la «sobrecarga de epítetos en el diálogo», la «pesadez en la sucesión de palabras». Pero en conjunto, el juicio es elogioso; se nota que Schiller busca la simpatía de Goethe y modera los tonos críticos, aunque a la vez intenta ponerse al mismo nivel que él en sus puntos de vista, por ejemplo, cuando indica que para la «gran masa» el genio queda fijado en su primera obra. Y así, Goethe es enjuiciado todavía por *Götz* y, cabe añadir, él mismo es juzgado por *Los bandidos*. Los críticos y el público en general no quieren entender que el espíritu creador no sigue la regla, sino que crea nuevas reglas, que para él «la coacción misma se convierte en una nueva fuente de belleza».[19]

Pocas semanas antes de la recensión de *Ifigenia*, Schiller había comentado el *Egmont* de Goethe en la *Revista de Libros,* de Jena. Tampoco aquí la gran alabanza, sobre todo para las escenas populares y para Klärchen, aparece exenta de algunas críticas. Ahora Schiller posee un abundante conocimiento del Egmont histórico, de modo que puede advertir cómo el *Egmont* de Goethe poco tiene que ver con el histórico, lo que no merecería la censura si al menos la figura se mostrara apta para el drama. Pero, según Schiller, desde este punto de vista la cosa se presenta mal. Egmont, para Goethe, no es más que un hedonista inconstante, dominado por veleidades, y en cualquier caso no es apto como héroe de la libertad y figura trágica. La apoteosis final, cuando Klärchen se aparece en sueños a Egmont, es para Schiller un «*salto mortale* al mundo de la ópera».[20] Schiller escribe que aunque esto esté permitido, pues a un genio le está permitido todo, el autor de la recensión renunciaría a ello para «disfrutar una sensación sin perturbaciones». Se refiere a la sensación de compasión con la desesperada Klärchen. Su sufrimiento está representado de forma «inimitablemente bella y verdadera; y nadie duda de que el autor es insuperable en una modalidad donde él es su propio modelo».[21]

Goethe leyó la reseña poco después del primer encuentro con Schiller y, a este respecto, escribió al duque el 1 de octubre de 1788: «En la *Revista de Libros* aparece una recensión de mi *Egmont* que articula bastante bien la parte moral de la obra; por lo que se refiere a la parte poética, puede ser que al autor se le haya escapado algo».[22]

Schiller se entera de que Goethe ha vuelto a Weimar desde Italia por una carta de Knebel a Charlotte:

> Aquí Goethe no es precisamente infeliz. Conoce las cosas y sabe que hemos de considerar las pasadas como un sueño. Y si el sueño ha sido bueno, permanecen todavía los recuerdos, que pueden hacer dichoso y rico el momento en el que nos encontramos.[23]

Sin embargo, Goethe tuvo que advertir muy pronto cómo le faltaban hombres con los que poder compartir sus recuerdos, o bien personas a las que por lo menos se los pudiera comunicar adecuadamente. Es cierto que en el viaje se había propuesto «no hablar de Italia a manera de comparación». Pero no puede evitar hacerlo y está desencantado con las reacciones.

Desde Italia, país rico en formas, había sido remitido a la Alemania carente de formas, cambiando un cielo alegre por un cielo sombrío; los amigos, en lugar de consolarme y atraerme de nuevo hacia sí, me llevaron a la desesperación. Mi fascinación por objetos lejanos, apenas conocidos, mi sufrimiento y mis quejas por lo perdido, parecían ofenderles, eché de menos la falta de comprensión y solidaridad, nadie entendía mi lenguaje.[24]

Poca comprensión halló en Charlotte von Stein, que llegó precipitadamente desde su casa de campo de Rochberg, junto a Rudolstadt, para encontrarse con Goethe. Todavía estaba ofendida. Para ella, la huida de Goethe a Italia había sido una infidelidad, se sentía como una amada abandonada. Goethe le había anunciado que hablarían de todo y tal vez llegarían a entenderse otra vez. Se veían, pero siempre en sociedad. A mediados de julio él le escribía: «Con gusto escucharé todo lo que tengas que decirme, pero he de rogarte solamente que no tomes muy al pie de la letra mi manera de ser actualmente dispersa, por no decir desgarrada».[25] Los encuentros transcurrieron de forma desalentadora. «No hemos intercambiado entre nosotros otra cosa que aburrimiento», escribía ella el 15 de agosto a Sophie von Schardt; y Goethe hace la observación: «Ella está destemplada, y no parece que vaya a resurgir nada».[26]

El mal humor y el enfurecimiento se apoderan también de los otros amigos y conocidos. Herder, que poco después de la llegada de Goethe ha iniciado también un viaje a Italia, recibe información sobre cómo están las cosas en Weimar a través de su esposa, Karoline. En relación con Goethe, ésta escribe: «No parece que vayan a ponerse bien las cosas con él». Cree saber a qué se debe esto: «Ahora vive sin dar alimento a su corazón. La señora Von Stein cree que él se ha vuelto sensual y no carece enteramente de razón».[27] Pero en un punto se equivocan las dos mujeres. Goethe se ha vuelto «sensual» precisamente porque ha dado nuevo alimento a su corazón. Pero eso todavía no era conocido en Weimar. Inicialmente sucedió todo a escondidas.

El 11 de julio, una bonita muchacha de veintitrés años, de rizos negros, Christiane Vulpius, se acercó a Goethe en el parque del Ilm y le entregó un escrito de súplica en el que su hermano August Vulpius, hijo del archivero de Weimar, solicitaba su apoyo. August Vulpius se había esforzado sin éxito hasta el momento por ser un escritor y buscaba una colocación. Goethe prometió interesarse en el asunto y acordó un segundo encuentro con Christiane en su casita del jardín. Debió de ser en julio todavía cuando Christiane se introdujo allí por la noche. Goethe dio pasos inmediatamente a favor de su hermano, lo recomendó a su amigo Jacobi como secretario y a Göschen como colaborador en la editorial, pero sin éxito. Vulpius se abre paso como traductor y corrector en Leipzig. Goethe envía dinero. Mientras tanto, por la noche, Christiane es una visitante regular en casa de Goethe. De día trabaja con el empresario Bertuch en la confección de flores artificiales, para sacar a flote a su hermanastra y su tía, pues la familia había caído en la indigencia al morir los padres. No se ha conservado el intercambio epistolar de los primeros meses entre Christiane y Goethe. Éste lo destruyó posteriormente, de modo que sólo tenemos suposiciones. Sin duda se trató de un amor apasionado, que, a diferencia de la relación con Charlotte von Stein, fue también corporal. Ante el duque hablará luego de Christiane como de su *Erotio*.[28] Fue un intento, inicialmente mantenido en secreto, de reanudar las vivencias eróticas de Roma. En los primeros meses con Christiane surgen las *Elegías romanas*, en cuya primera redacción a mano leemos:

> Mas por las noches tengo las manos con gusto en otro lugar,
> y si en algo me amaestran, doble es mi experiencia de placer;
> no me instruyo cuando acecho las formas del delicioso pecho,
> cuando la mano cadera abajo deslizarse dejo;
> muchas veces en sus brazos hice versos,
> y mi mano en sus espaldas con quedo gesto dactilar
> muchas veces la medida del hexámetro pudo contar.[29]

En las semanas de esta primera luna de miel, Goethe visita una vez a Charlotte von Stein en Grosskochberg, donde la acompañan Fritz, el hijo de Charlotte, la señora Von Schardt, su suegra y Karoline Herder. Charlotte von Lengefeld, que ha venido desde Rudolstadt a casa de su madrina, recibe a los huéspedes. Aparece la señora Von Stein, que saluda cordialmente a todos, y sólo permanece reservada frente a Goethe, que a raíz de ello se siente contrariado. Muy lentamente mejora su humor, y Charlotte von Lengefeld lanza su propuesta de continuar el encuentro social en casa de los Lengefeld en la cercana ciudad de Rudolstadt. Quiere juntar incondicionalmente a sus dos poetas y sabe en qué medida Schiller espera ese encuentro. El 7 de julio de 1788 éste escribe a Ridel, el educador del príncipe de Weimar: «Estoy impaciente por verlo; pocos mortales me han interesado en igual manera [...]. Si habla con él, dígale todas las cosas buenas que pueden decirse».[30]

El domingo 7 de septiembre se presenta la ocasión. Schiller y Goethe se encuentran finalmente en casa de los Lengefeld; Charlotte había preparado hábilmente el momento. Goethe está de buen humor porque puede hablar de Italia. Se le presta atención; numerosos huéspedes lo rodean. Es difícil acercársele. Körner, en una carta del 12 de septiembre, en la que relata el encuentro, pone en boca de Schiller: «Por supuesto, el grupo de gente era demasiado grande y todos estaban demasiado ávidos del contacto con él, de modo que no pude estar a solas con él durante mucho rato, y no pude hablar más que de cosas generales».[31]

Pero no todo se debía a las desfavorables circunstancias externas. De hecho, en esta primera ocasión, Goethe evitó un auténtico encuentro. Tal como contaba más tarde, le intimidaba el gran prestigio del que Schiller gozaba entre el público. Por entonces aún detestaba *Los bandidos*. Y Schiller no era para él más que el autor de esta pieza, un «talento vigoroso, pero inmaduro, que había derramado a torrentes sobre la patria las paradojas éticas y teatrales de las que yo aspiraba a purificarme».[32] Eso le recordaba sus propias locuras del *Sturm und Drang*. Aún no conocía la evolución posterior de Schiller. Le irritaba que en todas partes se hablara solamente de dicho autor. Incluso Knebel había sido víctima del entusiasmo al respecto, y también de boca de la señora Von Stein, que ya por otros motivos se le había hecho incómoda, se oían demasiadas cosas buenas sobre un autor que le desagradaba.

En la cortés distancia de Goethe había más intención consciente de la que Schiller estaba dispuesto a aceptar en un primer momento. Cuando más tarde advierta esta distancia intencionada, crecerá su despecho, que se expresa ya en la descripción de la apariencia externa de Goethe: «Su primera aparición rebajó bastante la elevada opinión que se me había transmitido sobre esta atractiva y bella figura. Es de estatura media, se comporta rígidamente y camina también así; su rostro es opaco».[33]

Schiller resume así este primer encuentro:

> Dudo de que lleguemos a acercarnos mucho. Numerosas cosas que todavía son interesantes para mí, que todavía deseo y espero, son para él asuntos del pasado. En tal medida va por delante de mí (no tanto en años, cuanto en experiencia de la vida y en desarrollo), que nunca llegaremos a encontrarnos en el camino; y su esencia entera está dispuesta de forma completamente distinta de la mía desde el principio, su mundo no es el mío, nuestras formas de representación parecen esencialmente diferentes. De ese encuentro no deduzco nada con seguridad y a fondo. El tiempo enseñará lo demás.[34]

Quiere imponerse serenidad. Pero no lo logra del todo, ni siquiera en Weimar, adonde regresa el 12 de noviembre. Cortejado por Wieland como posible coeditor de *El Mercurio Alemán*, propone ganarse a Goethe como «tercer hombre».[35] Pero Wieland opina que Goethe no estará dispuesto a aceptar. Schiller está receloso. ¿Quizá también esto tendrá algo que ver con él? Se habla mucho sobre Goethe, pero no todo lo que se dice de él es bueno. Schiller ha estado de visita algunas veces en casa de la señora Von Stein, que no cesa en su enfado y su desencanto con Goethe. Luego Karl Philipp Moritz, a su vuelta de Italia, visita Weimar y se hospeda en casa de Goethe, con el que practica un verdadero culto de los santos. Eso produce enfado y risa en Schiller, acerca de cuya pieza *Cábala y amor* Moritz había escrito que «no hay en ella ninguna chispa de drama poético».[36] Aquél se burla de la «secta» de los entusiastas de Goethe y ha de ver irritado cómo Moritz tiene acceso a Goethe constantemente, mientras que él se ve forzado a conformarse con «observarlo» desde la lejanía. Quiere «tomar de él algo para sí».[37] Schiller reacciona excitado cuando se habla de Goethe.

En diciembre le sorprende la oferta de un puesto de profesor de historia en Jena. El consejero privado Voigt lo había tanteado, y pocos días después llega la noticia de que Schiller debe estar preparado para el próximo semestre. Schiller se entera de que Goethe ha intercedido vivamente a su favor. Habría podido estar agradecido con él, pero en lugar de ello se siente «engañado».[38] Se le pone de manifiesto con toda claridad que se trata de un puesto de profesor no pagado. Ve que recae sobre él un montón de trabajo no remunerado y se irrita al comparar su posición futura con la de Goethe, que después de regresar de Italia está exonerado de casi todos sus deberes oficiales y, sin embargo, disfruta de ingresos elevados. Schiller duda de si ha de sentirse honrado o bien ofendido. Pide consejo a Körner y éste contesta: «He de decirte que es Jena la que gana contigo; tú no ganarás gran cosa con el título de profesor».[39] De hecho, Goethe había escrito al consejo general insistiendo en la necesidad de llamar a Schiller, «especialmente porque esta adquisición puede hacerse sin gastos».[40]

Al margen de este espíritu de ahorro, ¿qué incitó a Goethe a interceder en favor de Schiller? Su juicio sobre él era ahora más favorable. Tal como hemos dicho, «Los dioses de Grecia» le habían gustado mucho, se había ocupado nuevamente de *Don Carlos* y había leído la *Historia de la independencia de los Países Bajos*. La obra le parecía un ejemplo de historiografía vigorosa y estilísticamente brillante. Sin embargo, cuando se interesaba por una invitación a Schiller para enseñar en Jena, no lo hacía con el fin de tener cerca a Schiller por motivos personales, pues su simpatía no había llegado tan lejos; más bien, con la llamada de Schiller se proponía elevar el decaído prestigio de la Universidad de Jena. La reciente llamada del kantiano Reinhold a la universidad suponía un buen comienzo. Karl Leonhard Reinhold atrajo alumnos, y se podía contar con que Schiller sería más atractivo todavía para un gran público. Saldrán las cuentas, puesto que Schiller se mostrará efectivamente como una buena «adquisición». Con Reinhold y Schiller comienza el nuevo auge académico de Jena.

A finales del siglo XVIII Jena será por breve tiempo la principal sede del romanticismo y del idealismo alemán.

De momento, Schiller no puede reconocer esas perspectivas tan brillantes. Por el contrario, echará de menos su libertad sin obtener suficiente recompensa a cambio de ella, quizá conseguirá un poco más de prestigio, pero sin dinero. ¿Dejarían de estimarlo si le pagaran decentemente? «En esta nueva situación me sentiré cómico»,[41] escribía el 23 de diciembre de 1788 a Lotte. En esta situación se encuentra también desazonado, porque tiene la impresión de no estar suficientemente preparado. Goethe le había hecho saber en tono altanero que *docendo discitur* (se aprende enseñando), un dicho que más bien fortaleció su disgusto: «Estos señores ignoran en qué medida tan escasa puede presuponerse en mí la erudición»,[42] escribe a Körner. Y ante las hermanas Lengefeld se salva mediante la broma de que conviene pensar como Sancho Panza sobre su puesto de gobernador: «A quien Dios concede un oficio, le da también la inteligencia, y si yo consigo la ínsula, la gobernaré como un as».[43] Cuando en enero de 1789 se le sugiere a Schiller que compre un título de Magister (como condición previa para el puesto de profesor), se le quitan las ganas de todo este asunto. «Que el diablo se lleve este puesto de profesor, que me quita del bolsillo un luis de oro detrás de otro»,[44] escribe a Körner.

Este enfado hace que crezca también su ira contra Goethe. A pesar de que en Weimar viven próximos el uno al otro, a Schiller todavía no se le ha cursado ninguna invitación. Goethe aún se mantiene distante. En una carta a Körner, finalmente, el autor de *Los bandidos* se explaya así:

> Estar con frecuencia cerca de Goethe me haría infeliz; incluso frente a sus amigos más íntimos no tiene ningún momento de efusión, no hay quien lo entienda; creo en realidad que es un egoísta en grado extraordinario. Posee el talento de encadenar a los hombres [...], pero él sabe mantenerse libre. Da a conocer su existencia en tono bienhechor, aunque sólo como un Dios, sin entregarse a sí mismo [...]. Lo normal es que un ser así no tolere ningún rival a su lado. Por esa razón me resulta odioso, aunque ame su espíritu

de todo corazón y tenga una gran opinión de él. Lo considero como una mojigata orgullosa, a la que habría que dejar embarazada para humillarla ante el mundo.[45]

Hay una «mezcla singular de odio y amor»[46] que le impide desprenderse de Goethe. Observemos la distribución de funciones. Schiller se ve como un hombre que corteja, y a Goethe, como una mujer a la que hay que penetrar. Apenas ha escrito estas frases a Körner, de pronto le resultan penosas. Poco después le comenta: «Cuando pienso en lo que te he escrito de Goethe y sobre Goethe tengo que echarme a reír. Sin duda habrás visto mi debilidad, y habrás reído de corazón a mi costa, pero lo acepto todo. Me gusta que me conozcas tal como soy».[47] ¿Y cómo es? Se considera como un perjudicado por el destino, que ha aprendido a luchar, para dar de sí lo mejor posible. ¿Y no ha dado de sí lo mejor posible? El amigo lo sabe, a esto alude Schiller. Además, se siente elevado por la satisfacción que le produce su gran poema «Los artistas», en el que trabaja entonces. Goethe, al que se imagina como lector, sin duda se complacerá en esta obra. Por tanto, Schiller podía sentirse orgulloso de lo realizado. Y de hecho se siente así, pero le parece injusto que en comparación con Goethe tenga que luchar tanto. Considera, en cambio, que Goethe ha sido favorecido por el destino. Basta con que Schiller piense en ello, para que de nuevo se revuelvan en él la ira y los celos.

> Este hombre, este Goethe, es un obstáculo en mi camino, y con gran frecuencia él me recuerda que el destino me ha tratado con dureza. ¡Con qué facilidad su genio estaba llevado por su destino, y cuánto he tenido que luchar yo hasta este momento! [...]. Pero conservo todavía buen ánimo y creo en una feliz revolución para el futuro.[48]

Schiller está airado con la naturaleza, a semejanza del malvado Franz Moor, que cree haber salido perjudicado en comparación con Karl, el favorecido. Schiller sabe lo que puede brotar de ese odio, y ha descrito sus consecuencias en *Los bandidos*. Pero, por suerte, no sólo cabe hablar de «odio», sino también de «amor», y eso es lo que hace tan difícil la relación. Schiller no se aclara consigo mismo. Los ambivalentes sentimientos frente a Goethe lo turban y esclavizan. Y la libertad es para él lo más importante. Sin ella se siente desconectado de su fuerza creadora. Pasará todavía cierto tiempo hasta que encuentre aquella fórmula admirable que le permita la amistad con Goethe. En el verano de 1796 reconocerá que «frente a lo eximio no hay otra libertad que el amor».[49]

Schiller todavía no ha llegado tan lejos. De momento se ayuda con la confianza. En relación con el fastidioso asunto del puesto de profesor, ello significa, tal vez, extraer alguna ventaja. Primero un pequeño sueldo, que podría elevarse si tiene algún éxito. Es posible que con el éxito, crezca su público. Schiller descubre nuevos asuntos históricos, que pueden servirle como materia poética. Y quizás este primer puesto sirva también de trampolín para una plaza mejor dotada y con menos obligaciones docentes. Quién sabe si alguna vez llegará la oferta de un puesto honorífico en la corte, u otra sinecura, que le aporte la independencia económica. En cualquier caso, está seguro de que no dejará de lado el arte. No lo sacrificará a la ciencia. «Tengo que poder ser enteramente artista, o dejar de existir»,[50] leemos también en la carta a Körner. Como artista seguirá midiéndose con Goethe, aunque lo importante es que, al medirse con él, la consecuencia no sea la parálisis, sino el estímulo. ¿Cómo podrá conseguirlo? Por un lado, ayuda tener presente que, tal como le escriben Lotte y Karoline animándolo, también Goethe pasa sus «momentos de turbación».[51] Por otro lado, hay que perseguir enérgicamente el propio camino, sin mirar de soslayo constantemente al rival, y esto es lo decisivo. Poco tiempo antes de su traslado a Jena formula Schiller su plan de vida para los siguientes años:

> Si estuviera a solas con él en una isla desierta o en un barco, ciertamente no escatimaría ni tiempo ni esfuerzos para deshacer este ovillo confuso de su carácter. Pero como no estoy atado a este único ser, como cada uno tiene sus negocios en el mundo, según dice

Hamlet, también yo tengo los míos; y en verdad disponemos de poca vida efectiva para dedicar tiempo y esfuerzos a descifrar a hombres que son difíciles de descifrar [...]. Es un idioma que entienden todos los hombres, y es: usa tus fuerzas. Si cada uno actúa con toda su fuerza, no puede permanecer oculto a los demás. Ése es mi plan. Si consigo que actúen todas mis fuerzas, él y otros me conocerán, igual que ahora yo conozco su espíritu.[52]

Por tanto, Schiller intentará poner entre paréntesis sus sentimientos ambivalentes frente a Goethe. Es obvio que no lo ignorará, pero mirará hacia él solamente como si lo hiciera desde lejos, y prestará atención a sus propios objetivos. Trabajará imperturbablemente para llegar a ser lo que él puede ser. Puede que entonces lleguen a encontrarse. Pero no hay que poner un exceso de intención en ello.

Ahora Goethe y Schiller son casi vecinos, pero no median visitas ni saludos. Ambos están enredados en sendas historias de amor que les vincularán para toda la vida. El nuevo vínculo social de Goethe apunta hacia abajo; el de Schiller, hacia arriba.

Christiane Vulpius escribía «debidamente liquidado» cuando tenía que emitir recibo por las tres fanegas de grano que le enviaba la cámara ducal como ayuda al aprovisionamiento. Evidentemente esta ayuda se interrumpió cuando Christiane, después del nacimiento de August, el hijo habido con Goethe, se fue a vivir con éste. Pero la pareja no habitó en la casa del Frauenplan, donde el escritor había vivido hasta entonces en régimen de alquiler. Poco antes del parto de Christiane, tuvo que trasladarse al pabellón de caza, situado delante de la ciudad. La alta sociedad de Weimar estaba tan indignada con la relación erótica de Goethe, que el duque consideró aconsejable alejar a los dos de la prestigiosa casa del Frauenplan. Personalmente, el duque no se había escandalizado, pero las mujeres de la corte no soportaban la situación. Los comentarios picantes continuaron después del traslado. Por ejemplo, una vez nacido August el 25 de diciembre de 1789, la duquesa Louise hizo saber a Goethe que consideraba extraño que él «le pasara cada día su niño por delante de las narices».[53]

El traslado tiene algo de humillante, aunque Goethe no quiera dar muestra de ello. Y se esfuerza tanto más por resultar agradable al duque. En 1790 movió hilos para ser enviado a Venecia con el pretexto de acompañar a la duquesa madre en su regreso a Weimar. «Esta vez no me voy a gusto de casa»,[54] escribía el 12 de marzo a Herder. Por deseo del duque, siguió a éste tres veces al campamento militar: en el otoño de 1790, a Silesia; en 1792, con motivo de la expedición contra Francia; y en 1793 a Maguncia. En señal de gratitud derogó su cambio de vivienda. En el verano de 1792 Goethe pudo volver a la casa en el Frauenplan, que Karl August le regaló dos años más tarde, el 17 de junio de 1794. Pero mientras tanto, se había acostumbrado al pabellón de caza. Aquí, en su nido de amor, se sentía menos observado, y le estaba agradecido a su duque por habérselo concedido. En las cartas al duque, Goethe podía hablar abiertamente de su dicha erótica, por ejemplo, cuando el 3 de abril de 1790 le escribía que su amor a Italia había quedado atrás, pues le atraía más fuertemente el «*erotikon* de su casa». Entre los *Epigramas de Venecia* incluyó una poesía de alabanza al duque. Tenía motivos sobrados para estar agradecido, pues con ayuda de la amistad del duque –y del empeño del colega Voigt– se sortearon algunas dificultades, pues el nacimiento de un hijo ilegítimo podía ser peligroso también para el padre si confesaba la paternidad. Seguían vigentes los castigos pecuniarios. Voigt reguló lo necesario para evitarlo, y Goethe se lo agradeció cortésmente.

En el pabellón de caza disponía de dos viviendas separadas, una para él y otra para Christiane. Así podía trabajar sin que lo molestaran, y a la vez tenía muy cerca el «tesoro en la cama». A Goethe ni se le pasó por la cabeza introducir a Christiane en la alta sociedad o en la corte. Habría sido una provocación, y Goethe no quería correr riesgos. Pretendía solamente disfrutar con Christiane su dicha privada, y probablemente ella no tenía pretensiones de moverse en tales círculos. Le bastaba que Goethe le otorgara su reconocimiento y más tarde reconociera a su hijo. En la mejor sociedad, Goethe decía a todo el que lo quería escuchar que él estaba casado, aunque «no con ceremonia».[55] Cuando en 1806 contrajo formalmente matrimonio con Christiane, nadie se sorprendió de ello en Weimar.

Si Goethe se libró por muy poco de una degradación social a causa de su matrimonio con Christiane, Schiller dio alas a su ascenso social gracias a su matrimonio con Charlotte el 22 de febrero de 1790. Es cierto que los Lengefeld carecían de fortuna –la madre sólo pudo aportar algunos muebles y una pequeña suma monetaria (150 táleros anuales) a la nueva economía doméstica–, pero gozaban de buenas relaciones, con los Humboldt, con Karl von Dalberg, etcétera. Sobre todo, la señora Von Stein, madrina de Charlotte, se interesa por los medios de subsistencia de la nueva familia. Intercede ante el duque para que el puesto de profesor de Schiller vaya acompañado de un sueldo (200 táleros), que originariamente no estaba previsto. Ella hace valer también su influencia para que en enero de 1790, Schiller obtenga del príncipe de Meiningen el nombramiento de consejero áulico de la corte. Sin embargo, la relación con la señora Von Stein también acarrea para Schiller la dificultad de tener que ir a parar al terreno minado entre Goethe y su anterior amada, que le hace escuchar todo tipo de abundantes maldades sobre el autor de *Werther*. Relata, por ejemplo, que, al parecer, el duque ha perdido «todo el respeto» a Goethe, que éste arruinó las minas de Ilmenau, y que, seducido por Christiane, bebe demasiado.

Sin duda, todo ello contribuyó a que, por un tiempo, Goethe y Schiller vivieran uno junto al otro sin entrar en contacto. Schiller se está acostumbrando a una existencia entre los círculos selectos llenos de buenas costumbres, decoro y vida casera. Goethe es completamente distinto. Provoca a la buena sociedad. Una vida erótica liberada lo recompensará por otro camino.

4

En los meses de verano de la Revolución, Schiller impartía triunfalmente en Jena su primer semestre como profesor de historia. La lección inaugural «¿Qué significa historia universal y con qué fin se estudia?», hubo de trasladarse rápidamente a la mayor de las aulas, que tampoco dio cabida a la multitud de estudiantes que afluían. Jena nunca había visto algo semejante. Aquella gran expectación no se debía tan sólo a la fama de Schiller como poeta de la libertad; había además en la atmósfera una tensión singular. Cuando Schiller dio su lección, también en Jena se seguía con atención la manera en que se precipitaban los acontecimientos en Francia: las elecciones para los Estados Generales, el aluvión de quejas y propuestas de reforma que se desbordó sobre la capital; las revueltas por el hambre en todo el país; la caza de los recaudadores de impuestos. Aquí y allá, ardían los castillos, y se decía que en París se discutía acaloradamente en todas partes. Todos presentían que era una gran época.

También en la lección inaugural de Schiller reina un singular sentimiento de elevación. La historia, afirma, es el tremendo campo de trabajo del género humano. El sentido para la historia universal nos libera de los «juicios limitados del egoísmo»,[1] que se refieren solamente al limitado espacio de vida que media entre el nacimiento y la muerte. Sólo la historia universal «hace que el individuo pase insensiblemente al interior del género». La lección de Schiller termina con un giro lleno de patetismo:

> Ante el rico legado de verdad, moralidad y libertad que hemos recibido de los tiempos antiguos y que hemos de transmitir a la pos-

teridad abundantemente enriquecido, tiene que arder en nosotros la noble aspiración a forjar una contribución con nuestros medios, para fijar nuestra existencia fugaz en esta cadena imperecedera que se anuda a través de las generaciones humanas.[2]

Ante la Revolución francesa, Schiller reaccionó primero bajo el prisma de la filosofía de la historia, por lo menos mientras estaba en la cátedra. Supo aprovechar el *pathos* de la hora histórica para sus lecciones, pero evitó referirse directamente a los acontecimientos. En contraposición a Herder, Forster, Wieland, Klopstock y otros, se abstuvo de manifestaciones públicas de aprobación. Tampoco accedió a plantar un árbol a la libertad, como hicieron sus paisanos Hölderlin, Schelling y Hegel en Tubinga. Evidentemente, siguió con simpatía los primeros pasos de la Revolución. Se alegraba de que con ella parecían realizarse algunos de los sueños del marqués de Poza. Por lo demás, todo eso encajaba bien con la sensación, durante el periodo de su noviazgo, de que se acercaba una nueva época. ¿Qué puede haber más hermoso que la conjunción de una primavera de amor y la primavera de un pueblo?

Y sin embargo, Schiller se mantuvo cauto. Todavía estaba por verse si se hacía un buen uso de las libertades recientemente conquistadas, si el timón pasaba a manos del libertinaje y de nuevas tiranías, o bien a manos del espíritu republicano y de la disciplina del bien general. Si Schiller callaba en público, no lo hacía por falta de participación, sino porque experimentaba un desafío en el plano de la filosofía de la historia; para él estaba en juego el destino ulterior de la razón y de la libertad. Aquí había que tomarse tiempo para emitir un juicio.

Schiller reflexiona sobre lo que significa ser coetáneo o incluso testigo de grandes sucesos históricos. Quien no se deja transformar por éstos, no será digno de ellos, no se encontrará a su nivel. Hay que despojarse del hombre cotidiano. Se emiten muchos juicios necios, dice, precisamente porque los hombres se acercan a lo sublime con su «ropa de andar por casa», sin distinguir adecuadamente entre lo público y lo privado. El sentido y el gusto de lo público tienen que aprenderse. Schiller sabe que en Alemania, por el momento, no se dan las circunstancias favorables para ello, e incluso en sí mismo encuentra un déficit de experiencia y cierta necesidad de aprender. El 27 de noviembre de 1788, antes de que comiencen las acciones revolucionarias, escribe a un amigo de París:

> Quien tiene sentido para el gran mundo de los hombres y se complace en él, tiene que alegrarse en medio de este elemento amplio y grande; pero, por el contrario, ¡qué pequeñas y miserables son nuestras relaciones burguesas y políticas! [...]. El hombre, cuando actúa unido, es siempre un gran ser [...]. Yo, mi pequeña persona silenciosa, contemplo la gran sociedad política desde una cáscara de avellana, y desde esta perspectiva ella se me aparece como a una oruga puede aparecérsele el hombre por el que sube penosamente. Tengo un respeto infinito para con este océano de hombres que se abren paso, pero también me encuentro a gusto en mi cáscara de avellana.[3]

La «cáscara de avellana» de Schiller se encontraba de momento en la «Schrammerei», en la pensión de las hermanas Schramm. Éste era el lugar donde ahora se alojaba en Jena, muy lejos del «océano de hombres» donde acontecen las tremendas acciones políticas. No olvida que, en lo referente al «gran ser» de los hombres que actúan unidos, él sólo puede pensarlo, pero no experimentarlo inmediatamente. Y por eso mantuvo la cautela hasta que alcanzó un juicio decisivo. Y entonces, tal como corresponde a su manera de ser, saldrá a escena y proclamará ese juicio con cierta pasión. En la gran Revolución, afirma más tarde, se ha mostrado que los hombres interiormente todavía no son suficientemente libres para utilizar la libertad externa en un sentido bienhechor: «El instante generoso encuentra una generación no receptiva».[4]

Para Schiller, la Revolución francesa era un gran acontecimiento en un sentido originariamente muy prometedor. Para Goethe, tan reservado como Schiller, la Revolución significaba también un gran acontecimiento, pero en un sentido contrario: no era un acontecimiento muy prometedor, sino que estaba preñado de infortunio desde el principio. El 3 de marzo de 1790 escribe a Jacobi: «Como podrás imaginar, la Revolución francesa también fue una revolución para mí».[5] Anota retrospectivamente que necesitó muchos años para «elaborar poéticamente este suceso, el más terrible de todos los sucesos, en sus causas y consecuencias».[6] «La dependencia de este objeto, imposible de abarcar con la mirada», añade, «consumió su capacidad poética casi inútilmente.» De hecho, la Revolución desempeña una función importante en casi todas las obras de los años noventa, en parte como tema explícito, así en *Los exaltados,* en *El ciudadano general,* o en *La hija natural,* en parte como trasfondo y horizonte del problema, así en *Hermann y Dorothea,* o en las *Conversaciones de emigrados alemanes.*

Para Goethe, ¿qué es tan terrible en la Revolución?

No se trata, por ejemplo, de que defendiera una perspectiva aristocrática, pues notaba sin paliativos la injusticia y la explotación indignantes. Un año antes de la Revolución había escrito a Knebel:

> Como sabes, cuando los pulgones se han instalado en las ramas y han engordado de tanto chupar el verde, llegan las hormigas y extraen de su cuerpo el jugo filtrado. Y así siguen las cosas; y nosotros hemos llegado tan lejos, que arriba se consume en un día más de lo que abajo puede producirse.[7]

El rechazo de la Revolución no lo convierte en defensor del *Ancien régime*. Acerca de la campaña de 1792 en Francia escribe a Jacobi que «no le preocupan lo más mínimo ni la muerte de los aristócratas, ni los pecadores democráticos».[8] En su comedia sobre la Revolución, *Los exaltados,* hace que comparezca una condesa prudente, caracterizada más tarde en sus conversaciones con Eckermann como representante de una nobleza tal como debería ser. Ella «se ha persuadido de que se puede presionar al pueblo, pero no oprimir, y de que el levantamiento revolucionario de las clases inferiores es una consecuencia de la injusticia de los grandes».[9]

Lo terrible en la Revolución fue para él una irrupción social de carácter volcánico. Ni siquiera en la naturaleza amaba Goethe lo volcánico; más bien, profesaba el neptunismo, la teoría del progresivo cambio de la corteza terrestre a causa de la acción de los océanos. Odiaba todo lo súbito y catastrófico, tanto en la naturaleza como en la sociedad. Le atraía lo paulatino. Buscaba las transiciones, evitaba las rupturas. Lo suyo era la evolución, no la revolución. Podía imaginar por completo un orden social justo, pero deseaba que éste viniera a través de reformas desde arriba, a la manera del aristócrata Lotario en el libro octavo de *Wilhelm Meister:* liberación de los labradores de la sumisión a la herencia, administración de los grandes bienes orientada hacia el interés común.

No era solamente la aceleración lo que le asustaba. Presentía que a partir de ese momento las masas podían ocupar irrevocablemente el escenario de la historia. Goethe no era de los que se alegraban de ello. Habría podido interpretar este hecho, de acuerdo con Kant, como la «salida de una culpable minoría de edad». Pero no veía así las cosas. Duda de que junto con las masas llegue también al poder la madurez política. Ve solamente el efecto contraproducente de los demagogos, doctrinarios y dogmáticos, de los «hombres de la revolución», tal como él los denomina despectivamente. Ese tipo de hombres conducen y seducen a las masas y son simplemente sus productos. Cuando se trata del asunto de la sociedad entera, se requiere un pensamiento que abarque el todo y que pueda asumir la responsabilidad. Pero el hombre ordinario, dice Goethe, no puede elevarse a este punto de vista, y por eso se convierte fácilmente en masa para que agitadores maniobren. La politización general sumerge al individuo en una embriaguez. Cualquiera cree poder dominar el todo, y ni siquiera es capaz de dominarse a sí mismo; se quiere mejorar la sociedad y cada uno se niega a comenzar con la mejora de su propia persona. En la embriaguez de la masa politizada se desatan los bajos instintos. Clara muestra de ello son el terror estatal, que en el año 1793 extiende su furia a través de Francia, las ejecuciones masivas, los pogromos, los saqueos en los territorios ocupados. «La masa tiene que demoler, entonces se hace respetar, en juzgar es miserable.»[10] Allí donde la Revolución no cortó cabezas, su poder fue suficiente por lo menos para confundirlas. Goethe calificó la politización de la vida pública, en el mejor de los casos, como una incitación general a la «politiquilla», y en especial se indignaba por el desconocimiento absurdo de las realidades políticas en Alemania entre los amigos de la Revolución. «Nuestra participación en los asuntos públicos en general es mero filisteísmo»,[11] decía.

Goethe rechaza la Revolución porque la politización ligada a ella implica a los hombres en relaciones y actividades que les sobrepasan notoriamente. Éstas favorecen una confusión general de los patrones y son una expresión de la misma. Lo cercano y lo lejano ya no se distinguen adecuadamente. El círculo vital donde cada uno se maneja y del que cada cual puede responsabilizarse se ve inundado con estímulos a cooperar y opinar; en suma, se produce un cambio de mentalidad para el que, mucho más tarde, una filosofía encontró la siguiente formulación: nadie es él mismo y cada uno es como los otros. Las consecuencias son la confusión en lo grande y el desamparo en lo pequeño. En *Los años de aprendizaje de Wilhelm Meister* leemos:

> El hombre ha nacido para una situación limitada, es capaz de ver fines sencillos, cercanos, determinados, y se acostumbra a utilizar los medios que tiene inmediatamente a mano; pero tan pronto como llega a lo amplio, no sabe lo que quiere, ni lo que tiene que hacer, y poco importa que se distraiga por la multitud de los objetos, o que la altura y dignidad de éstos lo pongan fuera de sí. Se trueca siempre en desdicha suya el verse incitado a aspirar a algo con lo que no puede unirse mediante una regular actividad propia.[12]

A la pasión política de los «exaltados» Goethe contraponía una configuración de la personalidad individual nacida de la fuerza de la limitación. Puesto que no podemos abarcar el todo y lo lejano nos distrae, el individuo debe formarse para constituir un todo, de acuerdo con la máxima que Goethe algunos años más tarde formularía así en el *Diván de Occidente y Oriente*: «Solamente la personalidad sea la dicha suprema de los hijos de la tierra».[13] En este casi obstinado ideal de la personalidad se esconde también aquella brillante ignorancia al servicio de la vida que Nietzsche elogiará en Goethe. No puede dudarse de que en Goethe esa ignorancia es compatible con espacios amplios, aunque con prudencia vital él asume del mundo tan sólo lo que puede apropiarse. También en esto era un maestro: rechazaba rigurosamente lo que no podía «promocionarlo», tal como solía expresarse. En un texto titulado precisamente *Promoción significativa a través de una única palabra ingeniosa*, escribe: «No tomo en consideración a los rivales, pues odian mi existencia, rechazan los fines por los que se rige mi acción [...]. Por tanto, los repudio y los ignoro, pues ellos no me pueden promover».[14] Es conocido que el mundo y la vida de Goethe fueron suficientemente espaciosos, incluso a pesar de los gestos decididos de rechazo y limitación.

Este rechazo podía ser muy fuerte y radical. En una conversación sobre un cuadro del pintor Karl Friedrich Lessing dice Goethe, con enojo:

> Contiene puras negaciones de la vida y de la «costumbre amistosa de la existencia», por servirme de mis propias palabras. En primer lugar, la naturaleza muerta, un paisaje de invierno; yo no doy culto al invierno; luego monjes, fugitivos de la vida, enterrados en vida; yo no doy culto a monjes; además un convento, aunque derruido; yo no doy culto a conventos; finalmente, para acabar, todavía un muerto, un cadáver; pero yo no doy culto a la muerte.[15]

Así pues, Goethe no quería «dar culto a» la muerte, lo cual significa que no le quería conceder validez, no tenía que adquirir ningún poder sobre sus pensamientos. Por ejemplo, no podía soportar el culto romántico a la muerte de un Novalis. No acudió a ningún entierro, ni se le pudo ver ante ningún lecho de muerte. El cortejo fúnebre de la señora Von Stein evitó la casa del Frauenplan; así lo había dispuesto la difunta con la cortesía de su corazón. Cuando muere Christiane, Goethe se retira, un poco enfermizo, a su aposento. Y cuando falleció Schiller, no salió de su habitación durante una semana. Más adelante veremos por qué conservó casi durante un año el cráneo del amigo en su biblioteca. En todo caso, no podemos expresar adecuadamente esta distancia con el concepto de represión, pues en Goethe no se da ni la estrechez ni el repliegue.

Goethe traza soberanamente su círculo y sus círculos. Reivindica su derecho a intervenir en todo lo que pueda afectarle. Y decide él mismo lo que le afecta, que no es poca cosa. Goethe, que gozaba de verdadera formación universal, podía burlarse de los que leen mucho y de los que están ávidos de juicio, pero no son fuertes en su juicio, de los forjadores de opinión. Contra la dispersión sólo vale la concentración. No toda curiosidad merece su aprobación. Prefiere una curiosidad que, mediante un rodeo a través del mundo, nos lleve al conocimiento de nosotros mismos. Como investigador de la naturaleza, y no sólo como tal, Goethe aspira a una verdad que no deja de escuchar y mirar, y que podemos imprimir en nuestra existencia. Esto no equivale a la interiorización. Goethe escribe que siempre le ha parecido «sospechosa» la «altisonante tarea de conocerse a sí mismo».[16] El que sólo se busca a sí mismo, no puede encontrarse a sí mismo. Se requiere «actividad frente al mundo exterior» y una observación tranquila y cuidadosa: «El hombre sólo se conoce a sí mismo en la medida en que conoce el mundo [...]. Todo objeto nuevo, si lo observamos atentamente, abre un nuevo órgano en nosotros». El acento recae sobre el «atentamente», expresión que remite a una relación con la realidad más henchida de mundo que la excitada esfera de la opinión.

Es cierto que Goethe no puede mantenerse enteramente libre de los influjos del politizante espíritu de la época –por algo se compra una guillotina de juguete–, pero está firmemente decidido a buscar refugio en las tranquilas consideraciones de sus investigaciones de la naturaleza, frente al mundo de las maquinaciones. Con ocasión de sus estudios de óptica y su teoría de los colores, escribe a Jacobi: «Me inclino cada día más hacia estas ciencias, y creo que en el futuro quizá llegarán a ocuparme en exclusiva».[17] Sin embargo, no fue así. Goethe no quiere separarse del arte y de la literatura; éstos, junto con la observación de la naturaleza, constituían el segundo baluarte contra el excitado espíritu de la época. Escribe a Johann Friedrich Reichhardt: «Las alegrías estéticas nos mantienen en pie, mientras que todo el mundo está sometido al sufrimiento político».[18]

Goethe escribe estas palabras durante el otoño de 1792, después de participar al lado del duque en la primera expedición bélica de los aliados contra la Francia revolucionaria, y, un año después, en el sitio de Maguncia. Por tanto, no eran tan sólo las luchas de opinión de un público políticamente excitado las que le repelían. Había contemplado hechos terribles. Le parecía haber atravesado un infierno. Con el cañoneo de Valmy comenzó la época de las horribles batallas de material. En el sector del frente encomendado a Goethe murieron en pocos días la mitad de los 42.000 soldados. Después vino la retirada a través del lodo y bajo incesantes lluvias torrenciales; la enormidad de bajas causadas por la peste y el hambre; la disolución de los ejércitos, el pánico y la desesperación. Los sobrevivientes se deslizaban sobre los muertos, que yacían en el camino. La famosa frase de Goethe con ocasión del cañoneo de Valmy: «En este lugar y en el día de hoy, se abre una época de la historia universal, y podemos decir que hemos asistido a su nacimiento»,[19] fue escrita desde la distancia relajada de años posteriores. En el instante de la consternación no se daba esa distancia, sino que reinaba solamente el miedo, y Goethe hubo de aprender que contra el miedo a veces sólo vale la audacia sin reflexión. Más tarde escribirá que es un estado prodigioso «en el que para acallar el miedo uno se expone a toda aniquilación».[20] En una ocasión, abandonó la cobertura y cabalgó a lo largo de la cresta de una colina como diana viva en medio de un rugido de disparos que hacían temblar la tierra. Por suerte, sólo acabó en el barro. «La miseria que hemos soportado no puede describirse»,[21] escribe a finales de 1792 a Christiane. «Yo para mi persona canto al Señor el más alegre salmo de David, las palabras donde dice: me has liberado del lodo, que me llegaba hasta el alma.» Al final de la expedición, catastróficamente fracasada, Goethe busca refugio en el Frankfurt patrio, para, según palabras de Herder, «despertar como de un mal sueño, que me mantenía prisionero entre inmundicias y penurias, privaciones y preocupaciones, peligros y tormentos, entre ruinas, cadáveres, carroña y montones de mierda».[22] Tras esta experiencia del horror, las luchas de opinión y todo teorizar político le parecían dignos de risa.

En el año anterior Goethe había pasado noches excitantes con Forster y sus amigos. El hecho de que se tratara de jacobinos de pura sangre, que poco después, bajo protección francesa, colaboraron en la fundación de la República de Maguncia, no le molestó mientras se mantuvo la valoración personal (como en el caso de Forster) y mientras duraron los temas comunes de intercambio intelectual. Cuando, en la reconquista de Maguncia por parte de los aliados, los republicanos fueron perseguidos y hechos prisioneros, Goethe lo aprobó, cosa que le resultó tanto más fácil por la circunstancia de que el muy estimado Forster se hallaba en París negociando la inclusión de Maguncia en la República francesa. Goethe sólo se indignaba cuando se entrometía la chusma. En su relato de *El sitio de Maguncia* cuenta que llegó a salvar a uno de estos republicanos del linchamiento a manos de la plebe.

El sentimiento dominante a finales de 1793 era de alivio. Goethe se había visto envuelto en el torbellino de la historia y vislumbraba la orilla salvadora. El duque le permite volver a Weimar. Ya de camino, Goethe escribe a Jacobi: «Mi vida vagante y el sentimiento político de todos los hombres me impulsan a casa, donde me es posible trazar en torno a mí un círculo en el que no podrá entrar nada que no sea amor y amistad, arte y ciencia».[23]

Goethe se niega a dar un sentido superior, en el plano de la filosofía de la historia, al infierno de la historia que acaba de experimentar, y en consecuencia se dirige al arte como a un asilo.

Schiller siente de otra manera. Pasa estos años en Jena y, a buen resguardo en su «cáscara de avellana», lee los periódicos, de los que extrae sus informaciones sobre «este gran océano de hombres que empuja».[24] Se deja impulsar desde la lejanía hacia la filosofía de la historia y lo estético.

Por lo que se refiere a la filosofía de la historia, desde finales de 1789 su tema es la *Guerra de los treinta años,* al que dedica una gran obra histórica, la segunda después de la *Historia de la independencia de los Países Bajos*. En el espejo de la historia pasada quiere hacer visibles las líneas fundamentales de la actual. El 13 de octubre de 1789 escribe a Körner: «Si una historia es [...] capaz de esta aplicación, si puede conectarse con la especie, tiene los requisitos para ser interesante en manos del filósofo».[25]

Cuando Schiller redacta el capítulo final sobre la Paz de Westfalia, el momento, según escribe, en que Europa «por primera vez se conoció como una sociedad de Estados conectados entre sí»,[26] comenzaron las guerras revolucionarias. Durante mucho tiempo, los conflictos habían podido limitarse, pero ahora cabía temer un nuevo abrasamiento asolador. Schiller pronto tuvo conciencia de que aquel asolador «entusiasmo religioso» de la guerra de los Treinta Años revive de forma modernizada. En tiempos fue la religión la que azuzó a los pueblos y ejércitos a lanzarse unos contra otros. Ahora es el entusiasmo político el que aporta una energía ilimitada a las guerras. Entonces la religión se convirtió en política, ahora la política amenaza con convertirse en religión. Schiller no se prometía nada bueno de que un pueblo revolucionario se apresurara a tomar las armas, tal como sucedió en 1792. Desconfiaba de este entusiasmo militante, pues veía que el impulso de liberación actuaba solamente hacia fuera, pero no hacia dentro. Le faltaba la liberación interior de la persona mediante el dominio de sí mismo, dicho de otro modo: le faltaba la civilización de los impulsos naturales.

Schiller vio que de la guerra de los Treinta Años salían grandes hombres: Wallenstein, el conde Mansfeld, Gustavo Adolfo. La noche de la historia produce el parto de monstruos, la crisis del sistema es la hora de los trepadores, que surgen de la nada. Para Schiller este proceso se repite en la Francia revolucionaria, donde salen a escena nuevos héroes. Cuando Schiller escribió sus pasajes sobre Wallenstein, expresó el presentimiento de que Francia tendría también su Wallenstein. Cuando cinco años más tarde empieza a trabajar de nuevo en esta figura, comienza el ascenso de Bonaparte. En el momento de terminar la obra, Napoleón está en el poder.

Schiller, que mantiene una cauta distancia frente a los acontecimientos, está poseído también por la pasión del momento histórico. Como historiador sueña con ser el Plutarco alemán. El 26 de noviembre de 1790 escribe a Körner: «No veo por qué razón, si me lo propongo seriamente, no puedo llegar a ser el primer historiador de Alemania».[27] No son pocos los que creen que ya lo es. Entre ellos se cuentan Wieland y Johannes Müller, que hasta entonces pasaba por ser el mejor historiador. Y también entre el público general el libro sobre la *Guerra de los Treinta Años* se vendió como el pan.

Con un sentimiento de fuerza desbordada, Schiller viaja a Erfurt a finales de año para visitar a Karl von Dalberg, el auxiliar y sucesor designado del príncipe elector de Maguncia. Allí, en una sesión solemne, es recibido como historiador en la Kurfürstliche Akademie nützlicher Wissenschaft. Es la acolada. Pero a continuación se produce el derrumbamiento.

En la noche del 3 de enero de 1791, durante un concierto con motivo del cumpleaños del príncipe elector de Maguncia, la fiebre alta y los ataques espasmódicos de tos se apoderan de Schiller, que pierde por momentos la conciencia. Es la primera irrupción maligna de la enfermedad, que entonces se conoce como «neumonía crupal, acompañada de pleuritis seca», y a causa de la cual morirá catorce años más tarde. Se recupera y vuelve a Weimar. Pero se reproducen los ataques de fiebre y se hacen más fuertes. Los desmayos alternan con el asma y las convulsiones estomacales.

Schiller lucha con la muerte. También Goethe se entera y, a través de Fritz, el hijo de la señora Von Stein, le expresa sus deseos de mejoría. Sabemos que, en general, a Goethe le dan pánico los hombres que sufren y procura relacionarse con ellos lo menos posible. Se decía en Weimar que Goethe no habría soportado la cara de este muerto en vida, el cual, por lo demás, también le recordaba demasiado «la imagen del crucificado».[28] Por un tiempo, ni siquiera soportaba la mención de su nombre. Ahora bien, la enfermedad de Schiller es tema de conversación, en Jena y en Weimar. Los estudiantes hacen guardia nocturna. Uno de ellos es Novalis, que a sus diecinueve años ha asistido a las clases de Schiller y se siente unido a su profesor con entusiasmo y amor. Pasa algunas noches junto al lecho del enfermo y le seca la frente, húmeda de sudor. Unos meses más tarde, Novalis escribirá a Reinhold sobre aquel ídolo de su juventud:

¡Ay!, sólo con mencionar a Schiller, ¡qué multitud de sensaciones se despiertan en mí! [...], y me perturba entonces [...] el amargo pensamiento de que este hombre estuvo cercano a la aniquilación, Schiller, más valioso que millones de hombres cotidianos [...]. Ante ese recuerdo, involuntariamente retrocedo asustado de mi propia existencia, y se abre paso un sollozo entre mis labios, un sollozo en el que se oprime toda fe en una mano superior que dirige los hilos, así como todo amor y compasión para con la humanidad [...]. Aunque no hubiera hablado nunca conmigo, ni participado en mi vida, ni hubiera tenido noticia de mí, mi corazón habría dirigido sus latidos inalterablemente hacia su persona; pues yo reconocí en él al genio superior que irradia a través de los siglos. Agradarle, servirle, despertar en él un pequeño interés por mí, era mi poesía y mi reflexión por el día y el último pensamiento con el que por la noche se apagaba mi conciencia.[29]

En la primera mitad del año 1791, Schiller sufre tres recaídas graves. Posee suficientes conocimientos médicos para saber que a partir de ahora tendrá que arrebatar su vida y su obra a esta enfermedad. El 10 de abril de 1791 escribe a Körner: «Tengo la sensación de que he de quedarme con estas molestias [...]. Mi ánimo es alegre y no ha de faltarme el valor, incluso cuando caiga sobre mí lo peor».[30]

Mientras Schiller se recupera lentamente, se difunde por doquier el rumor de su muerte. A finales de junio el rumor llega hasta Copenhague, donde Jens Baggesen ha congregado en torno a él una comunidad de admiradores de Schiller. Para los entusiastas daneses, será como si el poeta hubiera resucitado de entre los muertos cuando oyen que Schiller sigue con vida, y miembros del círculo de amigos, el ministro Ernst von Schimmelmann y el duque de Augustenburg, le conceden durante un plazo de tres años una pensión de mil táleros anuales. Schiller queda así liberado por un tiempo de la molesta obligación de tener que ganarse el pan. Utiliza la libertad para estudiar a fondo la filosofía de Kant y para el desarrollo de su teoría estética. Es el momento de sacar consecuencias estéticas de la Revolución, que tanto le dio que pensar.

Ahí está la diferencia entre Schiller y Goethe. Éste busca el arte como asilo contra la historia, también contra la Revolución, a la que detesta. En cambio, Schiller, al que repugna igualmente la Revolución en su desarrollo, se deja incitar por ella. Quiere conservar en el arte su impulso originario de la libertad. En el arte tiene que ejercitarse y ennoblecerse la libertad, a fin de que llegado el momento pueda manifestarse con mayores beneficios también en el terreno político. Para Goethe el arte es un refugio frente a la Revolución, para Schiller es el campo de juego de una revolución que por primera vez merece verdaderamente este nombre.

A finales de 1792, Schiller se halla ocupado en dos asuntos. Quiere redactar una misiva para la República francesa, de la que es ciudadano de honor desde hace algunas semanas, tratando de disuadir a la Convención de su propósito de condenar a muerte al rey. Y, por otro lado, trabaja en una nueva teoría de lo bello, que se propone editar con el título de *Cartas de Kallias*. Su tesis fundamental era: «la belleza es libertad en la aparición». La cercanía temporal entre estas dos iniciativas, la política y la estética, apunta a una conexión objetiva. El arte y la política tienen que someterse a las leyes, si no quieren ser víctimas de la arbitrariedad, sea de las decisiones de la mayoría en lo político, sea del favor del público en lo estético.

En lo que se refiere a la política, la actuación de la Convención Nacional era para Schiller un ejemplo perverso de la tiranía de la mayoría. Él era republicano en el sentido de Montesquieu, lo cual significa que, en lugar de la arbitrariedad de los individuos o de las mayorías, han de dominar las leyes basadas en los derechos del hombre. El Estado de derecho precede a la democracia. Democracia sin Estado de derecho significaba para Schiller dominio de la plebe. La realeza constitucional había de conservarse para proteger el Derecho. Con esas reflexiones, pretendía hablar a la conciencia de la nación francesa. Mientras Goethe todavía se recupera de la campaña «entre excrementos y penurias, entre cadáveres y montones de mierda», Schiller se prepara para su misión francesa. Pero llega demasiado tarde. A principios de 1793 se dicta la sentencia, y el 21 de enero Luis XVI muere ejecutado. Por otra parte, se demora también el envío del diploma de ciudadanía honoraria. El documento no llegará a sus manos hasta el año 1798, tras permanecer depositado en algún rincón porque estaba dirigido a un tal «Monsieur Giller». Cuando finalmente Schiller lo reciba, con la firma de aquellos revolucionarios que mientras tanto ya habían sido decapitados, Goethe comenta lacónicamente: «En relación con el decreto de ciudadanía que le ha sido enviado desde el reino de los muertos, sólo puedo felicitarle por el hecho de que lo ha encontrado a usted todavía entre los vivos».[31]

En lo referente al arte y a la estética, temas en los que Schiller trabaja en esa época, intenta una analogía con la política: también aquí le preocupa el problema de la libertad regulada por la ley. La belleza no ha de ser solamente asunto del gusto. Schiller busca su fundamento objetivo. No le basta la estética de Kant, que analiza solamente el disfrute del arte, no el arte mismo. El 21 de diciembre de 1792 escribe a Körner: «Se me ha abierto mucha luz sobre la naturaleza de lo bello, creo haber encontrado el concepto objetivo de lo bello, que por ello mismo queda cualificado como un principio objetivo del gusto, principio del que dudaba Kant». Este principio objetivo, que ha de definir el arte, se formula así: el arte es «libertad en la aparición».[32]

La libertad solamente se da en el hombre, no en la naturaleza. Pero en la naturaleza se muestra a veces una «semejanza con la libertad»,[33] que es percibida como belleza. La «gran idea de la autodeterminación se nos refleja desde ciertas manifestaciones de la naturaleza, a las que llamamos belleza».[34]

Existe lo bello de la naturaleza. Schiller escoge el ejemplo del caballo de raza, que se mueve según su naturaleza, con libertad y sin coacciones; en cambio, el percherón de carro lleva en el cuerpo las marcas del peso, del trabajo y de la coacción. Ahí está la diferencia entre dos seres de la naturaleza, escribe Schiller, «donde uno es enteramente forma y muestra un dominio perfecto de la fuerza viva sobre la masa, y el otro ha sido subyugado a su masa».[35] Lo que puede desarrollar su naturaleza sin encorvarse, sin opresiones, sin consumirse, lo que desde sí mismo se desarrolla hacia sí mismo en el empuje de su fuerza viva, es lo «semejante a la libertad» y, por eso, es belleza en la naturaleza. Cuando el germen se desarrolla hacia la flor, se trata de una especie de autodeterminación. Lo forzado, impedido y oprimido, dice Schiller, nunca puede ser libre, pues muestra las huellas de la coacción, y allí no se hace valer el impulso interno de la forma.

Con la varita mágica de la analogía descubre Schiller por doquier el juego de la libertad y, por tanto, la posibilidad de lo bello, por ejemplo, en el vestido. «¿Cuándo se dice que una persona está bien vestida? Cuando no sufre nada en su libertad ni el vestido por el cuerpo, ni el cuerpo por el vestido.»[36] La belleza es el conjunto logrado entre el vestido y el cuerpo. En ese conjunto cada elemento logra su mejor forma y hace posible con ello la bella impresión del todo. Schiller tiene la audacia de demostrar en este ejemplo, más bien incidental, de la moda de vestir su modelo de una socialización estética:

> En este mundo estético [...] también el vestido que llevo en el cuerpo exige de mí respeto a su libertad, y exige de mí, a semejanza de un criado vergonzoso, que nunca deje notar que me sirve. Y al revés, el vestido me promete usar tan modestamente su libertad, que la mía no sufra detrimento; y si ambos mantienen la palabra, el mundo entero dirá que voy bien vestido.[37]

El pensamiento fundamental es el siguiente: la belleza juega con los materiales —las cosas, las materias, las ideas, el lenguaje—, de modo que se expresa su correspondiente sentido y valor propio, y así éstos permanecen libres y a la vez quedan incluidos en un todo. En el mundo estético, escribe Schiller, cada elemento tiene derecho a sus propiedades y no puede someterse violentamente a un todo. También la comunidad política puede ser bella si cada uno tiene posibilidad de hacer lo mejor a partir de su naturaleza, y precisamente así sirve al desarrollo del todo social. Eso es lo que Schiller llama república estética, «en la que cada ser natural es un ciudadano libre, que tiene los mismos derechos que el más noble, y no puede ser forzado ni siquiera en aras del todo, sino que ha de dar simplemente su consentimiento a todo».³⁸ Adviértase que, incluso en la reflexión sobre el concepto objetivo de belleza, Schiller no pierde de vista en ningún momento la política.

Todo ello mantendrá su vigencia más tarde, cuando en la primavera de 1793 escribe el gran tratado *Sobre la gracia y la dignidad*. Aquí se trata de la forma diferente en que el hombre puede utilizar la libertad en la relación con su naturaleza, de la manera como puede «ennoblecer» la naturaleza o dejarse ennoblecer por ella. Schiller, en un giro contra Kant, que no puede abandonar el dualismo entre aspiración sensible y libertad moral, define la «gracia» como la reconciliación entre impulso y libertad, naturaleza y razón moral. Si se logra esta reconciliación, algo que para Schiller es posible, el hombre se convierte en alma «bella», que define de este modo:

> Decimos que un alma es bella cuando el sentimiento moral se ha asegurado finalmente de todas las sensaciones del hombre, hasta el grado de que puede sin rubor confiar al afecto la dirección de la voluntad, y nunca corre el peligro de entrar en contradicción con las decisiones de la misma [...]. Con gran facilidad, como si desde ella actuara sólo el instinto, practica los deberes más penosos de la humanidad, y el sacrificio más heroico que arranca a las tendencias naturales, se presenta ante nuestros ojos como la acción voluntaria de esa tendencia.³⁹

Por tanto, hay que superar el riguroso «deber» kantiano. Schiller quiere otorgarle otro giro, a saber: el deber no ha de dominar sobre el querer, sino que el querer ha de ser cultivado por el arte de tal manera, que asuma el deber en su voluntad. Ciertamente, también cabe imaginar casos en los que de ninguna manera puedo no querer el deber, situaciones en las que debo forzarme a algo; para Schiller se trata de aquellos casos límite en los que no se muestra belleza ni gracia, pero sí, en cambio, «dignidad».

Schiller expresa la diferencia entre gracia y dignidad mediante una imagen política, como en las *Cartas de Kallias:*

Por tanto, en la dignidad el espíritu se comporta con el cuerpo como dominador, pues aquí ha de afirmar su autonomía contra el imperativo del impulso, que conmina a la acción sin contar con él y se sustraería con gusto a su yugo. En cambio, en la gracia gobierna con liberalidad, pues el espíritu es aquí el que pone la naturaleza en acción y no ha de vencer ninguna resistencia.[40]

En el «alma bella» las cosas se comportan, por tanto, como en un Estado liberal, es decir, como una «república estética». No se da por supuesta la enemistad general, la naturaleza salvaje, sino que se confía en que los hombres den como resultado un todo concordante en sus aspiraciones caprichosas e incluso egoístas.

Lo que Schiller escribe sobre la «gracia», o sea, sobre la concordancia entre naturaleza y libertad, habría podido gustar a Goethe, si el ensayo no hubiese contenido también otros fragmentos que le desagradaban. Escribe retrospectivamente: «E incluso podría interpretar que ciertos pasajes duros se refieren directamente a mí; muestran mi profesión de fe bajo una falsa luz».[41]

La expresión «ciertos pasajes» se refiere a aquellos lugares donde Schiller dedica algunas pinceladas críticas al llamado genio de la naturaleza. ¿Qué ha de admirarse más, pregunta Schiller, la fuerza de un espíritu que lucha contra una naturaleza adversa, o el genio nativo, que no ha tenido que arrancar sus obras a ninguna resistencia? Para Schiller es más digno de admiración el espíritu que se construye su cuerpo. En esto, y en lo que se refiere a la sociedad en general, habría de contar más el mérito que el privilegio innato y el favor de la naturaleza. Goethe, un «favorito de la naturaleza»,[42] podía referir a sí mismo estas observaciones y, si recordamos aquella temprana manifestación epistolar, a saber: «¡Con qué facilidad su genio es llevado por su destino!», no iba desencaminado por completo. Debió de molestarle sobre todo la observación en la que Schiller afirma que el genio, llegado a la mitad de su vida, amenaza con dormirse, y no cumple lo que su juventud genial había prometido. Y había además una alusión a la corpulencia, que Goethe también podía aplicar a su persona. Puede suceder, escribe Schiller, que el espíritu otrora configurador recaiga en la proliferante materia. No es seguro que esta reflexión apuntara realmente a Goethe. En todo caso, él la entendió así. Y en consecuencia, el tratado *Sobre la gracia y la dignidad* fue un obstáculo para el acercamiento recíproco. Pero ya sólo por un año.

5

Concluido el ensayo *Sobre la gracia y la dignidad*, Schiller escribió a Körner el 1 de julio de 1793: «En lo que se refiere a mi persona, me encuentro ahora mucho mejor de lo que me he encontrado hace tiempo».[1] La frase no se refiere a su estado de salud, pues en este aspecto las cosas siguen tan mal como antes. Es cierto que la peligrosa crisis del año anterior parece superada por el momento, pero «de tres días pierdo siempre dos, y en los intervalos buenos he de apresurarme a realizar aunque sólo sea lo más necesario de mis asuntos».[2] Califica su situación de «mejor» porque cree haber aprendido a porfiar con su destino corporal. Ése es el sentido secreto de su elogio de lo «sublime». Para él es sublime el espíritu, capaz de extraer libertad espiritual de las sobrecogedoras fuerzas naturales del cuerpo enfermo. Schiller nota esta libertad, y por ello está de buen humor. Ha renunciado al proyecto de *Kallias* en favor de las cartas sobre la *Filosofía de lo bello*, destinadas al duque de Augustenburg, el patrocinador de la pensión de tres años. El nuevo proyecto pretendía publicar determinadas cartas como forma de agradecimiento por el generoso regalo. Pero las cartas enviadas hasta ese momento se destruyeron en un incendio del castillo de Christiansborg en Copenhague el 26 de febrero de 1794. Por suerte, Schiller había procurado que se hicieran copias, y en el verano de 1794, estimulado por el comienzo de la amistad con Goethe, pudo reemprender la redacción de las cartas y publicarlas con el título de *Cartas sobre la educación estética del hombre*. Estas cartas, con las que la época clásica alcanza la conciencia estética de sí misma, merecerán encendidos elogios de Goethe. Decía no haber encontrado en ningún otro lugar «expuesto de forma tan conexa y noble lo que en parte yo había vivido y en parte deseaba vivir».[3]

Schiller trabajó en el texto durante el viaje a su patria, a Suabia. La familia había partido en agosto de 1793. Lotte estaba embarazada, y Schiller tenía el deseo de que su primer hijo viniera al mundo en la región de sus antepasados. Y además quería volver a ver a sus padres, pues temía que no siguieran con vida mucho tiempo más.

Durante este viaje a Suabia, que duró hasta la primavera de 1794, se entabla la conexión, rica en consecuencias, con el prometedor editor Johann Friedrich Cotta. El joven Cotta, con estudios de derecho y matemáticas, era el centro de un círculo de jóvenes artistas y escritores. En 1787 se había hecho cargo del negocio librero de su padre, y tenía el ambicioso objetivo de convertir la empresa familiar, que existía desde 1659 y que comprendía también una imprenta (las disertaciones de Schiller habían sido publicadas allí), en una editorial pionera en Alemania. Y lo consiguió al cabo de pocos años, con ayuda de un socio adinerado y de su habilidad empresarial, de su talento social y de su curiosidad intelectual. Entre los autores de la casa estaban Schiller y Goethe, también Jean Paul, Hölderlin, August Wilhelm Schlegel, Ludwig Tieck, así como Hegel, Fichte, Schelling y Humboldt. Cotta quiere penetrar en el mercado de las revistas y planifica la edición de un diario, para el que pretende ganarse a Schiller como redactor jefe o editor. Schiller rechaza la oferta tras reflexionar. En una época políticamente alterada, no quiere introducirse en el periodismo del día a día. Pero acoge con gusto el plan de fundar una nueva revista literaria. En este campo goza de experiencia, y ahora tiene que conseguirse algo grande, así lo quiere la autoconciencia fortalecida de Schiller. Hay que atraer a todo el que posea rango y nombre en la literatura, en la filosofía y en la ciencia. Cotta, al que Schiller expuso sus planes en marzo de 1794, tanteaba la posibilidad de ganar para su editorial a los autores prominentes, no sólo con contribuciones particulares, sino con sus obras. El cálculo de Cotta saldrá bien. Goethe, por ejemplo, a través de la colaboración en *Las Horas,* se convirtió en uno de los autores de Cotta.

En mayo de 1794 Schiller vuelve a Jena con el contrato de *Las Horas* bajo el brazo. No podía menos de tener también un gran interés económico en este nuevo proyecto, pues, a diferencia de Goethe, que percibía un sueldo de ministro, él dependía de los ingresos derivados de su actividad de escritor. Al casarse en 1790, estimó como presupuesto mínimo para su existencia la cantidad de 800 táleros, y los parcos ingresos de su puesto de profesor cubrían solamente una cuarta parte de esta cantidad. Dos años más tarde observó que para una vida adecuada a la posición de una mujer noble necesitaba de hecho 1400 táleros. Por tanto, tenía que ganar 1200 táleros al año con sus escritos. La pensión danesa terminaba a finales de 1795. Así pues, no tenía más remedio que asegurarse otra fuente regular de ingresos. Y esto es lo que había de aportar el trabajo para *Las Horas*. Como editor, Schiller iba a percibir 400 táleros al año, y además se estipuló que por algunas aportaciones percibiera honorarios claramente superiores a los usuales.

Schiller buscaba intereses económicos, pero perseguía además fines ambiciosos. Quería reunir las fuerzas intelectuales más importantes de Alemania. Hay demasiadas revistas, decía el 13 de junio de 1794 en el texto de invitación a colaborar en *Las Horas*,[4] es preciso concentrar las fuerzas. Si se pudiera congregar todo el público idóneo en torno a este nuevo órgano, valdría también la pena invertir un capital mayor. Cotta estaba dispuesto a encargarse de lo que le correspondía, en concreto: buena presentación, hermosa tipografía, tirada elevada (1500 ejemplares) y, sobre todo, buenos honorarios, a fin de conseguir la colaboración de la elite de los escritores. En Weimar se burlaban del *caro gusto* de la nueva revista. Wieland, el editor de *El Mercurio Alemán* debió de percibir la empresa como una competencia amenazadora, y mostró una franca alegría ante el mal ajeno cuando más tarde *Las Horas* no alcanzaron todo el éxito esperado. *Las Horas*, decía, han sido tratadas como un «Arca de la Alianza, a la que nadie podía tocar sin que de ella saliera el fuego y amenazara con consumir al sacrílego. Ahora ya es posible relacionarse con ellas de forma más humana».[5] Schiller sabía que en un nuevo proyecto de revista era necesario llamar la atención, por lo menos al principio.

Se atrevía a esto respaldado por el capital de Cotta. El 12 de junio de 1794 escribe a Körner: «Nuestra revista ha de hacer época, y todo el que aspire a ser persona de buen gusto tiene que comprarnos y leernos».[6]

La nueva revista, leemos en el texto de presentación, «abordará todo lo que puede tratarse con gusto y con espíritu filosófico, de modo que estará abierta tanto a las investigaciones filosóficas, como a las exposiciones históricas y poéticas».[7] Este concepto orientador iba dirigido a un exigente público literario, que quería superar la división de trabajo y de competencias en el campo del espíritu. Había que mantener lejos el «espíritu impuro de partido»[8] y el «tumulto político». Pero este mandato de continencia política se refería solamente a las luchas actuales de la opinión, no a cuestiones que se mueven en el terreno de los principios.

> En cuanto prohíbe todas las relaciones con el actual curso del mundo y con las esperanzas próximas de la humanidad, preguntará a la historia en relación con el mundo pasado y a la filosofía en relación con el venidero, congregará rasgos particulares en lo concerniente a los ideales de una humanidad ennoblecida [...], y trabajará en la construcción silenciosa de mejores conceptos, principios más puros y costumbres más nobles, de lo cual depende en definitiva toda mejora del estado social.

Según la perspectiva de estos principios, *Las Horas,* desde su primer número, donde aparecieron las *Cartas sobre la educación estética del hombre,* de Schiller, y las *Conversaciones de emigrados alemanes,* de Goethe, mostraron su carácter plenamente político, pues en ambos textos aparece una disputa con la Revolución francesa.

Esta proclamada reserva en cuestiones de cotidianidad política pretendía también salir al paso de la censura. Sin embargo, por lo menos en el caso de Schiller, no se trataba solamente de un juego táctico. Él, lo mismo que Goethe, veía con preocupación la politización general. Temía un estrechamiento de la conciencia y un descuido del gusto. La lucha de las opiniones políticas, advierte, expulsa «con demasiada frecuencia las musas y las gracias». Quien quiera conservar un juicio sensato, que se guarde «del demonio de la crítica al Estado, que todo lo persigue». En un tiempo políticamente alterado se hace tanto más urgente la necesidad de cultivar «un superior interés general por lo que es puramente humano y se eleva sobre todo influjo de los tiempos, la necesidad de recuperar la libertad y de reunir el mundo políticamente dividido bajo la bandera de la verdad y de la belleza».

Para el círculo interno de los colaboradores, Schiller había ganado a sus amigos Körner y Wilhelm von Humboldt, así como a Fichte y al historiador Woltmann, los dos colegas recientemente llamados a la Universidad de Jena. Este círculo de personalidades se encargaba de valorar y seleccionar los manuscritos recibidos. También manifestaron su disposición a colaborar Herder, Jacobi y Alexander von Humboldt, Friedrich Gentz y August Wilhelm Schlegel. Kant y Klopstock fueron invitados igualmente a colaborar, pero no respondieron.

Para congregar realmente a una elite, había que ganarse sobre todo a Goethe. Schiller se lo había prometido al editor Cotta. «Goethe, un hombre como el que apenas surge uno cada varios siglos, es una adquisición muy valiosa, y hay que hacerse con él al precio que sea.»[9] Cotta aumentó expresamente los honorarios, que en general ya eran elevados.

El día 13 de junio de 1794, Schiller escribió la carta de invitación, llena de diplomacia y ricamente provista de cumplidos. Es la primera misiva que Schiller dirige a Goethe.

> La hoja adjunta [el texto oficial de invitación a los colaboradores] contiene el deseo de una sociedad que, estimando infinitamente su persona, se sentiría honrada si usted ofreciera a la revista sus colaboraciones, sobre cuyo rango y valor no puede menos de reinar entre nosotros una sola voz. La decisión de una persona de tan alta cuna de colaborar en esta empresa, haciéndose miembro de la misma, será decisiva para su éxito, y con la máxima solicitud nos sometemos a todas las condiciones bajo las cuales usted pueda darnos su conformidad.[10]

Esta invitación llegó a Goethe en un momento de transformación personal. Quedaban atrás las «expediciones militares» con el duque, había superado de momento las censuras de la sociedad de Weimar por su «casorio», del pabellón de caza emplazado fuera de la ciudad, había vuelto al centro, a la casa en el Frauenplan. Había llegado el tiempo para uno de sus «cambios de epidermis». Le inquieta el hecho de llevar mucho tiempo sin haber logrado nada «cantable»: «Parece que poco a poco esta vena se seca en mí enteramente».[11] Ve signos de que el mundo literario comienza a olvidarlo. La edición de la obra en ocho tomos, acordada con Göschen antes del viaje a Italia y concluida en 1790, ha mostrado ser un fracaso. No se ha producido ninguna edición pirata, lo cual es el criterio infalible de la falta de interés en el público. Es cierto que se le venera, pero como un espíritu retraído, sin repercusión. Vive todavía de la fama de sus obras de juventud, *Götz* y *Werther*. Las nuevas producciones no tienen ni con mucho la misma tirada. Los Stolberg califican el *Tasso* como un «todo absurdo». *Egmont* había sido representado una sola vez. En cierta ocasión, mientras Goethe leía fragmentos de *Ifigenia*, el público simpatizante se durmió. Se consideraba que *Fausto. Un fragmento*, según la redacción de la edición Göschen de 1790, era un proyecto fracasado. Las dos piezas, *Los exaltados*, y *El ciudadano general*, que Goethe había escrito en 1792 para el teatro de Weimar como sátiras contra el celo revolucionario, según su propio juicio eran obras para el día y no había que hacer mucho ruido con ellas. Goethe las había compuesto con rapidez, como si tuviera que demostrar que todavía dominaba su oficio. En 1791, cuando asumió la dirección del teatro de Weimar, declaró que a partir de ese momento se proponía contribuir con una o dos piezas de su pluma en cada festival. En Weimar, las obras fueron acogidas con indiferencia, y contemporáneos críticos se admiraban de esta dieta ligera. Se creía que Goethe había dejado atrás su mejor tiempo como escritor. Sólo en Berlín, en el círculo en torno a Henriette Herz y Karl Philipp Moritz, crecía la comunidad de los admiradores entusiastas. Pero tampoco allí la valoración se extendía a todo el púbico. Reichardt puso música a la opereta de Goethe *Claudine von Villa Bella;*

pero entre 1789 y 1800 sólo se dieron seis representaciones, aunque ésta halagaba sin disimulos al gusto del público. «Es imposible imaginarse un hombre más aislado que yo entonces, y durante largo tiempo después»,[12] escribe Goethe retrospectivamente. A una de las quejas del editor Göschen, respondía: «Puesto que, como usted mismo dice, mis cosas no son tan actuales como otras en las que se complace un público más extenso, es evidente que tengo que acomodarme a las circunstancias, y por desgracia preveo que mis obras se evaporarán enteramente en la editorial».[13]

Goethe comprendía que se había formado un nuevo mercado literario. La literatura amena se expandía y estaba en vías de convertirse en producto de masas y en artículo de venta. Esta comercialización hizo que se tambaleara la anterior estructura de valor de la literatura. Antes, apenas se escribía por mor del dinero; se escribía solamente por mor del reconocimiento público. En *Torquato Tasso* Goethe hace que comparezca el poeta que escribe por la fama y se sostiene gracias a sus mecenas. La fama es la retribución del poeta. Pero ahora, lo que está vigente es el éxito de ventas, y al escritor se le plantea la cuestión de si está dispuesto a reconocer este criterio de éxito y a orientarse por él.

Schiller, el escritor profesional sin bienes de fortuna, vivió antes que Goethe la desagradable situación de tener que vivir de su público. Comenzó poniéndose en sus brazos. El joven, que con *Los bandidos* había escapado de la tiranía paternal de su duque, proclamaba entonces (1784) en el anuncio de su revista *Talía*:

> Para mí, el público lo es todo ahora, mi objeto de estudio, mi soberano, mi confidente. Solamente a él le pertenezco. Ante este y ante ningún otro tribunal me presentaré. Sólo a él temo y venero. Algo grande se apodera de mí con la idea de no llevar otras cadenas que el juicio del mundo; de no apelar a ningún otro trono que al alma humana.[14]

Tampoco a Schiller se le ahorraron los desengaños. El gusto literario no había mejorado con la ampliación del mercado. El poeta tuvo que aceptar la mutilación de sus obras con el fin de adecuarlas al público. Con *El visionario,* una novela de liga secreta que aspiraba a la popularidad, comenzó a perder las ganas de escribir, mientras, por otra parte, crecía la curiosidad del público. Schiller estaba suficientemente obsesionado por el éxito y económicamente interesado como para no renunciar a un público amplio, pero no quería adaptarse a él, sino que pretendía «elevarlo». Se lo debía a su autoestima. Por ejemplo, al poeta romancero Gottfried August Bürger le reprochaba insinuarse demasiado. El mercado seduce también a autores que tienen una alta opinión de sí mismos. En *Wilhelm Meister* Goethe pone en boca de una figura secundaria:

> Es muy fácil satisfacer al mundo, y todos apetecemos una apariencia complaciente, afable, placentera; sería de admirar que la comodidad y el amor propio no nos ataran a lo mediocre, sería raro no preferir dinero y alabanzas a cambio de productos a la moda, antes que seguir el camino recto, el que nos conduce, más o menos, a un miserable martirio.[15]

Goethe está decidido a ir por el «camino recto», pero no a ser «mártir». Se atiene a su propio sentido artístico, aunque también quiere utilizar el mercado. Exige a sus editores honorarios que son la envidia de sus colegas. Por ejemplo, en el caso de *Wilhelm Meister,* el editor Unger le pagó dos mil táleros, el mismo dinero que obtuvo por la edición Göschen en ocho tomos algunos años antes. A este respecto escribe Wilhelm von Humboldt a Schiller: «Oigo hablar mucho de su comportamiento con los editores, y aquí se comenta que es duro e injusto. En este punto los intelectuales de Berlín se encuentran en una inocencia cabal, o bien afectada. Herz me preguntó recientemente, con toda seriedad, si es cierto que Goethe acepta dinero».[16]

Cuando recibió la carta de invitación para *Las Horas* el 13 de junio de 1794, Goethe estaba trabajando en *Wilhelm Meister.* No debió de sorprenderle mucho la invitación, porque a principios de junio Humboldt había tanteado ya el terreno. Goethe se toma tiempo para responder, una semana entera. Acapara su atención otro suceso feliz: el día 18 de junio el duque le ha regalado la casa en el Frauenplan, donde vivía hasta ahora en régimen de alquiler. Había jugado siempre con la idea de abandonar el lugar. Durante el viaje a Italia hubo momentos en los que dudó de si debía volver, y durante la campaña en Francia se le ofreció un puesto de consejero en Frankfurt, que rechazó. Con la aceptación del regalo de la casa, Goethe se decidió de verdad a ser un ciudadano radicado en Weimar.

También la invitación a colaborar en *Las Horas* plantea a Goethe una decisión: en el futuro ¿deberá inmiscuirse más activamente en el actual movimiento literario? Reflexionó a fondo. Hay diversos esbozos de respuesta. La primera formulación decía: «Y deseo mostrarme agradecido por la confianza a través de la acción»,[17] giro que luego fue transformado en: «Y que yo acepto con gratitud». La «gratitud» fue corregida con la palabra «alegría». Por fin, el 24 de junio escribió: «Perteneceré a la sociedad con alegría y de todo corazón». Goethe evita el tono altanero y deja entrever que la colaboración puede ser útil también para él: «Sin duda una unión más estrecha con hombres tan valientes, como son los empresarios, reavivará en mí algunas cosas que han quedado enmohecidas».[18]

Después de la aceptación de Goethe, Schiller escribe en tono alegre a Körner: «En general puede crearse una sociedad selecta, como no ha habido otra en Alemania, y el producto común de la misma no puede menos de ser bueno».[19] Goethe por su parte comentaba este nuevo lazo con Schiller en una carta a Charlotte von Kalb: «He de decir además que a partir de este momento también Schiller se mostrará más amistoso y confiado con nosotros, los de Weimar».[20]

Estas palabras dan la impresión de que la causa del desencuentro había sido la actitud distanciada de Schiller. Pero cuando en 1817 escriba sobre el «feliz acontecimiento»,[21] Goethe presenta de manera diferente la prehistoria del difícil acercamiento. Confiesa que fue él quien inicialmente mantuvo la distancia frente a Schiller, sobre todo a causa de *Los bandidos,* cuyas «paradojas éticas y teatrales» le recordaban su propio periodo de *Sturm und Drang,* del que quería «purificarse». «Evitaba a Schiller», escribe. Y añade que rechazó todos los intentos de media-

105

ción de personas «que se hallaban cercanas tanto a mí como a él.» Según Goethe, el abismo entre sus respectivas formas de pensar era «enorme». A su juicio, Schiller vivía en el sentimiento de la libertad y la autodeterminación, y consideraba la naturaleza solamente como su enemiga, «sin gratitud para con la gran madre, que sin duda no lo ha tratado desamoradamente». Para Goethe, en cambio, la naturaleza es sagrada, y él la respeta como el poder simplemente creador en el hombre, un poder «que produce vivamente, según leyes desde lo más profundo hasta lo más elevado». Goethe acentúa primero el «abismo» entre ellos, a fin de poder poner en juego con mayor eficacia la metáfora de la tensión polar entre los opuestos. De esa manera, el «feliz acontecimiento» del encuentro es el momento en el que salta la chispa en el campo de tensión de los polos.

El domingo 20 de julio de 1794, Goethe llegó a Jena para tratar diversos asuntos con el grupo de los editores: Schiller, Fichte y Humboldt. Aprovechando la ocasión quería asistir previamente a una conferencia sobre botánica en la Sociedad de Investigadores de la Naturaleza, recientemente fundada por Goethe, entre otros. Schiller, que desde sus estudios de medicina se ocupaba escasamente de las ciencias naturales y pocas veces se alejaba de su casa, visitó también esta institución, sin duda por la única razón de encontrarse allí con Goethe. Fuera hace calor, pero en el castillo, donde tiene lugar el acto, el clima es agradablemente fresco. Después de la conferencia y un breve debate, los asistentes salen al exterior hablando en pequeños grupos. Es una templada noche de verano, la gente permanece allí un tiempo; y ahora damos la palabra a Goethe, que unos veinte años más tarde describe así el encuentro y la primera conversación larga con Schiller:

> Casualmente, ambos salimos a la vez y entablamos conversación; él parecía interesado por mi exposición, y, de una forma comprensible, perspicaz y grata para mí, observó que no puede suponerse de ningún modo que una manera tan parcelada de considerar la naturaleza vaya a resultar atractiva al lego que quiere ser introducido en las ciencias naturales. Yo repliqué que [...] debe haber una

manera de tratar la naturaleza, no por separado y de forma parcelaria, sino presentándola de modo operante y vivo, haciendo ver cómo desde el todo la aspiración se dirige a las partes. Él deseaba ser instruido sobre esto, pero no escondía sus dudas; no podía conceder que el objeto de mi observación procediera de la experiencia. Llegamos a su casa, la conversación me cautivó; entonces expliqué vivamente la metamorfosis de las plantas y, con algunos trazos de pluma, hice surgir ante sus ojos una planta simbólica. Escuchaba y veía todo eso con gran interés, con decidida comprensión; pero cuando hube terminado, sacudió la cabeza y dijo: esto no es ninguna experiencia, esto es una idea. Yo me sorprendí, disgustado en cierto modo, pues el punto que nos separaba quedaba señalado con ello de la manera más rigurosa. Resonaba de nuevo la afirmación aparecida en *Gracia y dignidad;* quería renacer la antigua discrepancia, pero me contuve y adopté este tono: me resulta muy atractivo tener ideas sin saberlo y que incluso las vea con mis ojos. Schiller, que tenía más prudencia ante la vida y mejores modales que yo, y que a causa de *Las Horas* pensaba más en atraerme que en repelerme, replicó a esto como un kantiano formado, y cuando por mi realismo pertinaz hubo ocasión para una contradicción viva, se discutió mucho y luego vino una tregua [...]. Comoquiera que sea, se había dado el primer paso, la fuerza de atracción de Schiller era grande, retenía a todos los que se le acercaban; [...] su mujer, a la que yo estaba acostumbrado a querer y a estimar desde su niñez, hizo lo suyo para que alcanzáramos una comprensión duradera. Todos los amigos de ambas partes estaban contentos, y así, a través de la mayor rivalidad entre objeto y sujeto, que quizá nunca pueda zanjarse por completo, sellamos una alianza que ha durado sin interrupción y ha producido algunas cosas buenas para nosotros y para otros.[22]

Esta primera conversación sobre la naturaleza fue especialmente importante para Goethe, y a Schiller le interesó sobre todo la conversación que tuvo lugar dos días más tarde en casa de los Humboldt, cuando se trató del arte y de teoría del arte. Schiller narra esto en una carta a Körner del 1 de septiembre de 1794:

Seis semanas antes habíamos hablado largo y tendido sobre arte y teoría del arte, comunicándonos las líneas principales a las que habíamos llegado por caminos diferentes. Entre estas ideas se daba una concordancia inesperada, que era tanto más interesante por el hecho de que procedía realmente de una gran diferencia entre los puntos de vista. Cada uno de nosotros podía proporcionar al otro algo que le faltaba y recibir algo a cambio. A partir de ese momento, estas ideas dispersas han echado raíces en Goethe, y ahora él siente la necesidad de mantener el contacto conmigo y continuar a mi lado el camino que hasta ahora había recorrido en solitario y sin recibir aliento de otro. Yo me alegro mucho de un intercambio de ideas tan interesante para mí.[23]

Entretanto, este «intercambio de ideas» había empezado realmente. En los diálogos con Humboldt, Schiller había expuesto las ideas contenidas en sus *Cartas de Kallias,* donde la belleza está definida como «libertad en la aparición». Schiller refería esta definición no sólo a los hombres, sino también a la naturaleza en general. De acuerdo con esto, lo bello natural ha de entenderse como la forma que se desarrolla orgánicamente y sin coacción. Un caballo que se desarrolla y mueve libremente es bello; en cambio, un percherón que muestra el sello del trabajo forzado no lo es.

Goethe se sentía estimulado por este concepto de lo bello natural, y el 30 de julio de 1794 contestó con el ensayo titulado *En qué medida la idea de que la belleza es perfección unida con libertad puede aplicarse a las naturalezas orgánicas.* Si Schiller había dicho que el movimiento «sin coacción» es bello, Goethe afirma: no es el movimiento lo primero en ser bello, sino que ya lo es el aspecto de una figura concentrada vigorosamente en sí misma, como la de un león, en el que «se echa de ver que le es posible un múltiple uso libre de todos sus miembros tan pronto como él quiera, de modo que el supremo sentimiento de belleza va unido con el de confianza y esperanza».[24] Schiller pudo aceptar esto, pues también para él la belleza contenía algo que prometía mucho. Belleza es una promesa de rica evolución futura, que puede leerse en la imagen actual.

Este primer «intercambio» logrado de ideas permite a Schiller mirar con confianza al futuro común: «Nuestro contacto más cercano tendrá consecuencias decisivas para los dos, y me alegro de esto íntimamente»,[25] escribe a Körner. También Goethe está lleno de esperanza. De regreso a Weimar, escribe a Schiller: «Guarde de mí un recuerdo amistoso y tenga la seguridad de que me alegro vivamente de un frecuente intercambio de ideas con usted».[26]

Puesto que Schiller sabe que durante las siguientes semanas Goethe viajará con el duque en misión diplomática, espera un tiempo y, finalmente, el 23 de agosto escribe aquella famosa y extensa carta a la que Goethe contesta, en tono animado, diciéndole que sus palabras son el más bonito regalo de aniversario que se le podía hacer, unas palabras «en las que usted, con mano amistosa, saca a la luz la suma de mi existencia y, con su participación, me estimula a un solícito y vivo uso de mis fuerzas».[27]

La expresión «la suma de mi existencia» es muy seria y sin duda contiene un poco de lisonja. De hecho, Schiller se había hecho un denso retrato intelectual de Goethe, insinuando a la vez las diferencias entre ambos. Goethe, escribe Schiller, parte de los estímulos sensibles y se deja guiar por la intuición. Apenas se aleja demasiado de la experiencia. La especulación no lo lleva por caminos extraviados. A una mirada que, como la suya, descansa «silenciosa y pura en las cosas», se le abre la riqueza del mundo que aparece. Brevemente: Goethe sigue el camino de lo particular a lo universal, mientras que él, Schiller, procede a la inversa: de lo general, las ideas y los conceptos, desciende a lo particular. «Ciertamente, parece a primera vista que la mayor oposición posible es la existente entre el espíritu especulativo, que parte de la unidad, y el intuitivo, que arranca de la multiplicidad. Pero si el primero busca la experiencia con sentido honesto y fiel, y el segundo busca la ley con autónoma y libre fuerza intelectual, ambos no podrán menos de encontrarse a mitad de camino.»[28] Basta con que cada uno, hemos de añadir, lleve a cabo su negocio «genialmente», uno como hombre de sentimientos y el otro como hombre de conceptos. Si ambos se encuentran en el medio, cada uno deberá aprender del otro. Schiller contribuirá a que Goethe «encauce los sentimientos mediante las leyes»; y

Goethe protegerá a Schiller de los peligros de la abstracción. Si Schiller sirve a Goethe de espejo de la conciencia, aquél, a la inversa, aprenderá de Goethe la confianza en el inconsciente. Ambos se unen como dos mitades de un círculo. Por lo menos así vio Goethe la relación recíproca. En una nota sobre la amistad con Schiller encontrada en los papeles póstumos, escribe que «las personas constituyen como la mitad del otro, y no se repelen, sino que se conectan y complementan entre sí».[29]

Goethe confirmó la imagen que Schiller tenía de él, y que era suficientemente lisonjera. Pero es evidente que ironizó un poco sobre ella. Acerca de la dimensión inconsciente, que Schiller alababa en él, advertía: «En qué medida su aportación será muy ventajosa para mí, pronto lo verá usted mismo cuando, al conocerme más de cerca, descubra en mí una especie de oscuridad y titubeo».[30] Goethe utilizará la claridad de Schiller con la reserva de conservar la «oscuridad» cuando sea necesario, pues la necesita como una planta que hunde sus raíces en la oscura tierra.

También Goethe quería conocer mejor a Schiller. Sin embargo, a diferencia de éste, no intenta una interpretación. Le pide a Schiller, el analítico artista de retratos, que se retrate a sí mismo. Escribe que «ahora pretende familiarizarse [...] por sí mismo con la andadura de su espíritu». Sin duda Schiller habría preferido verse reflejado también en el juicio de Goethe. Pero hubo de esperar para ello. Y así, él mismo esboza su perfil intelectual en la respuesta del 1 de agosto de 1794. De nuevo se trata de frases muy concisas, capaces de provocar la envidia de cualquier crítico. Escribe:

> Como mi círculo de pensamientos es más pequeño, lo recorro con mayor rapidez y frecuencia, y por eso puedo aprovechar mejor mi pequeño caudal, y engendrar a través de la forma una multiplicidad que le falta al contenido. Usted aspira a simplificar su gran mundo de ideas, yo busco variedad para mis pequeñas posesiones. Usted tiene que gobernar un reino, yo sólo he de gobernar una familia numerosa de conceptos, que con gusto ampliaría hasta constituir un pequeño mundo.[31]

Por tanto, Goethe gobierna el «reino» de la experiencia y Schiller «el pequeño reino de los conceptos». Pero hay que andar con precaución, pues con conceptos también se llega muy lejos. Éstos imprimen una forma en las sensaciones, son legisladores, mientras que Goethe, a la inversa, está empeñado en «hacer que la sensación sea legisladora».[32]

Schiller, en sus «Cartas estéticas», describe la «sensación legisladora» como belleza tierna, que de ninguna manera es para él la suprema. Este rango está reservado a la belleza «enérgica», en la que es el espíritu el que da la ley a las sensaciones. Schiller se mide con la belleza «enérgica», aspira a ella y cree habérsele acercado más que Goethe. Por tanto, la afirmación de que Goethe sabe «hacer legisladora su sensación», esconde una ambivalencia tácita. Lo «supremo», que Schiller atribuye a Goethe, para él no es lo supremo, pero sí algo por lo que Goethe debe ser envidiado, a saber, la capacidad de ejercer poder sin el esfuerzo del concepto. En Goethe descubre Schiller el poder sin intención, espontáneo, carismático, de un hombre que en sus imágenes y sensaciones sigue sus intuiciones, por tanto, de un hombre en el que el poder no es ningún hacer. Schiller sabe acerca de sí mismo que tiene que conquistarlo todo, también su poder. En las primeras cartas todavía resuena de lejos el resentimiento. «Este hombre», había escrito Schiller el 9 de marzo de 1789 a Körner, «este Goethe, es un obstáculo en mi camino, y con gran frecuencia él me recuerda que el destino me ha tratado con dureza. ¡Con qué facilidad su genio estaba llevado por su destino, y cuánto he tenido que luchar yo hasta este momento!»[33] Ahora, Schiller ha transformado esta «lucha» en la «belleza enérgica» y con ella sale al paso de la «belleza tierna» de Goethe. ¿O quizá se le enfrenta?

Schiller sabe que a su energía a veces le falta la gracia; y en relación con esto acuña la fórmula según la cual «todavía fluctúa entre la cabeza técnica y el genio».[34] La «cabeza técnica» corresponde a la energía, y el «genio» asume el lugar de la gracia. Sin duda la técnica puede aprenderse, pero ¿también la gracia? Es evidente que no, pero en todo caso la «cabeza técnica» puede aprender a escuchar mejor las sensaciones, no para dejarse llevar al lado de ellas, sino con el fin de usarlas para los propios fines sin infligirles violencia. El equilibrio se ha encontrado teóricamente, pero todavía no de forma práctica, pues, según escribe Schiller, «normalmente el poeta hizo que me precipitara donde yo debía filosofar y el espíritu filosófico hizo que me precipitara donde debía poetizar». Sensaciones y pensamientos están todavía en pugna, pero Schiller se apoya en la energía del pensamiento, que acabará de perfeccionarlo. El pensamiento ha de limitarse a sí mismo y con ello dejar espacio para la sensación. El pensamiento está implicado de un lado en la disputa y, de otro lado, se halla por encima de ella. Es partidista y a la vez superior a todo partido. Es el maestro de la disputa. Si puede ser señor de ambas fuerzas, de la sensación y del pensamiento, de tal manera que por su «libertad sea capaz de determinar los límites de ambos», le espera todavía una «bella suerte».

En la carta de Schiller a Goethe este tema exhala una nota de buen humor. Frente a Körner mostrará más dudas con respecto a sí mismo. Alentado por el feliz encuentro con Goethe, se dedica de nuevo a su proyectado *Wallenstein*. El 4 de septiembre de 1794 escribe a Körner: «Ante este trabajo me siento desasosegado y angustiado, pues cada día creo advertir con más claridad que se me escapa la inspiración poética».[35] En la carta a Goethe se expresaba de otra manera. Allí confía en lograr extraer filosofía de la poesía y poesía de la filosofía. El hecho de que de momento lo uno «precipita» lo otro, lo interpreta como un fenómeno de transición. Ello permite advertir que Goethe actúa en Schiller de forma estimulante, no intimidante, como en muchos otros. En el instante en que se produce un acercamiento entre ambos, Schiller nota la exigencia de superarse y de fortalecer la fe en sí mismo y, a pesar de las dudas acerca de sí mismo, volverá grandiosamente a la poesía. Impulsado por Goethe, terminará su *Wallenstein* y toda la serie de dramas «clásicos». Conducirá lo poético y lo filosófico a una síntesis inédita hasta entonces. ¿Y Goethe? También para él el instante del feliz encuentro significa el comienzo de una época de hallazgo y superación de sí mismo. Más tarde, escribe a Schiller el 6 de enero de 1798:

El feliz encuentro de nuestras dos naturalezas nos ha proporcionado alguna ventaja y espero que esta relación siga actuando siempre de igual manera. Si usted vio en mí a un representante de ciertos temas, he de confesarle que usted me ha apartado de la observación demasiado rigurosa de las cosas externas y me ha conducido a mí mismo, me ha enseñado a contemplar la multiplicidad del hombre interior con más justicia, me ha proporcionado una segunda juventud y me ha convertido de nuevo en poeta, algo que casi había dejado de ser.[36]

El recto uso de las fuerzas espirituales es importante; pero Schiller tiene también otras preocupaciones. Mientras aprende a dominar sus fuerzas espirituales, la enfermedad está en vías de «socavar las físicas».[37] En la carta del 31 de agosto de 1784, en la que Schiller esboza su propio retrato, se encuentra aquella frase que Goethe tanto apreciaba, pues expresa admirablemente el heroísmo, la «belleza enérgica»[38] del nuevo amigo conquistado: «Es difícil que tenga tiempo», escribe Schiller, «para consumar en mí una gran y general revolución del espíritu, pero haré lo que pueda, y cuando al final se derrumbe el edificio, quizás haya salvado de la quema lo digno de conservarse».[39]

El 4 de septiembre Goethe invita a Schiller a Weimar. Considera que es una buena oportunidad para disfrutar de la amistad inaugurada, pues la corte se desplaza por cierto periodo a Eisenach, y así tendrán tranquilidad y tiempo el uno para el otro. Schiller acepta la invitación «con alegría», pero inmediatamente confronta a Goethe con complicaciones, que se derivan de su enfermedad. No podrá someterse a su habitual orden doméstico, «pues normalmente mis espasmos me fuerzan por desgracia a dedicar la mañana entera al sueño, ya que por la noche no me dejan en paz [...]. Le suplico, por tanto, la enojosa libertad de poder estar enfermo en su casa».[40]

El 14 de septiembre llega Schiller a Weimar, enfermo, pero lleno de planes. Quiere conversar con Goethe sobre su *Wallenstein*, presentarle los primeros fragmentos de su nueva estética (las *Cartas sobre la educación estética del hombre*), y planificar los primeros números de *Las Horas*. También Goethe se ha preparado a conciencia. Presentará a su huésped algunas cosas de su historia natural, relativas a la óptica y a la anatomía, con la idea de fondo de encontrar en *Las Horas* una plataforma para estos trabajos. Lee a Schiller las *Elegías romanas,* que seguían inéditas. Según relata Schiller a su esposa, «son escabrosas y no muy decentes, pero se hallan entre las mejores cosas que él ha producido».[41] Goethe se las promete para *Las Horas.* Y Goethe también tiene en mente su teatro de Weimar. ¿No podrían representarse de nuevo las obras tempranas de Schiller? *Fiesko* y *Cábala y amor* necesitan pocos retoques para poder aparecer con éxito en el teatro de Weimar. Se habla de los posibles cambios. ¿Tendrá ganas Schiller de reelaborar también *Egmont,* para darle mayor fuerza teatral? Tanto se sumergen los dos en sus conversaciones que las horas vuelan. Schiller escribe a su mujer: «Hace algunos días, me vestí a las once y media de la mañana y permanecimos juntos sin interrupción hasta las once de la noche».[42]

Schiller disponía de una *suite* con tres habitaciones en la parte frontal de la vivienda en el Frauenplan. En la zona posterior, Christiane llevaba la administración de la casa. Ella no fue presentada al huésped, por más que cuidara de su comodidad. En el aspecto social, fueron dos semanas silenciosas. Schiller deseaba tener a Goethe para sí, y éste se atuvo a sus deseos. Hicieron acto de presencia los Herder, y también Wieland, pero, por lo demás, hubo pocas visitas, lo que también le iba bien a Goethe, pues de momento Schiller le proporcionaba suficiente distracción y estímulo. En días de buen tiempo, Goethe convencía a su huésped para salir a pasear. Entonces era posible verlos a los dos, uno, delgado y alto; el otro, más pequeño y corpulento; uno gesticulando, el otro tranquilo y con los brazos cruzados a la espalda. A veces permanecían de pie, uno señalaba un árbol o una flor, el otro se acercaba con diligencia. Goethe saludaba cortésmente cuando se cruzaban con alguien. Tenía siempre a la vista lo que acontecía; pero Schiller no se dejaba distraer. «Nada le incomoda», comentó Goethe más tarde a Eckermann, «nada lo cohíbe, nada hace descender el vuelo de sus pensamientos; los grandes puntos de vista que viven en él brotan siempre con libertad, sin contemplaciones ni reparos.»[43]

Más adelante, los dos recordarán con placer esta primera visita de Schiller en casa de Goethe. Fue entonces cuando se puso el fundamento para el ritual de su contacto y sus conversaciones.

Tras su regreso a Jena, Schiller escribió: «Me costará tiempo desovillar todas las ideas que usted ha suscitado en mí, pero, según espero, no va a perderse ninguna».[44] Y Goethe respondió: «Ahora, mi muy estimado, sabemos por nuestro encuentro de catorce días que estamos unidos en los principios, y que los círculos de nuestra respectiva manera de sentir, pensar y actuar en parte coinciden y en parte se tocan, y de ahí se derivarán para los dos algunas cosas buenas».[45]

6

Schiller termina la gran carta para el cumpleaños de Goethe el 23 de agosto de 1794 con la cauta pregunta de si éste quiere enviar su nueva novela a *Las Horas* para publicar un avance de la obra. Calcula que la revista podría comenzar así con un éxito comercial, pues el público literario aguarda con expectación la segunda novela de Goethe. Han pasado casi veinte años desde la aparición de la primera: *Las desventuras del joven Werther*. Ahora la novela ha hecho carrera como género literario en la conciencia general. Se ha convertido en un artículo comercial muy popular, y circulan sospechas sobre los tremendos honorarios que Goethe habría negociado en Berlín con el editor Unger. Desde esta ciudad, Wilhelm Humboldt incluso divulga el rumor de que Goethe ha entregado su novela al editor a un precio desquiciado «para arruinarlo».[1]

No sólo se especula sobre los aspectos financieros, sino también sobre el carácter literario de la novela, que todavía no ha aparecido, y se plantea la cuestión de si el autor de *Werther* ha permanecido suficientemente joven como para poder enlazar con la pasión de la primera novela. Por tanto, se hablaba de *Wilhelm Meister* ya antes de su publicación, y Schiller confiaba en poder aprovechar esta circunstancia en *Las Horas*. Pero llegó demasiado tarde. «Los primeros pliegos impresos están ya en mis manos», escribe Goethe en su carta de respuesta del 27 de agosto de 1794, y dice que en este tiempo ha pensado más de una vez que la novela «habría sido muy adecuada para la revista; es lo único un poco voluminoso que tengo y es una especie de composición problemática, tal como la aman los buenos alemanes».[2] Goethe alude con ello al género todavía joven, pero ya apetecido, de la novela de formación y educación, cuyos patrones había establecido Wieland con su *Agathon*. *Wilhelm Meister* se convertirá luego en el modelo clásico de este tipo de literatura.

Al principio, las observaciones de Goethe sobre la elaboración de la novela suenan distanciadas y desilusionadas: «El escrito lleva ya tanto tiempo redactado, que ahora, en sentido auténtico, soy solamente el editor».[3] A Herder le había dicho pocas semanas antes que la novela necesitaba todavía «algunas plumadas [...], no para ser buena, sino solamente para que yo pueda verla como una pseudoconfesión salida de lo más hondo».[4] De hecho, han pasado diecisiete años desde que Goethe anotara en su diario: «En el jardín, dictado del *Wilhelm Meister*. Dormido».[5] Desde entonces le ocupó, con interrupciones, la historia de este joven que parte para descubrir el mundo aventurero del teatro, reformarlo y encontrarse allí a sí mismo. Entonces el libro debía titularse: *La misión teatral de Wilhelm Meister*. Durante la redacción su estado de ánimo sufrió muchas oscilaciones. En una ocasión le escribió a Charlotte von Stein: «Me ha proporcionado una hora buena. En rigor, he nacido para ser escritor».[6] Un año más tarde, el 3 de julio de 1783, se queja ante Knebel de que su novela «ha quedado» muy por detrás de sus ideas y no le produce ya «ninguna satisfacción».[7]

Probablemente, hacia esa época la novela comenzó a crecer por encima del proyecto originario. El motivo de la pasión por el teatro se debilitaba. Ya no se trataba de explicar cómo Wilhelm Meister llega al teatro, sino cómo llega al mundo y qué hace con él. En Italia, Goethe reelabora *Ifigenia* y *Tasso*, pero no se atreve a abordar *Wilhelm Meister*. Espera que «llegue algo espontáneamente».[8] Medio año más tarde anota: «He tenido ocasión de reflexionar mucho sobre mí mismo y sobre otros, sobre el mundo y la historia, y acerca de esto comunicaré algunas cosas buenas [...] a mi manera. Finalmente se resumirá y concluirá todo en *Wilhelm*».[9]

Goethe había vuelto de Italia con el propósito firme de reelaborar la novela, de continuarla y concluirla. Hizo copiar de nuevo, para corregirla, la antigua redacción de *La misión teatral de*

Wilhelm Meister, que no se redescubrirá hasta pasado un siglo. Luego se interpusieron muchas cosas: la Revolución, el enamoramiento de Christiane, la campaña de Francia, etcétera. Pero advirtió también que en las turbulentas circunstancias de la época, la continuación de ese texto podría ser una especie de refugio: «Hay que aferrarse a algo con fuerza. Creo que esto será mi novela».[10]

Todavía no presiente lo que se le avecina. Al editor Unger le confesará más tarde: «De todas mis obras, ésta es la más obligada y difícil en más de un sentido, y si ha de lograrse tiene que hacerse con la mayor libertad y agilidad. Para esto se necesita evidentemente tiempo y temple de ánimo».[11]

Es cierto que Schiller no obtiene la prepublicación de la novela para *Las Horas*, pero recibe una oferta nada usual: Goethe, que suele mantener rigurosamente cerrado el taller de su obra escrita, se declara dispuesto a convertir a Schiller en testigo y colaborador en el nacimiento de la novela. Éste escribe a Körner:

> Me quiere dar a conocer su novela por entregas, y yo he de escribir cada vez cómo tiene que continuar la siguiente, y cómo tiene que complicarse y desarrollarse. A continuación, quiere hacer uso de esta crítica anticipativa, antes de dar a la imprenta la siguiente entrega. Nuestras conversaciones sobre la composición lo han llevado a aquella idea que, si se ejecuta bien y con cuidado, podría sacar inmejorablemente a la luz las leyes de la composición poética.[12]

Cinco años antes, Schiller había escrito a Körner que Goethe «es en realidad un egoísta en grado extraordinario. Posee el talento de encadenar a los hombres [...], pero él mismo sabe mantenerse libre. Da a conocer su existencia en tono bienhechor, aunque sólo como un Dios, sin entregar su persona».[13] Más adelante, las cosas cambiaron. Goethe promete: «Compartiré con los amigos cuanto esté en mi interior».[14] Schiller podía tener la impresión de haber penetrado en el reino de Goethe.

Esto lo llena de orgullo. Pero Schiller no quiere limitarse a tomar el sol bajo el resplandor de Goethe, pues posee suficiente reconocimiento y fama por sí mismo; él quiere, como Goethe, aprender algo para su propia obra en esta nueva alianza. Está en vías de elaborar la distinción fundamental entre la actividad llamada «ingenua», y la actividad moderna, que es reflexiva y «sentimental», y ahora su mirada entra en el taller de un autor moderno que, sin embargo, ha conservado para sí una «ingenuidad» sorprendente en el sentido antiguo. En la sección novena de las *Cartas sobre la educación estética del hombre,* que está escribiendo en ese momento, Schiller esboza un retrato del nuevo amigo. Lo remite explícitamente al siguiente pasaje, pensado para él:

> ¿Cómo se preserva el artista de las corrupciones de su tiempo, que lo asedian por todas partes? Despreciando su juicio. Que mire siempre hacia delante, que mire su dignidad y la propia ley, que no mire hacia atrás, en busca de la dicha y la necesidad [...]; que aspire a engendrar el ideal por la alianza de lo posible con lo necesario. Que deje una huella de lo ideal en el engaño y en la verdad, en los juegos de su imaginación y en la seriedad de sus acciones, que deje su huella en todas las formas sensibles y espirituales y lo arroje en silencio al futuro infinito.[15]

Schiller escribe estas frases en el instante en que espera con expectación el envío de los dos primeros libros de *Wilhelm Meister*. Está tanto más impaciente por el hecho de que en ese momento retrocede espantado frente a la «producción poética».[16] Körner había preguntado sobre sus progresos con *Wallenstein,* y Schiller responde con las mismas palabras que un par de días antes había dirigido ya a Goethe: «Ante este trabajo me siento desasosegado y angustiado, pues cada día creo advertir con más claridad que se me escapa la inspiración poética y que, a lo sumo, allí donde quiero filosofar, me sorprende el espíritu poético».[17] Pero el filosofar se le da bien. «No niego que estoy muy satisfecho de esto, pues nunca he producido en mi cabeza una unidad como aquella que mantiene unido este sistema; y he de confesar que considero mis razones insuperables.»[18]

Mientras Schiller consigue algunos logros en el campo teórico, cuando se halla en el umbral de *Wallenstein* siente en el cogote el miedo «de que la imaginación me abandone cuando llegue su reino».[19] También por esta razón se apega a Goethe, de quien espera ayuda; ve en él un «puente hacia la producción poética».²⁰

El 6 de diciembre de 1794 Goethe envía los primeros capítulos de la novela con esta jovial anotación: «Finalmente llega el primer libro de Wilhelm Discípulo *[Schüller],** que, no sé cómo, ha adquirido el nombre de Maestro *[Meister]*».²¹ Tres días más tarde responde Schiller: «Con verdadero agrado de corazón he leído y devorado el primer libro de *Wilhelm Meister,* y le agradezco un disfrute como no lo he tenido nunca, salvo gracias a usted».²² Anuncia una valoración extensa de la obra en una de las próximas cartas, pero ya ahora alaba la «naturaleza viva y palpablemente certera que reina en todas las descripciones». Dice que ha acertado en especial con la «economía y el amor teatrales». Y añade que puede enjuiciar esta circunstancia «en la medida en que estoy familiarizado con ambos aspectos más de lo que tengo motivos para desear».

A principios de enero aparece el primer libro en la imprenta; Schiller obtiene un ejemplar por anticipado, y ahora emprende la anunciada tarea de enjuiciar la obra. El texto de Schiller es exagerado y está escrito en un constante tono de admiración, de tal manera que, en contraste con ella, su propia actividad artística aparece bajo una luz crítica. Dice que durante la lectura se ha apoderado de él el «sentimiento de salud espiritual y corporal, un dulce e íntimo bienestar».²³ Añade que explica este «bienestar» por «la claridad tranquila, la tersura y la transparencia» del todo. Y luego viene el giro crítico contra sí mismo:

> No puedo expresarle en qué medida suele resultarme penoso el sentimiento de mirar a la esencia filosófica a partir de un producto de este tipo, donde todo es sumamente alegre y vivo, está resuelto con gran armonía y es muy verdadero humanamente, mientras que en aquélla todo resulta riguroso, rígido y abstracto en alto grado, y es sumamente antinatural, puesto que toda naturaleza es sólo síntesis y toda filosofía es antítesis. Es cierto que puedo darme a

---

* El término alemán *«Schüller»*, «discípulo», «alumno», suena en dicha lengua de forma muy parecida a «Schiller». *(N. del T.)*

mí mismo testimonio de que en mis especulaciones he permanecido tan fiel a la naturaleza como era compatible con el concepto de análisis; es más, quizá le he permanecido más fiel de lo que nuestros kantianos tendrían por permitido y posible. Sin embargo, de forma no menos viva siento la distancia entre la vida y el razonamiento; y, en tal momento melancólico, no puedo menos de interpretar como un defecto en mi naturaleza lo que en otra hora más alegre debo considerar solamente como una propiedad natural de la cosa. Pero es cierto que el poeta es el único hombre verdadero, y el mejor filósofo es solamente una caricatura en comparación con él.

Todo gira en torno al concepto de «naturaleza», vida «natural», creación «natural». El «hombre verdadero» –con esta caracterización estiliza a Goethe–, como autor ciertamente no crea sin reflexión, pero ésta no le perturba en absoluto. Se deja llevar por su «naturaleza», se encuentra en concordancia con ella. Esto le da una seguridad peculiar. Goethe hablará muchos años más tarde en una carta a su amigo Knebel de la seguridad del «noctámbulo».[24] Era esta seguridad de noctámbulo la que Schiller admiraba en Goethe y la que considera como naturaleza genial y a la vez «ingenua».

Se ve a sí mismo en contraste con ella. Para él la naturaleza, empezando por el propio cuerpo, es un adversario al que tiene que vencer o por lo menos poner de algún modo bajo su poder. Para Schiller la naturaleza es muda. Sólo tiene la significación que se ha puesto antes en ella. En algún momento la denomina «*depositum*», un lugar para la conservación de sentimientos, a nuestra disposición cuando los necesitamos. El poeta «sentimental», que trabaja desde la distancia frente a la naturaleza, encuentra su centro de gravedad en la conciencia, no en el instinto, tiene que forzarse y mandarse a sí mismo. Se aferra decidido a sus ideales e intenta plasmarlos en la vida. Para él rige el principio de que «el arte lo separa y escinde, mientras que a través del ideal vuelve de nuevo a la unidad».[25]

Persigamos durante un trecho más la distinción de Schiller entre lo «ingenuo» y lo «sentimental», o sea, entre Goethe y él mismo. El poeta «ingenuo» viene a la vez de dentro y de la cosa objetivamente captada, el sentimental-idealista viene de fuera o, más exactamente, de arriba, de la idea, de los mandamientos morales. De todos modos, hace en ello una experiencia excitante con la libertad. Mientras que el poeta «ingenuo» experimenta la libertad creadora como un movimiento fluido, no perturbado, como un acontecer y dejar que acontezca, el hombre «rígido y abstracto» experimentará la libertad como un poder mandar, si bien con el inconveniente de no poder confiarse simplemente a un acontecer inspirador. Somete la poesía a su mandato, planifica y esboza con la adaptación de la voluntad, y se aferra a leyes que él se ha dado a sí mismo. «Las ideas no me brotan con suficiente riqueza»,[26] escribe a Körner; supone, en cambio, que «el espíritu y el corazón» de Goethe «están llenos de su objeto», que en él se da un «claro crepúsculo de las ideas» y un «humor ágil». Quiere aprender todo eso, la teoría ha de ayudarle en ello. En el campo teórico ha comprendido exactamente de qué se trata. Hay que poder jugar también con mano y humor ágil. Y eso es lo que expresa en las *Cartas sobre la educación estética del hombre,* que constituyen la acción paralela con el *Wilhelm Meister* de Goethe, como su verdad sobre lo bello: «Pues, para expresarlo de una vez, el hombre sólo juega cuando es hombre en el pleno sentido de la palabra, y sólo es plenamente hombre cuando juega».[27] Para Schiller es el arte el lugar donde este impulso de juego encuentra su verdad suprema.

Este concepto del arte como manifestación del «instinto de juego» corresponde al gusto de Goethe. Tras el primer envío de las *Cartas,* Goethe había anotado ya que se sentía «fortalecido e incitado, y hemos de alegrarnos de nuestra armonía con libre confianza»;[28] y en esto nada cambiará en el futuro. Se mantiene el asentimiento, que a veces crece hasta la fascinación. En el libro octavo de *Wilhelm Meister* llega incluso a introducir una alusión encubierta a la teoría del juego de Schiller. Wilhelm Meister está ocupado con su hijo Felix, que maneja un «mecanismo»: «El padre intentaba disponerlo de forma mejor, más ordenada, más concorde con el fin; pero en ese instante el hijo perdió el interés por el aparato. ¡Tú eres un hombre verdadero!, exclamó Wilhelm, ¡ven, hijo mío, ven hermano mío, juguemos sin fin en el mundo tan bien como podamos!».²⁹

Ya antes, Wilhelm Meister no había hecho otra cosa que jugar «dentro del mundo». Había comenzado con el teatro de títeres, que representaba el mundo para el muchacho. Luego se había enamorado de Mariane, artista de una compañía ambulante, que le ayudó a mirar por detrás de los bastidores del pequeño teatro del mundo. Y después de la separación de Mariane, sigue unido al mundo del teatro. En realidad, Wilhelm Meister tenía que cobrar las deudas para el comercio del padre, pero utiliza el viaje de otra manera. Congrega a su alrededor un elenco de actores dispersos. Y él mismo quiere llegar a ser actor. Descubre a Shakespeare. Dice no recordar que «algún hombre o algún hecho de la vida hayan tenido tanta repercusión en él como estas obras deliciosas».³⁰ Estos juegos son los que permiten, más que la vida real, «conocerse a sí mismo de la forma más dulce». Silba en ellos el «viento tempestuoso de la vida agitada». Y cuando Wilhelm abandona el mundo del teatro y en el reino de Lotario conoce la Sociedad de la Torre, que lo ha vigilado y dirigido desde la lejanía, se dice del Abbé, una de las figuras centrales de ese grupo, que «le gusta jugar un poco al juego del destino».³¹ Y de hecho, también la Sociedad de la Torre y sus mallas forman un mecanismo, en el que Wilhelm ha participado por largo tiempo sin advertirlo. Aun cuando no se haya jugado con él de mala manera, la iniciación en la Sociedad de la Torre es un desengaño para Wilhelm. Los encuentros y sucesos que él había percibido como destino, ¿estaban hechos, dirigidos, manipulados? «Por tanto, con estos signos y palabras, ¿solamente se juega?»,³² pregunta a uno de los superiores, de quien espera aclaraciones. ¿Qué hay que objetar contra un juego en el que uno se descubre a sí mismo? Exactamente eso es lo que ha sucedido con Wilhelm. Aprende entre artistas que «quien sólo sabe jugar con su mundo, no es ningún actor».³³ Ahora bien, el que ha jugado con su mundo ha llegado a conocerse.

Entre el 11 y el 23 de enero de 1795, Goethe se traslada a Jena para pasar allí dos semanas y comentar con Schiller el desarrollo de la novela, que, entretanto, ha llegado al tercer libro. Goethe vuelve a Weimar y, todavía completamente dichoso de las conversaciones, termina el libro cuarto y escribe a Schiller: «Animado por el buen temple de espíritu que me ha insuflado la reciente conversación, he elaborado ya el esquema para el quinto y el sexto libro. Es mucho más ventajoso reflejarse en los otros que en uno mismo».[34] La carta termina con la fórmula que desde ese momento se repite con frecuencia: «Continúe recreándome y elevándome a través de su amor y de su confianza». Schiller responde que Goethe puede consolarse inscribiendo en su propia cuenta el fuego del entusiasmo sobre el primer libro de *Wilhelm Meister*, pues «el fuego en el que usted se calienta es su propio fuego».[35] El tono de las cartas se hace cada vez más cordial. «Mi querido, mi venerado amigo»,[36] escribe Schiller; y Goethe responde que no encuentra las palabras «para expresar el caso singular en el que me encuentro con usted».[37]

En la primavera de 1795 están disponibles los dos primeros tomos de la novela (que en conjunto abarcará cuatro) y las reacciones en el público no son, ni con mucho, tan eufóricas como las de Schiller. La novela suscita un enojo generalizado. Un crítico escribe: «Apenas puede recorrerse ahora con paso ágil el variopinto mercado de viejo del mundo de los lectores alemanes sin que resuenen en los oídos las más fuertes quejas sobre *Los años de aprendizaje de Meister*, por culpa de los pasajes aburridos, por el descuido de la unidad del plan, y por episodios introducidos de manera poco natural».[38] La mayoría de los lectores comparan esta novela con *Werther* y critican la sequedad. Incluso Wilhelm von Humboldt, que elogia a Goethe –«Su *Meister* está increíblemente logrado»[39]–, se queja en una carta a Schiller de las «extensiones insoportables»[40] y la manera de narrar según el estilo gótico (a la antigua usanza).[41] El filósofo Christian Garve, muy apreciado por Schiller, bromea en una carta al poco de la aparición del primer tomo: «Todavía no he topado con ningún lector que no haya encontrado aburrido el primer desarrollo prolijo de la obra para títeres. La amada de Wilhelm se durmió en esa ocasión; ¿cómo pudo creer su historiador que iban a reaccionar mejor los lectores no enamorados de él?».[42]

Había, pues, objeciones al aburrimiento, y con mayor dureza

todavía se manifiestan los críticos de la supuesta inmoralidad de la novela. Charlotte von Stein expresa lo que se piensa en la buena sociedad de Weimar. En concreto, a su hijo Friedrich le escribe: «Por lo demás, las mujeres que por allí circulan muestran una conducta impropia, y cuando de tanto en tanto aparece la experiencia de nobles sentimientos en la naturaleza humana, éstos están pegados con un poco de fango, para que no quede nada celeste en la naturaleza humana».[43] También Herder se manifiesta en este sentido: «Odio todo este mundo de pepitas y juanitas».[44]

La mayoría de estas observaciones críticas no llegaban directamente a oídos de Goethe. Sí le llegó, en cambio, la crítica de su antiguo amigo Friedrich Jacobi. No se puede negar, escribe éste el 18 de febrero de 1795, que domina en la novela «cierto espíritu sucio».[45] Se describen bellas sensaciones, añade, pero por desgracia sus «causas y objetos» son demasiado desacreditados y «profanos», lo cual es aplicable tanto a las actrices como al resto del pueblo licencioso. Goethe hace llegar esta carta a Schiller, que como nuevo amigo aprovecha la oportunidad para desplazar al antiguo. Escribe sobre Jacobi, al que apenas conoce: «Un individuo como él tiene que sentirse ofendido necesariamente por la inexorable verdad de sus cuadros de la naturaleza (...). Jacobi es de los que, en las representaciones del poeta [...], tiene en más alta estima lo que ha de ser que lo que es».[46]

Sin embargo, una vez que Schiller ha leído el libro quinto en el manuscrito, manifiesta también su crítica ante el tratamiento demasiado prolijo de las materias teatrales. Envuelve la crítica en la alabanza: «He leído con auténtica embriaguez este libro quinto de *Meister*»,[47] para verse luego obligado a censurar el hecho de que se concede al teatro más espacio del que «encaja en la libre y amplia idea del todo. A veces parece como si usted escribiera para los actores, puesto que sólo quiere escribir de ellos».[48] Goethe responde con rapidez que, frente a las «habladurías teóricas y prácticas» en materias de teatro, «ha aplicado suficientemente la tijera».[49]

Estas abreviaciones le resultan tanto más fáciles pues de momento está cansado de la escena; y aquel verano le ruega al duque por primera vez que lo exonere de la inspección del teatro.

Y por lo que se refiere al protagonista de la novela, está preparando precisamente el ascenso del héroe a una esfera superior de la sociedad. Esta transición debían trazarla los apuntes reelaborados de Susanna Katharina von Klettenberg, una mentora mística y pietista de su época de juventud. Cuando en la primavera le llegó la idea de introducir estos materiales en la novela, escribió notablemente aligerado a Schiller que «de manera inesperada por completo»,[50] se siente «estimulado en su trabajo». Esto cabe entenderlo también desde el punto de vista comercial; en todo caso la señora Von Stein escribe en tono bastante malicioso a su hijo: «Ten cuidado con la profesión de fe de un alma bella»,[51] pues Goethe la ha llevado a la «sociedad de comediantes porque también estos pliegos se pagan».

Al público no le resultaron atractivas las «Confesiones de un alma bella»: demasiado piadosas para algunos, y molestas por el entorno escandaloso en la novela para los devotos. Schlosser, cuñado de Goethe, declaraba con ira: «No puedo contener todavía mi disgusto por el hecho de que Goethe haya asignado a esta alma bella un puesto en un burdel, que sólo era propio de una chusma de vagabundos».[52] Y Schiller relata que Stolberg «quemó solemnemente el *Meister* hasta el libro sexto, y que él [...] salvó e hizo encuadernar especialmente».[53]

La intención de Goethe de poner a su héroe en contacto también con la esfera religiosa, sin duda no había sido tratada todavía en las extensas conversaciones con Schiller en febrero, pues éste se muestra sorprendido. La religión y la devoción no eran el tema de Goethe, y por eso «son menos aptas que cualquier otro asunto para brotar de su individualidad, pues me parece que usted toca esta cuerda en muy raras ocasiones, lo que no redunda en perjuicio suyo».[54] Pero no duda, añade, de que Goethe sabrá representar esa alma, si bien sólo «por el poder de su genio y no por la ayuda de su sujeto». En este contexto, genio significa para Schiller poder representar también interioridades confusas con objetividad tranquila. Es lo mismo que sucede en el caso de las indecencias eróticas (por ejemplo, en las *Elegías romanas):* un genio puede representarlas sin participar en ellas.

A principios de agosto, de regreso de Karlsbad, Goethe trae

el manuscrito casi terminado de su «libro religioso». Schiller lamenta que Goethe no pueda permanecer en Jena durante más tiempo. Precisamente a raíz de este texto habría deseado una conversación larga, pues se siente incitado a definir su propia relación con la religión cristiana.

> Si nos atenemos al rasgo peculiar del carácter del cristianismo, al rasgo que lo distingue de todas las religiones monoteístas, éste sólo puede consistir en la supresión de la ley o del imperativo kantiano, en cuyo lugar el cristianismo quiere ver puesta una inclinación libre. Por tanto, en su forma más pura, es una representación de la bella moralidad o de la encarnación de lo sagrado, y en este sentido es la única religión estética.[55]

Por tanto, según Schiller, en el mejor de los casos, el cristianismo puede superar el dualismo entre moral e inclinación mediante el amor. Pero visto exactamente el asunto, se trata tan sólo de un mandamiento de amor. ¿Puede el amor convertirse en deber? Es indudable que no. Y por eso tiene que ayudar una naturaleza buena. El «alma bella», tal como Goethe la representa, es una naturaleza buena de ese tipo, que se desborda a partir del amor. Hasta aquí todo está claro. Pero también para Schiller esta temática se expone con demasiada extensión: «Si algunas cosas se hubiesen aproximado, otras redactado con más brevedad, y algunas ideas principales se hubiesen expuesto más ampliamente, quizá no habría estado mal».[56] Goethe no abrevió. Quizá la señora Von Stein tenía razón: también estos pliegos se pagaban.

El trabajo se estanca. El acopio de materiales de la primera redacción de la novela está agotado. Goethe se distrae por culpa de los negocios. En las minas de Ilmenau se produce un hundimiento de galerías a finales de septiembre. Este proyecto, que tanto mima Goethe, amenaza de nuevo con fracasar. Luego se tiene que ocupar de una misión diplomática. Francia se encuentra todavía en estado de guerra con el imperio; la paz de Basilea del 12 de abril de 1795 había neutralizado el norte de Alemania, sobre todo Prusia. El ducado de Weimar anda con rodeos, le gustaría participar en las negociaciones. Goethe acompaña al duque en un congreso de príncipes en Eisenach. Después están previstas las negociaciones en Frankfurt del Meno. Pero vacila; el 13 de octubre de 1795 escribe a Schiller: «No voy a ir a jugarme la piel, que de momento tengo sana, en semejante enredo, pues ya conozco tales situaciones elegantes».[57] Schiller, que se encuentra tranquilo pues no sale de casa, responde: «Suele resultarme maravilloso imaginármelo a usted arrojado al mundo de esa manera, mientras yo permanezco sentado entre mis ventanas con cristales de papel, y ante mí sólo tengo papel».[58] A Schiller le gusta coquetear con esta idea: Goethe en el mundo, él en su cáscara; Goethe gobierna un «reino», él una «familia de conceptos»; y Goethe acostumbra responder a esto sin desviarse del tema. Schiller, dice, comprende del mundo más que otros que lo recorren constantemente, él no necesita viajar para experimentar algo.

A finales de octubre, Goethe, sin haber estado en Frankfurt, vuelve a Weimar, donde le espera cierto fastidio con la mujer de Herder, que le pide su intercesión ante el duque para que emplee a sus hijos. A principios de noviembre, Christiane trae un hijo al mundo. Schiller los felicita. Pocos días después, el recién nacido muere. Goethe escribe:

> En tales situaciones no se sabe si es mejor entregarse naturalmente al dolor, o calmarse mediante la ayuda que nos ofrece la cultura. Si nos decidimos por lo último, como yo hago siempre, sólo mejoramos por un instante, y he observado que la naturaleza afirma siempre su derecho a través de otras crisis.[59]

La «ayuda» que la cultura le ofrece es en este caso la novela. Reemprende su redacción, si bien con cierta congoja, pues, según escribe a Schiller; «son enormes las exigencias que el lector tiene derecho a plantear sobre la base de las primeras partes».[60]

Pasa todavía un buen medio año hasta que Goethe concluye la obra. El 26 de junio envía los libros séptimo y octavo. Ahora Schiller hace su gran entrada en escena. En una serie de extensas cartas, que todas juntas dan por resultado un gran ensayo, comenta e interpreta la novela, e intenta influir todavía en ella, pues aún no está impresa. Schiller está henchido de un sentimiento de dicha por poder participar en el nacimiento de esta obra admirada: «Cómo me conmueve pensar que en usted tengo tan cerca lo que sólo puedo buscar, y apenas encontrar, en la gran lejanía de una Antigüedad privilegiada».[61] La gratitud por tal cercanía lo aguijonea para dar lo mejor que pueda en el análisis y en la crítica.

> En cualquier caso, es una de las más bellas dichas de mi existencia el hecho de asistir a la consumación de este producto, cuando aún dispongo de mis fuerzas anhelantes y puedo beber todavía de esta fuente pura. Y la hermosa relación que hay entre nosotros convierte para mí en una suerte de religión hacer de su asunto el mío, configurar todo lo que en mí es realidad como el más puro espejo del espíritu, que vive en esta envoltura, y así merecer la denominación de amigo suyo en el mejor sentido de la palabra.[62]

Schiller quiere convertir el asunto de Goethe enteramente en algo propio. Cuando empezó aquella amistad, Goethe había hablado de su propia «oscuridad»,[63] que no lograba desentrañar. Schiller le ofrece ser para él una especie de espejo de la conciencia, y Goethe responde con fina ironía: «Siga dándome a conocer mi propia obra».[64]

En la carta de Schiller del 12 de julio de 1796, sin duda un punto crucial de aquel intercambio a la vez objetivo e íntimo, se encuentra aquella frase famosa que diez años más tarde asume Goethe con ligeras transformaciones en *Las afinidades electivas*: «Cuán vivamente», escribe Schiller, «he experimentado que lo eximio es un poder, que en ánimos egoístas, sólo puede actuar como un poder, que frente a lo eximio no hay otra libertad que el amor».[65]

Siete años antes, Schiller había confesado ante Körner su odio a Goethe.[66] Algo de este sentimiento tiene que resonar todavía en el fondo del alma, como resentimiento o como envidia, pues de otro modo, esta hermosa fórmula perdería su sentido. Pues cabe preguntarse: ¿qué libertad ha de conservarse frente a lo eximio? Sin duda la libertad en el sentido de la superación de los sentimientos paralizantes de envidia y rivalidad. Si queremos evitar que tales sentimientos nos encadenen, no queda otra salida que amar lo eximio. En este sentido, el amor a lo eximio crea la libertad ante lo eximio.

Goethe cita esta fórmula en *Las afinidades electivas,* pero, como hemos dicho, transformándola ligeramente. En el «Diario de Otilia» leemos: «Frente a las grandes ventajas de otro, no hay más medio de salvación que el amor».[67] Schiller dice «ninguna libertad», Goethe «ningún medio de salvación».

A primera vista, la diferencia de significado no es muy grande. En ambos se trata de que ante lo eximio no hay que caer en el fastidio. Mas para Schiller todo el asunto está en conservar su libertad, y por eso se decide a amar lo eximio. Se trata, realmente, de una decisión, y en consecuencia, de un amor que procede de la libertad. Esto, aplicado a la relación de Schiller con Goethe, significa que aquél, para desligarse de las convulsiones del resentimiento, se decide a amar a Goethe y sus obras eximias. Esto ya es casi una estrategia.

Goethe, por su parte, no es tan ruidoso con la libertad. Él, a diferencia de Schiller, no tiene que estar siempre reconquistándosela. Y la libertad no es algo que deba tener siempre a la vista. Para Goethe es importante otra cosa, a saber, la concordancia con su naturaleza. Ésta es la que tiene que conservar. Pero el amor es naturaleza. Ella resuelve todas las convulsiones. Podemos confiarnos a su dirección cuando estamos confusos por determinadas complicaciones, por ejemplo, a causa de las «ventajas de otro». Por eso, la naturaleza es «un medio de salvación».

Así pues, uno defiende su libertad con amor, el otro vuelve a través del amor a la concordancia consigo mismo. Tras la muerte de Schiller, Goethe expresó esta diferencia con la siguiente fórmula: «Él predicaba el evangelio de la libertad, yo quería que no se recortaran los derechos de la naturaleza».[68]

Schiller se protege con el amor ante el peligro de la envidia y del resentimiento. Goethe, que tiene poca disposición a la envidia y la experimenta en pocas ocasiones, tiene otro problema frente a la excelencia de Schiller. El espíritu claro y penetrante de éste puede actuar también como una exigencia exagerada de transparencia, a la que Goethe a veces se sustrae con agrado. En una de las primeras cartas Goethe había hecho referencia a su «oscuridad y titubeo».[69] Goethe aprovecha la claridad de Schiller, lo toma como espejo exterior de la conciencia, pero quiere conservarse a la vez la necesaria oscuridad. También esto pertenece a los «derechos de la naturaleza», que no quiere ver recortados. En *Wilhelm Meister* muestra las cartas, pero luego escribirá en pocas semanas *Hermann y Dorothea*, y presentará la pieza como obra acabada a un Schiller desconcertado de admiración. Para la primera se aprovecha de la claridad de Schiller, en la otra protege su «oscuridad» creadora; y, en lo que se refiere a los «titubeos», se deja exhortar y estimular por Schiller, pero también se sustrae, a veces con tramoyas que parecen ladinas.

En julio de 1796 llega a su cumbre el intercambio epistolar referido a *Wilhelm Meister*. Schiller expresa su admiración por la novela con giros siempre nuevos: «Profundidad en una superficie tranquila»,[70] «seriedad y dolor con ágil humor»; «la verdad, la vida bella»,[71] «la sencilla plenitud», etcétera. Pero también señala debilidades en la técnica narrativa, inexactitudes en la cronología, motivaciones insuficientes, o deficiencias en la credibilidad psicológica. En la mayoría de ocasiones, Goethe las toma en serio y mejora una u otra cosa.

Por aducir un ejemplo, al final Wihelm Meister es admitido en el círculo de los nobles tras su unión con Natalie. ¿No habría que preocuparse por el joven? ¿Podrá dejar atrás la condición de burgués que tiene por nacimiento? ¿No le perseguirá la conciencia de «cierta inferioridad»?[72] Wilhelm Meister debería tener una conciencia de sí superior a la que tiene, o bien los nobles deberían creer que tiene una conciencia de sí superior a la que en realidad tiene. Goethe resuelve el problema con ironía. En la redacción corregida, el conde, una especie de maestro de ceremonias de la corte, trata con deferencia a Wilhelm Meister porque lo confunde con un noble. Se le deja su idea fija. ¿No es el orgullo de casta en general una idea fija?

Goethe se apoya en una idea que Schiller manifiesta en relación con Natalie. Schiller pregunta si no es ella la que propiamente merece el calificativo de «alma bella», pues, a diferencia de su piadosa tía, tiene una fuerte sensibilidad, que puede conciliarse de forma bella con la moral. Por el contrario, en la tía la sensibilidad es simplemente demasiado débil, y por eso la conciliación sería un simple artificio. Goethe esclarece la objeción y añade una observación sobre el alma bella de Natalie: «Sí, ella merece este nombre honorífico más que otras y, si puedo tomarme la licencia de decirlo, más que nuestra noble tía».[73] Y sorprende la manera en que Goethe hace esta complementación sin reparos, aunque con ello las «Confesiones de un alma bella» en el libro sexto caigan retroactivamente bajo sospecha.

Una crítica importante se refiere a la manera como Goethe, al final, echa fuera de la novela cortésmente a Mignon, un símbolo del secreto romántico. Esa criatura mágica, que anda errando como un fantasma a través de la novela y está unida en un peculiar amor con Wilhelm, muere, e inmediatamente después Wilhelm aparece ocupado con el médico, que se dispone a preparar el cadáver. El episodio va demasiado deprisa, objeta Schiller, y habría que tomar en consideración las exigencias sentimentales del lector e introducir algo de luto. Goethe añade a este respecto una escena de dolor: Wilhelm llora en el pecho de Therese.

Schiller se conforma con ello, pero no así la crítica romántica, que inculpa a Goethe de haber denigrado la admirable figura de Mignon a la condición de extravagante. De hecho, al final de la novela se emprende una limpieza racionalista del escenario, cuando se explican los enigmas y se airean los secretos. Mignon y el arpista aparecen entonces como casos patológicos, con abstrusas prehistorias de incesto, superstición y demencia común. Para Novalis, es la prueba de que la novela está dirigida contra la poesía. «Lo prodigioso», escribe Novalis, «es tratado explícitamente como poesía y exaltación, el espíritu del libro es el ateísmo artístico.»[74] Se burla de que la novela no narra los años de aprendizaje, sino la «peregrinación hacia el diploma de nobleza».[75] Novalis no publicó sus anotaciones sobre *Wilhelm Meister*. Dejó que su amigo Friedrich Schlegel pusiera la novela por las nubes, mientras la procesión le iba por dentro.

Hacia el final de su gran análisis de la novela, Schiller emprende el intento de captar su contenido con algunas fórmulas bien acuñadas. Pero a este respecto advierte que el asunto se le hace cada vez más complejo. ¿Cuál es la moral de la historia? «Si tuviera que expresar con palabras escuetas el fin al que Wilhelm llega por último después de una larga serie de embrollos, yo diría que [...] pasa de un ideal vacío e indeterminado a una determinada vida activa, aunque sin menoscabo de la fuerza idealizante.»[76] Pero la pregunta decisiva es: ¿cómo ha llegado a esto? ¿Qué parte tiene en ello la sociedad secreta de la torre que mueve los hilos desde un segundo plano? ¿Qué se debe a la naturaleza intuitiva de Wilhelm Meister y qué a su trabajo en sí mismo? Wilhelm Meister, ¿hace algo desde sí o es hecho desde fuera (por la Sociedad de la Torre) y desde dentro (por su naturaleza)?

A Schiller le gustaría que Wilhelm Meister fuera un héroe de la autodeterminación, que fuera él mismo quien se crea en lo que es. Pero no puede negarse que la Sociedad de la Torre ejerce un influjo. Schiller, que también ha escrito una novela protagonizada por una liga secreta, conoce la repercusión de tales historias en el público. De ahí su suave crítica: «Creo notar que cierta condescendencia con la parte débil del público le ha inducido a usted a perseguir más [...] de [...] lo necesario un final marcadamente teatral».[77]

Más de lo necesario significa: más de lo que es compatible con la idea de la libertad.

¿Y qué diremos de la «naturaleza» de Wilhelm Meister? ¿Es tan fuerte, pronta y bondadosa, que no necesita de una autodirección con responsabilidad propia y libertad? «La sana y bella naturaleza»,[78] escribe Schiller, «no necesita [...] ninguna moral, ningún derecho natural, ninguna metafísica política, [...], ninguna divinidad, ninguna inmortalidad para apoyarse y sostenerse.» ¿Tiene Wilhelm Meister una naturaleza sana y bella de este tipo? Es evidente que no, pues de otro modo no habría sido necesaria la Sociedad de la Torre. Pero si ésta ha sido introducida solamente por un «final teatral» y por un momento prescindimos de ella, queda un Wilhelm Meister bastante desamparado, cuya naturaleza no es suficientemente fuerte para dirigirlo, y que, por otra parte, no se atreve al trabajo en sí mismo según el patrón de un esbozo ideal; dicho con toda brevedad: Wilhelm Meister no sabe qué es la libertad.

¿Qué se sigue de ahí? No se puede cambiar nada en la figura sin convertirla en algo completamente diferente. Schiller lo admite, pero habría que señalar por lo menos el problema que aquí se abre, a saber, el de la relación entre libertad, dirección externa y necesidad natural. No deberían eludirse por lo menos las «materias de la cuestión».[79] Con cautela añade Schiller que Goethe no ha de pensar que «sólo recurro a un rodeo artificial para meterlo a usted en la filosofía».

Pero ¿qué pretende realmente Schiller con su crítica? Sus sugerencias de expresar las «materias de la cuestión», serían útiles para un tratado, pero no para una novela. Él es poeta en suficiente grado para no ignorar esto.

Para comprender por qué la figura de Wilhelm Meister le resulta cada vez más desagradable, hemos de prepararnos para una sorpresa, pues entramos en un terreno minado. Recordemos el ominoso estallido de ira de Schiller en la carta a Körner: «Este hombre, este Goethe, es un obstáculo en mi camino, y con gran frecuencia él me recuerda que el destino me ha tratado con dureza. ¡Con qué facilidad su genio estaba llevado por su destino, y cuánto he tenido que luchar yo hasta este momento!».[80]

Ahora queda todo claro. Wilhelm Meister es también un genio semejante, que con demasiada facilidad ha sido llevado al éxito por el destino, sin haber tenido que luchar. También él es un favorito de los dioses. Es, de igual manera, alguien que no sabe qué es libertad, que no hubo de luchar, alguien con quien la naturaleza o la Sociedad de la Torre ha tenido las mejores intenciones, tan buenas que encuentra su Eliseo casi sin esfuerzo. Dicho de otro modo: por lo que se refiere al éxito sin fatigas, es la viva imagen de Goethe. Pero como Schiller ha aprendido ya a amar al «eximio» Goethe, su rabia subliminal tiene que buscarse otro destinatario, que ahora es Wilhelm Meister, el protagonista de la novela.

Goethe nota que en la tenacidad con que Schiller expresa su crítica a *Wilhelm Meister* están en juego materias oscuras. Goethe, que hasta ahora ha asumido con gratitud todo estímulo y crítica, que incluso llega a decirle «le ruego que no cese [...] de empujarme más allá de mis propios límites»,[81] ahora se pone terco. En esta ocasión, hace una confesión admirable al amigo:

135

El defecto que usted advierte con razón, procede de mi más íntima naturaleza, de cierto tic realista por el que encuentro agradable alejar de la vista de los hombres mi existencia, mis acciones, mis escritos. Me gusta siempre viajar de incógnito, elegir un traje inferior y no el mejor, en conversaciones con extraños o medio conocidos prefiero referirme al objeto o a la expresión insignificante o menos importante, me comporto más irreflexivamente de lo que es normal en mí, y así diría que me sitúo entre mí mismo y mi propia aparición.

Remitiéndose a este «tic realista», explica su reserva en las «materias de la cuestión», su inhibición, la cual hace que «las últimas palabras significativas no quieran salir de su pecho». Finalmente hace una propuesta. Pide al amigo que «con algunas pinceladas atrevidas añada aquello que yo, atado por la más singular necesidad de la naturaleza, no soy capaz de expresar».[82]

Schiller vacila, y Goethe ya no volverá a referirse a la propuesta. Más bien, al final de su novela da una prueba más de «su tic realista», por el que le gusta hacer las cosas más pequeñas y sencillas de lo que son. Hace que el saltimbanqui Friedrich, como jugando y de pasada, resuma el destino de Wilhelm y, con ello, la idea central de la novela: «Me da la impresión de que eres como Saúl [...], que salió a buscar las borricas de su padre y encontró un reino».[83]

«Nuestra revista ha de hacer época, y todo el que aspire a ser persona de buen gusto tiene que comprarnos y leernos.»[1] Con estas palabras Schiller anunciaba *Las Horas* a su amigo Körner el 12 de junio de 1794. Pero los humos no tardaron en bajar cuando fue imposible publicar anticipadamente la novela de Goethe. En su lugar, éste envió a finales de noviembre de 1794 el fragmento inicial del primer relato de la colección titulada *Conversaciones de emigrados alemanes*. Schiller está desencantado. A tenor de sus vivas esperanzas, el primer cuaderno tenía que comenzar con un golpe de efecto; y confiaba en que si Goethe no enviaba una novela, al menos colaborase con una serie de verdaderas narraciones. En lugar de eso, aquél sólo envía un diálogo marginal, un entremés sin la compañía del plato principal. Schiller escribe a Körner: «Este comienzo [...] no ha satisfecho en absoluto mis expectativas. Por desgracia esta desdicha afecta ya al primer número».[2] Frente a Goethe, en cambio, se expresa con un poco más de cautela, y le dice que ha sido una lástima «que no se le facilite al lector una rápida visión de conjunto»,[3] de modo que habría sido de desear «que hubiera podido entregar inmediatamente la primera narración».

Pero de momento, lo único de que dispone es aquella narración, protagonizada por un educado grupo de nobles fugitivos, que huyendo de las tropas revolucionarias han llegado al territorio a la derecha del Rin, y que deciden relatarse historias para tranquilizarse un poco. Pero enseguida se enredan en diálogos sobre los pros y los contras de la Revolución y sobre si Francia lucha realmente por la libertad, o sólo por sus propios intereses nacionales. El debate se acalora, y se pone de manifiesto que la agitación política echa por tierra las buenas costumbres y el tono cortés. Se cede al «atractivo irresistible de hacer daño a otros»,[4] pues cada parte cree que junto con los puntos de vista personales ha de defender a la vez intereses de la humanidad. Al final el consejero privado, abogado del viejo orden, declara que le gustaría «ver colgados a todos»[5] los jacobinos de Maguncia, ante lo cual su contrincante Karl exclama que espera «también que en Alemania la guillotina encuentre una copiosa cosecha y no perdone ninguna cabeza culpable». Tras este choque el selecto grupo está a punto de romperse. Sólo precariamente logra restablecerse la paz, a la que contribuyen las historias que empiezan a contar. Pero antes de comenzar, la baronesa saca todavía una doctrina de la disputa penosamente superada. Cuando se está en sociedad, es mejor, dice ella, guardarse para sí las convicciones apasionadas. Han de reinar la deferencia y el «buen trato» para que sea posible la convivencia. La furia a la hora de proferir las convicciones particulares es insensata, dado que hemos de vivir con contrastes. La baronesa exige moderación, y la exige «no en nombre de la virtud», lo cual sería demasiado elevado, «sino en nombre de la cortesía común».[6]

Cuando Goethe escribió este pasaje, estaba leyendo el manuscrito de las *Cartas sobre la educación estética,* de Schiller. Le gustó –«lo sorbí de un solo trago»[7]–, pero expresa una reserva irónica: «Puesto que en el reino de las apariencias no hay que perseguir una exactitud tan rigurosa y siempre es bastante consolador equivocarse al lado de personas experimentadas, lo cual es más útil que dañoso [...], queremos seguir viviendo así, consolados y sin cambios».

Las ideas de Schiller sobre la educación estética ¿se hallan también, según Goethe, entre los errores simpáticos, que no habríamos de tomar con excesiva exactitud? Goethe no se expresa tan claramente, pero en el fragmento de las *Conversaciones* muestra que en las maquinaciones políticas se requiere no una educación estética, sino sobre todo «formación sociable».[8] En Schiller encontramos, pues, un exigente concepto teórico, y en Goethe el simple recuerdo de la acción terapéutica de la cortesía y la deferencia. Para Goethe el arte es un medio de vida, pero, a diferencia de Schiller, no tiende a sobrevalorar el efecto moral en el público. En las dos epístolas que aportó a los primeros números de *Las Horas,* se refiere con suave ironía a esa sobrevaloración del efecto de la literatura: «Noble amigo, tú deseas el bien del género humano [...] /. ¿He de decir cómo lo pienso yo? A mi juicio / sólo la vida forma al hombre y las palabras significan poco».[9] Schiller agradece las epístolas, aunque sin comentarios.

Sobre las *Conversaciones* observa Schiller además que, por desgracia, se estrellan también contra la acordada «honestidad en juicios políticos».[10] En su respuesta, Goethe pasa por alto este aspecto. De hecho, le habría bastado con resaltar que también Schiller, en sus *Cartas sobre la educación estética* se refiere explícitamente a la Revolución francesa y, por tanto, quebranta la neutralidad política que ahora reclama.

Goethe no tenía nada que objetar contra el «impulso a la formación estética» de Schiller, que se construye su «reino de juego y apariencia, quita al hombre las cadenas de todas las relaciones y desliga de todo lo que significa coacción, tanto en lo físico como en lo moral».[11] Pero no abriga tantas esperanzas en relación con la eficacia moral de la cultura del juego. De todos modos, su modelo de la «formación sociable» es también un juego, un juego de sociedad, que adopta un comportamiento «como si». Se busca la cortesía y el saber manejarse, no la autenticidad incondicional. No hay ninguna tiranía de la intimidad, ninguna ira por profesar las creencias de cada uno y por tener razón; más bien, reinan en ese ámbito formas de expresión bien dosificadas, con las cuales podemos pasar unos junto a otros y deslizarnos sobre los abismos. «Nosotros, [...] que dependemos de la sociedad, hemos de formarnos y regirnos por ella»,[12] declara Luise en la tertulia de los emigrados. El hombre de mundo toma el caparazón de sus buenas formas como protección contra el caos, la anarquía y el desamparo. La formación sociable se ocupa de que el arte se mantenga en los límites del buen gusto. Luise: «¿Querrá usted contarnos sus historias por lo menos con algo de delicadeza?».[13]

Las *Conversaciones de emigrados alemanes* están pensadas también como simple diversión. Pero a los lectores no les resultaron especialmente divertidas. Aquellas historias de espíritus que hacen ruidos en las casas y muebles que crujen, de bellas, pero fieles mujeres, quizás eran demasiado delicadas. Habrían podido ser un poco más cautivadoras.

Al final de la obra, Goethe presenta un «Cuento» con el que el público, como se dice explícitamente, «habría de acordarse de nada y de todo».[14] A Schiller, aquel relato le produjo un placer limitado. Escribe a Goethe con bastante sequedad: «El cuento nos ha divertido mucho a todos, y seguro que agrada en general».[15] Es cierto que la filología posterior ha convertido reverentemente el «Cuento» en modelo de todos los cuentos artísticos, pero éste no era otra cosa que una disposición sobrecargada de símbolos y alegorías, cuyo atractivo consistía en averiguar el significado de cada detalle particular. Era un mecanismo para establecer interpretaciones, una especie de crucigrama superior. Quien no sentía inclinación por los acertijos, lo que podía aplicarse a la mayoría, se aburría. Humboldt comenta el «Cuento» desde Berlín: «La gente se queja de que no dice nada, no tiene ninguna significación y no es gracioso».[16] Pero quien aceptaba la invitación al juego de la interpretación, podía encontrar en él una especie de diversión deportiva. Descubrir significados sobre el contenido del cuento se convirtió en un juego social dentro de ciertos círculos; y Goethe se alegraba furtivamente. Al príncipe August von Gotha, que le había preguntado por una interpretación definitiva, le respondió en una carta del 21 de diciembre de 1795: «No pienso dar mi interpretación [...] hasta que vea antes de mí noventa y nueve predecesores».[17] Al final de su vida, recordando el cuento, Goethe escribe a Thomas Carlyle: «Una imaginación regulada exige irresistiblemente al entendimiento que le consiga una ordenación legal y coherente de los hechos para evitar frustraciones».[18]

Es evidente que no escapó a Schiller el hecho de que las *Conversaciones* son una respuesta disimulada a las *Cartas sobre la educación estética;* lo que para uno es «formación sociable», para el otro es «educación estética». Alude a ello la observación lacónica que Schiller hace en relación con el fragmento que envió

Goethe: «Me parece que ha aclarado de manera muy afortunada el asunto en cuestión».[19] Pero en general, el público apenas llegó a percibir algo de esto. El arranque de *Las Horas* no fue afortunado, pues su contenido inicial no cuajó: las *Cartas* de Schiller parecieron demasiado difíciles, y las *Conversaciones* de Goethe, demasiado aburridas.

La primera edición de *Las Horas* alcanzó los dos mil ejemplares, una tirada muy alta para el mercado del libro en aquella época. Schiller y su editor Cotta se atrevieron a tanto por la esperanza de poder unir en la revista las mejores cabezas de la nación. La rápida reducción del interés oprimía a Schiller. Goethe lo consolaba diciéndole que el público de Alemania no estaba a la altura, y que el primer tomo de *Wilhelm Meister* también había sido recibido con indiferencia. Simplemente no hay que dejarse desconcertar, le escribía.

Como experto editor de revistas, Schiller conocía la importancia que merecía la propaganda. Luego, con la publicación de los *Epigramas*, se reirá de ello en un tono de crítica contra sí mismo: «El alemán lo empieza todo con solemnidad, / y así también un juglar lleva adelante soplando esta revista alemana».[20] Schiller acordó con el editor de la *Revista de Libros de Jena* una extensa recensión y, por supuesto, benévola, y en compensación, Cotta asumiría los gastos de edición. El pacto se llevó a cabo. La recensión apareció, pero hubo quien percibió que no todo era trigo limpio. *La Gaceta Imperial* se indignó:

> Hace poco la *Revista de Libros de Jena* ha publicado una recensión en cinco páginas en cuarto acerca del primer y único cuaderno de *Las Horas* [...]. ¿Resulta proporcionado que una revista de seis pliegos aparezca comentada en cinco páginas en cuarto, mientras que nunca se reseñan obras más importantes [...], ni anualidades enteras de revistas grandes y buenas? Y la observación de esta desproporción ¿no suscita sensaciones desagradables?[21]

También era enojoso que no pudiera ampliarse el círculo de los colaboradores. Goethe enviaba abundantes colaboraciones, aunque por desgracia no aportaba sus «cosas más exquisitas».[22]

Herder se mantenía a distancia, a la espera de ver cómo prosperaba la revista. Sin embargo, más tarde se convirtió en uno de los colaboradores más asiduos. Christian Garve, en quien Schiller había cifrado grandes esperanzas, se excusó por enfermedad. Kant había sido invitado, pero no dio señales de vida. La renuncia de Lichtenberg fue, al menos, jocosa. Escribió que se limitaba a leer: «Lo poco que a veces escribo, lo hago solamente para mantener activo mi puchero, y sucede a menudo que lo que escribo vale más para encender el fuego que para aprender algo de ello».[23] El joven Alexander von Humboldt debía colaborar con asuntos de ciencias naturales, pero envió tan sólo un flojo relato literario. Su hermano Wilhelm contribuyó con un ensayo rico en pensamientos: *Sobre la diferencia sexual y su influjo en la naturaleza orgánica*. Por desgracia, el texto estaba mal escrito. Y eso quebrantaba el principio formulado en el anuncio de la revista: «Intentar hacer comprensibles al sentido común los resultados de la ciencia [...] en una envoltura atractiva, por lo menos sencilla».[24]

Johann Gottlieb Fichte pertenecía inicialmente al grupo de los colaboradores fijos. Para el primer número había que llenar un pliego, y en el último momento, sacó del trastero de sus apuntes un artículo: *Sobre la vivificación y elevación del interés puro por la verdad*. Era un trabajo fugaz, que resultaba decepcionante. La colaboración de Fichte no comenzaba bajo una constelación propicia. Y llegaron cosas peores.

Al principio, la relación fue cordial. Los dos se encontraban en casa de los Humboldt, en el club de los profesores de Jena, en los locales donde Schütz trabajaba en la redacción de la *Revista de Libros*. Schiller incluso asistió a algunas de sus clases. En sus *Cartas sobre la educación estética* se había referido a la «luminosa»[25] exposición del amigo Fichte, a quien agradó este cumplido, pues no sólo apreciaba al poeta, sino también al filósofo Schiller. Humboldt relata cómo Fichte le dijo que Schiller «significa muchísimo para la filosofía» y que «puede esperarse de él una nueva época»[26] en el terreno filosófico.

Pero en ese momento era Fichte el que abría en Jena una nueva época. Él era ahora la gran estrella en el cielo de los filósofos. En su *Teoría de la ciencia*, que expuso por primera vez en Jena, deducía ante un público admirado el concepto de un yo omnipotente, que experimenta el mundo como una resistencia inerte o como posible materia de una «acción práctica». Evidentemente, esta visión de la omnipotencia que brotaba en sus lecciones no se refería al yo empírico del ciudadano ordinario y extraordinario de la Tierra. Pensaba más bien en la potencia del yo que actúa en cada acto de conocimiento y en cada decisión moral. De hecho, toda la realidad externa y también la interna se da solamente en el espejo ustorio de este yo. Pero su doctrina, pensada hasta el final, tiene unas consecuencias colosales. Pues según ella ya no podemos hablar de una objetividad que de alguna manera esté fija, independientemente de todo condicionamiento, y sobre todo ya no podemos tratar al sujeto como si fuera un objeto, como una cosa entre cosas, como hacen normalmente los naturalistas, materialistas y positivistas. Fichte defendía con el más riguroso vigor esta filosofía de la vivificación. En Jena se contaba cómo incitaba a los alumnos de su clase a mirar a la pared de enfrente. «Señores, piensen ustedes la pared», decía Fichte, «y luego piénsense a sí mismos como lo distinto de esa pared.» No serían pocos los estudiantes que, desconcertados, miraban fijamente a la pared, donde no se les ocurría nada, porque no caía en su foco de atención el propio yo. Pero Fichte, con su experimento de la pared, quería llamar la atención de la conciencia ordinaria sobre el pecado original: confundirse con las cosas. Los alumnos tenían que darse cuenta de que eran distintos de la pared, a saber, un yo vivo que, si es necesario, puede hacer abstracción de paredes enteras. En definitiva, el espíritu sopla donde quiere. Fichte quería ayudar a los yos congregados ante él a liberarse de su propia petrificación y cosificación, pues, tal como acostumbraba decir, es más fácil inducir al hombre a que se tenga por un puñado de ceniza de volcán, que por un yo vivo. El arrebatador talento retórico de Fichte envolvía también a muchos en el entusiasmo. Nunca se había oído hablar así sobre el prodigio del propio yo. De sus difíciles elucubraciones sobre ese mundo extraño y, sin embargo, cercano, brotaba una magia singular. Fichte quería difundir entre sus oyentes el placer de ser un yo.

Fichte ejercía un efecto polarizador. A unos les resultaba arrebatador, otros se indignaban contra él, y otros se burlaban. También Schiller y Goethe hacían sus chistes sobre este salvaje de la filosofía, al que tenían en alta estima. Cuando Fichte se enreda en una disputa con un gremio de estudiantes y éstos le rompen a pedradas los cristales de la ventana, Goethe escribe a su colega ministerial Voigt: «Pusieron al yo absoluto en un gran apuro y, por supuesto, es muy descortés que el no yo, que en definitiva ha sido puesto, vuele a través de las ventanas».[27] Schiller escribe a Goethe en tono burlón sobre Fichte: «El mundo es para él solamente un balón, que el yo ha arrojado, y que éste recoge de nuevo en la reflexión. Declara así su divinidad, tal como esperábamos».[28] Cuatro semanas más tarde reconoce en Fichte «la mayor cabeza especulativa de este siglo»,[29] después de Kant.

A principios del verano de 1795, Fichte se encara con el gremio de estudiantes, a los que acusa de consumo desmesurado de cerveza, de perturbar la paz nocturna y de carácter pendenciero; provoca con ello una serie de algaradas juveniles y el filósofo tiene que refugiarse en el vecino poblado de Ossmannstadt. Schiller escribió a Goethe al respecto: «No puedo contarle nada de las novedades de aquí, pues con el amigo Fichte se agota la más rica fuente de absurdos».[30]

Pero ahora, el escepticismo de Schiller frente a la filosofía de Ficthe había aumentado. Presentía el peligro de una filosofía del yo excesivamente radical. «El camino de Fichte», escribía Schiller a Johann Benjamin Eberhard, un colaborador filosófico de *Las Horas,* «conduce a un abismo,[31] y será necesaria toda la vigilancia posible para no precipitarse en él.» Cuando Friedrich August Weisshuhn, amigo de juventud de Fichte y ahora pobre y desamparado profesor particular, compareció en Jena y tachó a su antiguo amigo de profesar un espinosismo subjetivista, encontró el asentimiento de Schiller, quien le pidió de inmediato una aportación a *Las Horas.* Fichte no vio esto con buenos ojos y el conflicto se agudizó cuando éste, utilizando material de un curso del semestre de verano de 1794, compuso un ensayo titulado *Sobre el espíritu y la letra en la filosofía* y lo ofreció a *Las Horas,* pero Schiller lo rechazó. Se han conservado cuatro borradores de carta procedentes de junio de 1795. Schiller no se quitó el peso de encima, sino que cogió al toro por los cuernos. En el último borrador, que probablemente corresponde a la carta enviada, dice:

> Con su ensayo [...] yo esperaba enriquecer la parte filosófica de la revista, y el objeto que usted escogió me hizo acariciar la confianza en una investigación comprensible e interesante para todos. Pero ¿qué he recibido y qué pretende usted que yo ofrezca al público? Una materia ya tratada por mí, que yo todavía no he terminado por completo, y además en forma de carta, también ya elegida por mí.[32]

Schiller pronuncia un riguroso juicio: el tema no está logrado, y además Fichte ha osado entrar en un terreno que Schiller reclama para sí mismo.

El ofendido Fichte pasa al contraataque y acusa a Schiller de carecer de competencia filosófica, pues, en lugar de pensar con el pensamiento, piensa con la imaginación, «cosa que no es posible».[33] Schiller, añade Fichte, no ha de excederse en materias que no son de su competencia.

La respuesta de Schiller, con fecha de 3 de agosto de 1795, sólo se ha conservado en fragmentos de varios borradores. El tono oscila: a veces amistoso; otras, ofendido, y en ocasiones, hasta belicoso. En tono conciliador propone «adoptar la máxima de la sana razón, la cual enseña que dos cosas que no pueden equipararse entre sí, tampoco han de oponerse necesariamente entre ellas».[34] En otro pasaje vuelve a la dureza de la primera carta. Fichte había apelado a Goethe para que hiciera de árbitro. Y Schiller declara que de Goethe no puede esperar ningún juicio más favorable. «Es demasiado ajeno al terreno filosófico para reconciliarse con las transgresiones estéticas, que él le echaría en cara.»[35] Entretanto, Schiller había hablado con Goethe sobre el conflicto, con el propósito de que le cubriera las espaldas.

Sorprendentemente, también Goethe se había sentido, al principio, atraído por Fichte. En la primavera de 1794 había intercedido para que éste obtuviera su cátedra en Jena. Lo calificó de «hombre extravagante». Fichte, cuando se personó por primera vez en casa en el Frauenplan, no esperó a que le tomaran el sombrero y el bastón, sino que, inmerso inmediatamente en la conversación, echó su indumentaria en la primera mesa que encontró. A Goethe le impresionó esta pasión, que no se cortaba ante ninguna formalidad. Hizo que desde la imprenta le enviaran el primer pliego de la *Base de toda la teoría de la ciencia,* leyó el contenido y escribió a su autor: «No contiene nada que no entienda o, por lo menos, crea entender, nada que no concuerde espontáneamente con mi manera usual de pensar».[36] No había motivos para que Fichte tomara eso como un cumplido cortés, ya que, después de una larga conversación con Goethe, éste relataba a su mujer: «Recientemente [...] me ha expuesto mi sistema en forma tan fehaciente y clara, que yo mismo no habría podido exponerlo con mayor claridad».[37]

Goethe había cifrado en Fichte, precisamente, la confianza de que éste le ayudara a superar su desconfianza frente a la filosofía. Le estará agradecido, escribe, «si usted por fin me reconcilia con esos filósofos, de los que no puedo prescindir y a los que nunca me he podido unir».[38] En la filosofía de Fichte le atraía la acentuación enérgica de la actividad subjetiva y de la voluntad de configuración. En torno a esta época asumió en sus *Máximas y reflexiones* el principio según el cual uno ha de preguntarse constantemente a sí mismo: «¿Es el objeto o eres tú el que se expresa aquí?». Por lo demás, el acercamiento de Goethe a la filosofía, estimulado por Fichte, tuvo también el efecto de que aquel verano, poco antes del «feliz acontecimiento»[39] del primer encuentro, se redujo la distancia con Schiller. El espíritu filosófico-especulativo de Schiller, bajo el influjo de Fichte, le resultaba menos extraño a Goethe.

Pero ahora también en Goethe se había enfriado la simpatía por Fichte. Su subjetivismo iba simplemente demasiado lejos y además, como administrador de la universidad, tuvo varios disgustos con el profesor, que encontraba siempre motivos de contienda con sus colegas. En cualquier caso, Goethe cubrió las espaldas a Schiller cuando en el verano de 1795 se produjo el conflicto sobre el ensayo de Fichte para *Las Horas.* Goethe le dice a

Schiller que espera que el yo de Ossmanstädt se calme, y aprenda poco a poco a soportar la contradicción.[40]

En su réplica, Fichte había invocado como árbitro no sólo a Goethe, sino también al público y a la posteridad. A este respecto aclara Schiller que los escritos que sólo presentan los resultados del entendimiento, con el tiempo «se hacen superfluos», porque «el entendimiento, o se hace indiferente a esos resultados, o termina alcanzándolos por otro camino más sencillo; y, a la inversa, los escritos que producen un efecto independiente de su contenido lógico, y en los que se moldea un individuo vivo, nunca podrán sustituirse, y contienen en sí un principio de vida imborrable, puesto que cada individuo es único y por ello insustituible».[41]

Con este pensamiento, Schiller destaca un rasgo sorprendentemente nuevo, referido a la verdad y a la significación artística. El artista plasma la forma individual, el científico da a la materia la forma de lo universal, actúa a través de sus resultados, y en caso de éxito desaparece en ellos. El artista, en cambio, despierta el interés precisamente por su estilo individual. Aun cuando trate materias científicas, por medio de su estilo va más lejos y participa en el mundo de la significación individual. Se posiciona en los dos campos, en el de lo universal y en el de lo particular. Aun cuando sus conocimientos quizá lleguen a envejecer o a sumergirse en el torrente del saber general, sin embargo, su obra se conserva para la posteridad como forma de expresión individual y, en consecuencia, importante. Por tanto, aun cuando la verdad de la teoría sobre lo bello se cuestione o acabe resultando obvia, podrá sobrevivir siempre como teoría bella.

En la disputa con Fichte, por lo que se refiere al contenido, la pregunta es: ¿cuánta belleza, cuánto estilo necesitan la ciencia y el pensamiento?

Después de rechazar la colaboración de Fichte, Schiller redacta para el número nueve de *Las Horas* el artículo *Sobre el límite necesario de lo bello, especialmente en la exposición de verdades filosóficas* (publicado posteriormente con el título de *Sobre los límites necesarios en el uso de bellas formas*). Aparece aquí otra fundamentación para la superioridad del pensamiento artístico, pues la imaginación, que Fichte quería poner bajo la tutela de la filosofía, es rehabilitada como órgano de pensamiento. Ciertamente, escribe Schiller, exigiríamos algo imposible «si una obra que implica un esfuerzo para el pensador, hubiera de servir a la vez al mero espíritu bello para un juego ligero».[42] La ciencia y la filosofía no pueden reducirse a agradar y, con ello, a ser complacientes. Pero no pueden renunciar al juego de la imaginación, que es un dominio estético. La imaginación, según Schiller, llega como en un vuelo a ideas que han de permanecer inasequibles para el curso fatigoso de los conceptos del entendimiento. La filosofía purifica los conceptos, y no puede hacer mucho más. Medio año más tarde, la despachará en los *Epigramas*, que redacta junto con Goethe, con el título de *Deber de servicio:* «Que primero esté la casa limpia cuando entre la reina, fresca, con las habitaciones arregladas, pues para su señor estáis ahí».[43] No es sorprendente que Schiller ponga el arte por encima de la filosofía y la ciencia en el momento en que él mismo está a punto de cerrar su «barraca filosófica» y de regresar desde la teoría a la poesía.

Por lo que se refiere a Fichte, lamenta el silencio que ahora domina entre ellos. Una anotación en el primer esbozo de carta suena como una elegía a lo perdido: «Hemos vivido en un mismo tiempo, y la posteridad nos hará vecinos como coetáneos, etcétera, pero qué poco unidos hemos estado».[44] Pero la amistad no está enteramente destruida; pues Schiller ayuda a Fichte con algo de dinero y le asesora en cuestiones de vivienda. Cuando cuatro años más tarde, Fichte tenga que abandonar Jena por la disputa del ateísmo, se pondrá de manifiesto el distanciamiento que se ha producido entre ellos. Schiller y Goethe se quitan con gusto de encima este gran yo, que ya empezaba a atacarles los nervios.

Con el quinto número de *Las Horas*, que incluía una colección de aportaciones abultadas o incidentales de Weisshuhn, Voss, Körner, Woltmann (y también el artículo de Goethe sobre *Sansculottismo literario)*, se llegaba, después de medio año, a un punto bajo. Había que hacer algo. Schiller había preguntado repetidamente a Goethe si podría prepublicar algún fragmento de *Fausto*, pero Goethe rechaza cada propuesta con el argumento de que no se atreve a «atar el montón de materiales que me mantiene cautivo. No podría copiarlos sin someterlos a elaboración, y no tengo valor para hacerlo».[45] Schiller tuvo que resignarse, pero esperaba ayuda para *Las Horas* de otra obra que Goethe retenía todavía: las *Elegías romanas*.

Goethe se las había leído a Schiller en septiembre de 1794, con ocasión de su primera visita, y se las había ofrecido para *Las Horas*. Schiller estaba encantado, aun cuando le dijera a Charlotte que las *Elegías* eran «resbaladizas y no muy decentes. Precisamente por eso se prometía un escándalo que beneficiaría a *Las Horas*».[46] Sin duda, también Goethe está interesado en publicar esta obra, surgida tras su regreso de Italia y en el tiempo de la erótica luna de miel con Christiane. Antes de incluir las *Elegías* en el conjunto de su obra, había que someterlas a prueba en la revista. Hasta ese momento, los amigos y conocidos a los que se las había dado a leer desaconsejaron la publicación. De la misma manera habían juzgado Herder y el duque, que, por otra parte, no era ningún mojigato. Éste le aconsejó que esperara un poco más antes de publicarlas. Primero había que digerir todavía en Weimar la irritación suscitada por su relación con Christiane Vulpius. Ya han pasado cinco años y la posición de Goethe en Weimar se ha consolidado otra vez. Piensa que el público será capaz de digerir las *Elegías*. Y quiere también complacer al amigo. Con un gesto propio de las novelas de liga secreta, le envía el manuscrito de las *Elegías* el 28 de octubre de 1794: «Deseo que usted no las suelte de sus manos [...]. Y le ruego que luego me las envíe de nuevo, para retocar quizás algunas cosas».[47] Schiller da las gracias a vuelta de correo, alaba el «auténtico espíritu de poeta maduro», pero añade: «Me disgusta echar de menos algunos pequeños rasgos, aunque entiendo que éstos tuvieron que ser sacrificados».[48] Quizá llegaron a oídos de Schiller los versos priápicos, que Goethe segregó en primer lugar: «Se acerca uno y por el lindo espacio parpadea; si le repugnan los frutos de la pura naturaleza, lo castiga por detrás, con el palo que te brota rojo de las caderas».[49]

Schiller quisiera publicar pronto las *Elegías*. Pero Goethe parece haber vuelto a desanimarse. Vacila, y al final también Schiller se deja contagiar por los reparos del amigo. Transcurre medio año. Schiller había sugerido algunos cortes en las elegías dos y dieciséis. Probablemente se trataba de los siguientes versos de la segunda elegía:

> jugoso cae en el suelo [...]
> tu vestidito de lana,
> que el amigo desata.
> Con regocijo me alegro
> de los amores desnudos,
> que son los verdaderos,
> y con hechizo escucho
> crujir de temblor el lecho.[50]

En la elegía dieciséis, que es toda ella un hondo suspiro de preocupación por la enfermedad sexual, sin duda deben subrayarse aquellos versos donde el matrimonio es conjurado como un foco de peligros: «Nunca se pone la cabeza en el seno de la mujer con tranquilidad, / ya no es seguro el lecho conyugal, en el adulterio no hay seguridad».[51]

Al final, Goethe decide omitir ambas elegías, esgrimiendo que su «aspecto fragmentario» llamaría la atención, y que no le apetece introducir «algo corriente». Schiller se mantiene pertinaz. Argumenta con astucia que las lagunas por razones de «pudor exigido por una revista»[52] mantendrían despierta la curiosidad de cara a una edición completa de las elegías en la siguiente edición de sus obras. Pero Goethe se mantiene en su decisión. Las *Elegías romanas* aparecieron sin las piezas problemáticas en el sexto número de *Las Horas,* junto con el final de las «Cartas estéticas», de Schiller, el cual lleva el adecuado título de «La belleza que funde». En tono divertido, Goethe caracteriza este bizarro número de *Las Horas,* aparecido en el otoño de 1795, como un «centauro»: la cabeza está hecha de la teoría de Schiller; y el cuerpo del animal está constituido por las elegías de Goethe.

Este número de *Las Horas* fue el primero que causó verdadero impacto en el público. Cotta lo había presentido: «Un cuaderno que atraerá hacia sí la admiración de todos»,[53] escribió después de recibir el manuscrito. El cuaderno tuvo una venta cuantiosa, y en todas partes se hablaba de él. Aquellos de los que podía esperarse una reacción positiva se manifestaban con admiración: Wieland, Knebel, los Schlegel y en general la parte más joven del público. Pero surgen motivos de preocupación. Schiller escribe a Goethe: «Lo que hasta ahora he oído del centauro sonaba muy bien [...]. Los temidos tribunales todavía no se han pronunciado».[54] Pero sus anatemas no se hacen esperar. Schiller defendió cautelarmente a su amigo. A su protector, el duque de Augustenburg, que se había mostrado irritado, le escribió: «Quizá las elegías [...] muestren un tono demasiado libre [...]. Pero la alta belleza poética con que están escritas me arrebató; y he de confesar que en ellas ciertamente se lesiona una decencia convencional, pero no la verdadera decencia natural».[55]

El duque de Weimar escribe a Schiller que, en efecto, las elegías le han gustado, pero que encuentra en ellas «algunos pensamientos demasiado lozanos»; por eso, concluye, habría sido mejor dejarlas reposar durante un tiempo. A su juicio, existe el peligro de que escritores de menor rango se vean incitados a imitarlas, lo cual sólo serviría para demorar la época en la que la literatura alemana pueda por fin alcanzar un respetable «grado de humanismo».[56] No es sorprendente el veredicto de la señora Von Stein: «No tengo ningún sentido para esta clase de poesía». Humboldt describe la excitación que produjo en Berlín el hecho de que Goethe, durante su cura en el balneario de Karlsbad, mantuviera relaciones con dos «judías bautizadas» (se trataba de Rahel Levin y de su amiga Marianne Meyer), y les «contó las ocasiones particulares que lo habían inducido a las "elegías"»,[57] concretamente al verso «y el bárbaro domina el pecho y el cuerpo romano».

Herder se manifiesta de forma especialmente drástica sobre las elegías. Böttiger, el vendedor de libros a domicilio, narra desde Weimar: «Todas las mujeres honradas están indignadas por esta desnudez propia de un burdel. Herder decía de forma muy bella que él (Goethe) imprimió en la liviandad un sello imperial, y que *Las Horas (Die Horen)* deben escribirse con una u»[58*]. Esta expresión se difunde con la rapidez del viento. En el norte se maldicen los «chismes de putas». Un eco tardío de estas excitaciones se encuentra en un poema burlesco de August Wilhelm Schlegel, procedente de la época que siguió a la desavenencia con Schiller. «*Las Horas [Die Horen]* se convirtieron pronto en putas *(Huren)*, que ascendiendo desde el trono de los dioses, viajaron a la feria de Leipzig, por afán de un insultante honorario.»[59]

La sorna dedicada a la economía de *Las Horas* se difundió ampliamente en el mundo literario. Los grandes nombres, el dinero, la orgullosa aparición del editor, que despiertan la impresión de que quieren educar a todo el mundo literario, acabaron engendrando rivalidad y alegría por el mal ajeno cuando, después de algunos números, ya se vislumbraba el ocaso. Mackensen, profesor de filosofía en Kiel, podía estar seguro de obtener el asentimiento cuando escribió:

> Precisamente en esta revista, que en rigor debía estar destinada al pueblo alemán, se mueve un puñado de idiosincrásicos escritores en su estrecho círculo, en el que no puede entrar nadie que no sea un consagrado, y con el que el pueblo difícilmente puede tener nada en común; por el contrario, cualquier persona del pueblo habrá de retroceder estremecida como si se tratara de un círculo de magos.[60]

Entre los que empujaban por abrirse paso en este «círculo de magos» se hallaban los hermanos August Wilhelm y Friedrich Schlegel. August Wilhelm, el mayor de los dos hermanos, sumamente dotados ambos, se había creado ya un nombre como crítico literario antes de comprometerse con Schiller a colaborar en *Las Horas*. Su comentario favorable de *Talía* y del poema «Los artistas» llamó la atención de Schiller. Körner, que ya antes se movía familiarmente entre los Schlegel, encontraba demasiado devota la actitud de August Wilhelm: «Su crítica peca en exceso

---

* Si se escribe *Horen* con u, tenemos *Huren*, palabra que en alemán significa «putas». *(N. del T.)*

de estar compuesta con la mirada puesta en ti»,⁶¹ había escrito en 1790 a Schiller. Cuando apareció la aniquiladora crítica de Schiller contra Bürger, August Wilhelm Schlegel, que rondaba a Schiller, se vio involucrado en un conflicto interno, pues en Gotinga pertenecía al círculo de amigos de Gottfried August Bürger. Karoline Böhmer, con la que más adelante se casó y que nunca mostró ninguna comprensión para con la poesía de Schiller, estaba indignada e incitó a Schlegel a escribir un poema mordaz contra Schiller, que apareció de forma anónima en *El Almanaque de las Musas de Gotinga:* «La fuerza y el genio innato en ti era, / ¿y con esfuerzo y tormento te modelas?».⁶² De momento, Schiller no sabía quién estaba detrás de este ataque. Medio año después, el 17 de mayo de 1792, conoció en casa de Körner al hermano, a Friedrich Schlegel, que tenía entonces veinte años. En presencia de Körner lo calificó de un «graciosillo arrogante y frío».⁶³ Friedrich se entera y, sin embargo, sigue considerando a Schiller como «un gran hombre», que «le agrada extraordinariamente».⁶⁴ A Schiller no le gustan los modales burlones, irónicos, arrogantes del genial joven, que parece haberlo leído ya todo y que emite juicios con demasiada rapidez. Friedrich Schlegel admira a Schiller como persona, pero no su obra, que para él es demasiado retórica y artificiosa en la manera de «excitar la curiosidad».⁶⁵ Schiller es famoso, Friedrich Schlegel quiere llegar a serlo y ha elegido para este fin el método de la provocación.

Los dos Schlegel son los portavoces de una generación que reclama innovaciones. Como amigos de la revolución están animados por el deseo de que también en la literatura acontezca algo revolucionario. El caos creador, dice Friedrich Schlegel, es bueno para la literatura, pues la «anarquía [...]» fue siempre «la madre de una revolución bienhechora. La anarquía estética de nuestra época, ¿no nos permite esperar una parecida catástrofe dichosa?».⁶⁶ A Friedrich Schlegel, más audaz que su hermano mayor, le agrada verse en el papel del agitador. Schiller no era suficientemente radical para él, tampoco en el plano filosófico, aunque esta impresión cambia con la aparición del tratado de Schiller sobre *Poesía ingenua y poesía sentimental.* Con independencia de Schiller, Friedrich Schlegel, en su ensayo *Sobre el estudio de la poe-*

sía griega, había intentado también una distinción entre Antigüedad y modernidad; y cuando, después de terminar su trabajo, leyó el tratado de Schiller, se sintió como electrizado y escribió a su hermano: «Realmente Schiller me ha abierto perspectivas [...]. La decisión de preparar para la imprenta un esbozo de mi poética después de este invierno, está firmemente tomada».[67]

El ensayo de Schiller era una vivencia decisiva de su evolución intelectual. Friedrich Schlegel, lo mismo que Schiller, había distinguido la Antigüedad y la modernidad con los conceptos de lo «objetivo» y lo «subjetivo», pero con una preferencia más clara todavía de la Antigüedad «objetiva». Friedrich Schlegel no había osado aún valorar el predominio total de lo individual e interesante en la modernidad tan positivamente como Schiller valoraba lo «sentimental», donde Schlegel veía una correspondencia con su concepto de lo «interesante». Sólo por la lectura de Schiller despertó a la modernidad consciente de sí misma. En el «Prólogo», escrito más tarde, para su tratado *Sobre el estudio de la filosofía griega,* Friedrich Schlegel expresa abiertamente su gratitud a Schiller.

La ironía de la historia ha querido que Friedrich Schlegel, precisamente a través de Schiller, pasara de ser un clasicista, cosa que seguía siendo todavía a pesar de su ansia de «anarquía», a convertirse en aquel pensador salvaje de un romanticismo subjetivo-irónico que Schiller no podía soportar, y sobre el que, después de la lectura del *Athenäum* el 23 de julio de 1798, escribió a Goethe: «Estos modales indiscretos, críticos, cortantes y unilaterales me hacen daño físicamente».[68] Para Schiller, Friedrich Schlegel era una caricatura de lo «sentimental», en él se encarnaba lo desnaturalizado, lo que mata la poesía a través de la reflexión. Pero como Schiller sabía demasiado bien que también en él existía este peligro, casi consideraba a Schlegel como un malogrado hermano menor, en el que los propios peligros aparecían desfigurados con todas sus señales. De ahí la extraordinaria irritabilidad de Schiller. Después de la lectura de *Lucinda,* la primera y única novela de Schlegel, Schiller le comenta a Goethe: «Todavía me dura el vértigo que me ha producido la lectura de *Lucinda* [...] hace unas horas. Como sabe que no se impone en lo poético, se ha propuesto como ideal cultivar el tema del amor y del chiste [...]. Este escrito es la cumbre de la falta de forma y naturaleza en la modernidad».[69] Goethe, al que los Schlegel veneraban hasta rendirle culto, también para fastidiar a Schiller, se muestra distendido. Pero intenta templar la ira de Schiller. En su respuesta califica la novela como un producto prodigioso, aunque hace una observación de pasada: «Si alguna vez me cae en las manos, también yo me la miraré».[70]

Al principio, había tenido mejor arranque la relación de Schiller con August Wilhelm Schlegel, el mayor de los hermanos, que había hecho numerosas aportaciones tanto para *Las Horas* como para *El Almanaque de las Musas,* fundado por Schiller. En una ocasión, Schiller incluso quiso nombrarlo director adjunto de *Las Horas*. Pero entonces apareció una crítica poco amistosa de la pluma del hermano más joven, en la que se censuraba que más de la mitad de la revista se alimentaba de traducciones. Schiller se irrita, sobre todo porque fue precisamente August Wilhelm Schlegel el que aportó las numerosas traducciones censuradas por su hermano. El 31 de mayo de 1797 Schiller escribe a este último:

> Fue un placer para mí darle la oportunidad de obtener unos ingresos nada desdeñables por la inclusión de las traducciones de Dante y Shakespeare en *Las Horas*. Pero como me he enterado de que el señor Friedrich Schlegel, en el mismo tiempo en que yo concedía dicha ventaja, me inculpaba públicamente por este motivo [...], quiero liberarlo en el futuro de tal culpa. Y para exonerar a usted de una vez por todas de una relación que ha de ser necesariamente molesta para una manera abierta de pensar y una sensibilidad delicada, permítame romper una relación que bajo tales circunstancias es demasiado singular y con excesiva frecuencia ha comprometido ya mi confianza.[71]

August Wilhelm temía perder una fuente importante de ingresos, pues *Las Horas* pagaban entonces los honorarios más altos, y por eso afirmó solemnemente su inocencia en el desafuero. Karoline solicita la mediación de Goethe, que en las semanas siguientes intenta también calmar los ánimos, con un éxito parcial. August Wilhelm quedó excluido del contacto personal con Schiller, pero pudo continuar como colaborador en *El Almanaque de las Musas.* Sin duda, Schiller reaccionó con tanta irritación a la crítica porque no la encontraba injustificada. En efecto, como había perdido casi todo el interés por *Las Horas,* para llenar el cuaderno aceptaba con gusto las traducciones de Schlegel, que él, por otra parte, apreciaba.

Así se produjo la ruptura entre Schiller y la primera generación de los románticos, que se congregaba en torno a los Schlegel. Pero no todos se dejaron envolver en las querellas. Novalis y Tieck, por ejemplo, se mantuvieron en su amor y veneración hacia Schiller.

Los Schlegel acordaron que de momento no escribirían nada más en tono crítico sobre Schiller, para no perder también la benevolencia de Goethe, que les interesaba por encima de todo. Goethe era para ellos sencillamente el «restablecedor de la poesía en Alemania»,[72] y en comparación con él, Schiller les parecía un mero retórico. Schiller era para ellos un poder literario, que había de respetarse, y Goethe, en cambio, era una revelación. Cuando Schleiermacher en 1799 quiere iniciar una campaña contra Schiller, August Wilhelm Schlegel le escribe: «Si nos portamos mal con Schiller, echamos a perder nuestra relación personal con Goethe».[73] La táctica tuvo éxito. Goethe no se enfadó, e incluso, según veremos, contra el consejo de Schiller, hizo representar en 1802 dos piezas teatrales de los hermanos en el teatro de Weimar. Escribiendo sobre el asunto de Schiller en 1837, un anciano August Wilhelm Schlegel constata con satisfacción: «En general, Goethe hizo de mediador de una forma muy amable. Su cuidadosa protección de Schiller, que se parecía a la de un tierno marido a favor de su mujer débil de nervios, no le impidió seguir relacionado con nosotros en un terreno amistoso».[74]

En el conflicto de Schiller con los Schlegel, Goethe intervino realmente muchas veces, llamando a la calma y haciendo de mediador. Por ejemplo, responde a la crítica furibunda de Schiller a los «Fragmentos» del *Athenäum,* de Friedrich Schlegel, con esta observación: «Me parece que no debe menospreciarse el ingrediente schlegeliano en toda su individualidad [...]. Esta futilidad general, este espíritu de partido [...], estos gestos de encorvado, este vacío y claudicación [...] tienen un terrible adversario en un avispero como el de los fragmentos».[75]

Goethe no tenía ningún motivo para estar enfadado con ellos, que con tanto empeño hacían propaganda a su favor, como cuando Friedrich Schlegel escribe: «Quien consiga caracterizar adecuadamente el *Meister* de Goethe, hará con ello el inventario de la poesía contemporánea. Y en lo que se refiere a crítica literaria, luego ya puede ponerse a descansar».[76]

Goethe, elevado de esta manera hasta las alturas del cielo, tiene a Friedrich Schlegel por un joven genial, del que pueden esperarse todavía muchas cosas, con tal que aprenda a disciplinarse. A pesar de la alabanza, Goethe se cuida de que ésta no sea exagerada. Lo cierto es que leyó con mucho gusto los escritos de Friedrich Schlegel, aunque personalmente no quería tenerlo en su entorno, pues no le resultaba simpático lo que tiene un tono de acoso y hostigamiento, hasta el punto de que llegó a calificarlo de «auténtica ortiga».[77] En cambio, al hermano mayor, August Wilhelm, que se presentaba con porte distinguido, también le daba acceso al trato personal. Era un huésped bien acogido en el Frauenplan, incluso en el tiempo de la disputa con Schiller. Goethe lo apreciaba como traductor de Shakespeare, historiador de la literatura y experto en métrica antigua, de modo que recurría con gusto a su asesoramiento en sus propios dísticos y hexámetros. En las conversaciones con Eckermann confiesa, muchos años más tarde (1825), que los Schlegel fueron antaño muy importantes para él: «De ellos obtuve ventajas indescriptibles».[78] Pero cuando Goethe editó en 1828-1829 la correspondencia epistolar con Schiller y August Wilhelm mostró su enojo porque se veía mal reflejado en ella, Goethe revisó su juicio suave sobre los Schlegel: «Los hermanos Schlegel, en medio de tantas dotes bellas, han sido y son hombres infelices durante toda su vida; querían aparentar más de lo que se les ha otorgado por naturaleza y tener una repercusión superior a sus posibilidades; por eso han producido mucho infortunio en el arte y en la literatura».[79]

Cuando en mayo de 1797 August Wilhelm abandonó el grupo de colaboradores de *Las Horas,* se vino abajo otro soporte importante de toda la empresa. Había sido una persona muy activa, y para Schiller se hizo cada vez más difícil completar los cuadernos, tanto más por el hecho de que él mismo y también Goethe habían perdido las ganas de redactar aportaciones propias. La traducción de la autobiografía de Cellini a cargo de Goethe aparece en fragmentos hasta el otoño de 1796. Después, Goethe no contribuye con nada más. La última aportación de Schiller fue el artículo *Sobre la utilidad moral de las costumbres estéticas,* para el tercer cuaderno de 1796. Es cierto que la revista todavía continuó año y medio, pero la ambición del principio había desaparecido. Sonó entonces la hora de las mujeres. Karoline von Wolzogen, la cuñada de Schiller, Louise Brachmann, Friedrike Brun, Amalie von Imhoff, Sophie Mereau y Elisa von Recke hicieron su entrada en escena. Goethe, en una carta a Schiller del 16 de diciembre de 1797, hablaba con tono burlón de «la época femenina»[80] de *Las Horas.*

El 26 de enero de 1798 Schiller anuncia al amigo la pronta desaparición de la revista, bajo cuyo signo había comenzado la amistad entre ellos: «Al terminar [...] no montaremos ningún escándalo». Mas por un momento, el versado dramaturgo y periodista nota la tentación de despedirse con un gran golpe de efecto. En tono medio serio y medio irónico pregunta: en el último número ¿no se podría incluir «un desenfrenado artículo político-religioso» que motivara «una prohibición de *Las Horas?*». «Si conoce alguno de ese tipo, todavía queda sitio para él.»[81]

No nos consta que a Goethe se le ocurriera algo para complacerle.

8

Desde el comienzo de la amistad Goethe aprovechó todas las ocasiones de que dispuso para ir de Weimar a Jena. Además de Schiller, había otras razones para esas frecuentes visitas. Tenía obligaciones derivadas de su puesto. Formalmente, era incumbencia suya la inspección de la universidad; se preocupaba de la nueva ordenación de la biblioteca, del museo anatómico, de las instalaciones botánicas. En Jena seguía siendo un representante del poder, pero también se sentía lejos de él, en parte era representante del duque, y en parte era un ciudadano fugitivo, que quería seguir formándose en la ciudad universitaria y buscaba la sociedad de los sabios, los estudiantes y los literatos. Solía decir que en la ciudad había «buenas musas» y no tantas personas «haciendo la corte». En efecto, daba la impresión de que en Jena, Goethe apenas se preocupaba por entrar «en sociedad con alguna persona distinguida» y de que «ahora está de mejor humor que nunca [...] y vive muy a gusto en completa y alegre naturalidad».[1] Ocupa algunas habitaciones en el antiguo castillo, frente a la universidad, cerca de la casa de Griesbach, donde los Schiller habían ido a vivir en la primavera de 1795. Aquí había más silencio que en el Frauenplan de Weimar. A diferencia de esta última, los telares de las cercanías no matraqueaban incesantemente; sólo molestaban los ladridos de los perros.

Goethe hacía vida de soltero; se preparaba su propio desayuno con salchichas, arenques ahumados, cerveza y chocolate a la taza, que por encargo suyo Christiane enviaba desde Weimar. Tomaba la comida en casa de personas particulares, aunque tenía que pagarla. Por la noche, si no cenaba en casa de Schiller o de algún otro conocido, encargaba que le trajeran la cena o se preparaba algo él mismo. Christiane le hacía llegar verduras del huerto, además de vino, perdices, paté de *foie-gras*, fiambres en gelatina. Lamentaba sus largas ausencias y se quejaba de los trabajos caseros. Lo ponía al corriente de los chismorreos y habladurías de Weimar y preguntaba frecuentemente cuándo podía venir con el pequeño August. Cuando venía de visita, previo permiso o petición de Goethe –«tengo que apretarte de nuevo en mi corazón y decirte que te quiero mucho»–,[2] se hospedaba en el Schwarzer Bär. August, compañero de juego del pequeño Karl, a veces podía dormir en casa de los Schiller.

En Jena, Goethe podía trabajar sin estorbos. Aquí escribió extensos pasajes de *Wilhelm Meister;* el poema épico *Hermann y Dorothea* surgió casi por completo en el antiguo castillo, lo mismo que vieron la luz allí las baladas en el verano de 1797. Volvía con gusto «al útero del *alma mater*»,[3] y en el laboratorio de Göttling, su profesor protegido, rogaba que se hicieran experimentos químicos. En enero de 1795, cuando conversaba con Schiller sobre los primeros libros de *Wilhelm Meister,* asistía todas las mañanas, en un aula gélida y casi vacía, a las lecciones anatómicas del profesor Justus Christian Loder sobre el tejido conjuntivo, en compañía de su adlátere Meyer, de Wilhelm von Humboldt y de Max Jacobi. Y, puesto que aquel frío invierno los cadáveres de animales se habían conservado especialmente bien, Loder se propuso dar algún que otro curso particular al consejero privado y a sus acompañantes. Max Jacobi, el hijo del amigo Friedrich Jacobi, venía al antiguo castillo a las siete de la mañana para buscar a Goethe. Éste le dictaba, todavía desde la cama, los primeros esbozos de una *Introducción general a la anatomía comparada*. Por la noche trataba de estas materias con Schiller, que no se levantaba hasta mediodía. Schiller aportaba ideas, sacadas de la *Crítica del juicio* de Kant, concretamente los pensamientos sobre la teleología en la naturaleza. El arte crece en perfección cuanto más artificiosidad pierde y más se acerca a la coherencia orgánica de la naturaleza; y, a la inversa, la naturaleza, con su finalidad sin fin, aparece como una obra de arte. En esta idea, por ejemplo, era posible unirse en un punto de vista común. Al principio, Goethe intentó que el casi siempre enfermizo Schiller le acompañara a patinar sobre el Saale helado, pero tuvo que desistir. En solitario, trazaba sus círculos sobre el río, dando una imagen admirable y respetable; tocado con su sombrero de tres picos, con la trenza y un largo abrigo marrón mientras se deslizaba tranquilamente por la superficie helada con las manos juntas a la espalda.

Durante el verano, a veces lograba convencer a Schiller para salir a dar un paseo. Entonces se les podía ver caminando cogidos del brazo en la orilla del Saale, en la alameda del «paraíso», denominación que se daba al parque en las praderas del río. Ahora Schiller siempre iba cuidadosamente vestido. Según el relato de un testigo, «llevaba normalmente un gabán grisáceo, con el fino cuello blanco de la camisa abierto y el pelo entre rojizo y rubio cuidadosamente ondulado; en general no podía negarse cierto esmero en el vestido».[4] No es de extrañar que Goethe hablara frente a terceros del «consejero áulico Schiller». Incluso en sus *Cuadernos diarios y anuales* y, más tarde, en las conversaciones con Eckermann nombra siempre al amigo con este título. Schiller habría hecho siempre un buen papel, dice, incluso en un consejo de Estado.

Al principio, el aspecto de Schiller, un hombre espigado y macilento con las manchas rojas en las mejillas, no le resultaba simpático. Parecía extenuado y, sin embargo, sus movimientos eran enérgicos, aunque un poco desmañados. Su cabello era fino, pero lo llevaba cuidadosamente cortado. Con frecuencia se le veía con ojeras por haber dormido poco. A esto se añadían las manchas de tabaco amarillentas, bajo la aguileña nariz. Su apariencia era distante, con más dignidad que gracia. Sus hábitos de vida se oponían por completo a los de Goethe. Trabajaba por la noche, dormía hasta mediodía, no era muy dado a la vida social. Tomaba incesantemente estimulantes: café, vino, aguardiente de arroz y las famosas manzanas podridas en el cajón. Un día se las dan a oler a Goethe, y éste tiene que correr hacia la ventana para respirar aire fresco. El olor a enfermedad rodeaba siempre a Schiller, que percibía lo poco que esto encajaba con el gusto de Goethe. Por eso, antes de su larga visita en el Frauenplan, le había escrito: «Le suplico, por tanto, la enojosa libertad de poder estar enfermo en su casa».[5] Y Goethe no sólo respetaba esto, sino que lo tenía en cuenta rodeándolo de cariñosos cuidados. Schiller apenas podía soportar la compañía de un número grande de personas; por eso, cuando había veladas sociales en la casa del Frauenplan, éstas tenían lugar en un pequeño salón, donde no cabían más de seis personas. Los visitantes buscaban cada vez más su compañía. Schiller podía tener su propia corte. En el teatro de Weimar, Goethe dispuso para él un palco, desde donde podía ver sin ser visto.

Durante sus estancias en Jena, Goethe visitaba con frecuencia la casa de Schiller. Generalmente, llegaba al final de la tarde y se quedaba hasta la noche, a veces hasta altas horas. Solía llevar pequeños regalos para la cocina: un lucio, fresas, verduras, o una liebre, y también juguetes para el pequeño; una vez incluso llevó una guillotina en miniatura. Goethe necesitaba siempre cierto tiempo para ponerse en marcha. Al principio, se comportaba silenciosamente, tomaba un libro, o dibujaba. Si los niños alborotaban, cosa que sucedía a veces, jugaba con ellos. Así se rompía el hielo. Se servía té y luego vino. Seguidamente podía comenzar el discurso. A Schiller le gustaba moverse de aquí para allá en la habitación, y a veces tampoco Goethe aguantaba quieto en su sitio. Schiller caminaba a grandes pasos, Goethe prefería estar de pie. Cuando se oía demasiado ruido, Charlotte cerraba las ventanas. En la excitación de la conversación Schiller se fortalecía. En esos momentos, sus sufrimientos y enfermedades parecían desvanecerse. Sólo cuando la excitación era muy fuerte, abandonaba el aposento por cierto tiempo, para tranquilizarse, y quizá también para tomar algún fármaco. Los dos cenaban en casa de Schiller, por lo regular solos.

Goethe trataba con deferencia, casi con ternura, a la señora de la casa, Charlotte. Aún duraba la familiaridad de años pasados, cuando Charlotte solía acudir a casa de la señora Von Stein, su tía madrina. No escribía ninguna carta a Schiller que no contuviera un saludo para ella. En cambio, Schiller, durante mucho tiempo, hizo como si Christiane no existiera: ningún saludo, ninguna pregunta sobre ella, ninguna invitación, ningún agradecimiento cuando él a su vez estaba de huésped en casa de Goethe y ella lo tenía a su cuidado. Tampoco en esas ocasiones se llegó a un contacto real con Christiane. Goethe hacía más de lo necesario para esconder a su mujer frente a la esfera pública. El comportamiento no era diferente ante Schiller. Y éste no mostró ningún deseo de que las cosas fueran de otra manera. Su amistad con Goethe prescindía de Christiane, a pesar de que, cuando Charlotte estaba embarazada o enferma, ésta tomaba los niños de Schiller bajo su custodia.

Por algunas cartas dirigidas a Körner y Humboldt sabemos que también Schiller, en los primeros años, como muchos otros, encontraba un poco desordenada la vida amorosa de Goethe. El 21 de octubre de 1800, por ejemplo, escribía a Körner que Goethe escribía poco, que su ánimo ahora «no está suficientemente tranquilo, porque le producen mucho disgusto sus miserables relaciones domésticas, y él no puede cambiar por ser demasiado débil».[6] Körner respondía: «Comprendo muy bien [...] que Goethe se sienta oprimido por sus relaciones. No se transgreden las costumbres sin castigo».[7] La falta de espontaneidad del comportamiento de Schiller con Christiane también obedecía, sin duda, a la vinculación especial de su Charlotte con la señora Von Stein. Charlotte von Lengefeld no había dejado nunca de admirar a su tía madrina y de imitarla. También ella quería ser dama de la corte. La llamaban la «decencia», por el celo con que emulaba el sosiego y las formas consumadas de su tía madrina.

La señora Von Stein, después de la separación de Goethe, había perdido un poco el equilibrio. Su sucesora la llamaba en tono agriado la «querida». «Imagínese usted», escribe indignada a Charlotte, que «esa muchacha, la Vulpius, me ha enviado una tarta en el día del cumpleaños.»[8] Es evidente que Christiane era un escándalo para ella; pero la señora Von Stein no se abstuvo de hacer observaciones picantes sobre su anterior amado. Ha engordado, escribe en una carta al hijo, y, ante su aspecto, se pregunta si también ella está «deteriorada» hasta tal extremo. Charlotte intenta apaciguar a su tía madrina; pero tampoco deja ningún hueso sano de Christiane. Podemos imaginarnos vívamente con qué aire altanero hablaban ella y la señora Von Stein sobre la muchacha Vulpius. Sin duda, todo ello debía de influir en Schiller, pero al mismo tiempo no podía pasarle desapercibido el cariño en que estaba envuelta la relación de Goethe con Christiane. Se encontraba entre dos frentes, y eso lo hacía estar turbado ante Christiane, más allá de los prejuicios usuales. Sólo en los últimos años la relación se distendió. Desde Lauchstädt, donde Schiller estaba de visita en el verano de 1803, pues se representaba allí su *Novia de Mesina*, Christiane podía transmitir a Goethe la alegre noticia: «He estado sentada con Schiller en una mesa, y nos lo hemos pasado muy bien».[9] La noche siguiente están de nuevo juntos, se canta y danza, pero los oficiales se propasan, y Christiane y Schiller se retiran, y reman «en el bote a la luz de la luna. Esto me gustó mucho».[10] Evidentemente, las cartas de Schiller a Charlotte no mencionan estos detalles: «Desde Weimar han llegado el inspector general de montes Stein y su madre [...]; por lo demás, fuera del personal del teatro, no hay aquí nadie del mundo femenino de Weimar».[11] Goethe escucha con gusto que el «consejero áulico Schiller» ha acogido a Christiane, pero algunos hombres le proporcionan quebraderos de cabeza: «Noto que los ojitos se les van, que se lanzan miradas un poco intensas, ten cuidado que no se salten los ojos».[12]

Pero el hecho de que durante los primeros años de la amistad se mantuviera todavía la distancia frente a Christiane, no menoscabó el creciente tono cordial entre los amigos. Goethe, que atendía cuidadosamente a las circunstancias de salud de su amigo, sabía también que el trabajo intelectual y las conversaciones excitantes eran lo mejor para él, y por eso podía acapararlo sin reparos e implicarlo en su propio trabajo. Le comunicaba toda idea nueva. El intercambio y el trabajo común no se reducían a la literatura y al arte. Comentaban también la teoría de los colores, la anatomía y la mineralogía. En estos campos, era Schiller el que podía aprender, pero luego se desquitaba con lecciones filosóficas. Más tarde contará Goethe que él entendió a Kant a través de Schiller.

Conversar con Schiller debía de ser todo un acontecimiento. Wilhelm von Humboldt nos ofrece una descripción:

No buscaba nunca una materia importante, dejaba al azar la elección del objeto de conversación, pero a partir de cualquier tema dirigía el diálogo hacia un punto de vista general, y después de unas pocas interlocuciones los participantes se veían en el centro de una discusión que excitaba el espíritu. Trataba siempre los pensamientos como un resultado que había de lograrse en común, parecía en todo momento que tenía necesidad del interlocutor, aun cuando éste fuera consciente de haber recibido la idea de él, y nunca lo dejaba desocupado [...]. En rigor, Schiller no hablaba de forma bella. Pero su espíritu aspiraba siempre con agudeza y determinación a nuevas conquistas intelectuales; dominaba esta aspiración y fluctuaba en perfecta libertad sobre su objeto. Por eso utilizaba con ágil amenidad cualquier relación secundaria que se le ofreciera, y por eso su conversación era tan rica en palabras que llevaban en sí el sello de felices nacimientos. Pero la libertad no acarreaba ninguna interrupción del curso de la conversación. Schiller mantenía siempre el hilo con firmeza, guiado por el propósito de conducirlo a su punto final, y si la conversación no se veía perturbada por algún incidente, no la interrumpía fácilmente antes de alcanzar el objetivo.[13]

Goethe era diferente. En realidad, no era un hombre de diálogo, sino que le gustaba extenderse en monólogos. No obstante, resultaba interesante y divertido escucharle, aunque él no escuchaba con paciencia a los demás. Podía hacer que una conversación se apagara a base de mostrar un claro desinterés, y era un indicio de cierta malignidad el que súbitamente cambiara de tema, pasando con frecuencia de lo más exigente a lo más ordinario. Su ironía contra lo afectado estaba siempre al acecho, aunque nunca se sabía exactamente qué era en aquel instante lo que le parecía afectado. Fuera de la corte quería siempre ser el señor de la conversación. Pero con Schiller la cosa cambiaba. Entre ellos se llegaba a un intercambio real; ambos desarrollaban ideas en común y se alegraban de ello. Tras una de estas experiencias dichosas con Schiller, le escribió: «Si no [...] se habla con una participación amorosa, con cierto entusiasmo parcial, no queda nada digno de hablarse. El agrado, la alegría, la participación en las cosas es lo único real y lo único que trae de nuevo realidad, todo lo demás es fútil y frustrado».[14]

Se sentaban ante la mesa, inclinados sobre manuscritos, o cómodamente en el sillón, uno frente a otro. Schiller renunció a su costumbre de tomar rapé o fumar tabaco, pues Goethe no lo soportaba. A veces uno estaba de pie y el otro caminaba por la habitación, y luego ambos daban unos pasos de aquí para allá. «Ya vuelven a caminar», comentaban en el piso de arriba. Cuando en los primeros meses del año 1796 preparaban en común los *Epigramas,* sonaba a veces una risotada, que asustaba a Charlotte en el dormitorio.

La idea de los polémicos *Epigramas* se le ocurrió a Goethe. Éstos constaban de dos líneas, con un hexámetro y un pentámetro. El 23 de diciembre de 1795 Goethe envió algunos a Schiller como prueba y escribió: «Tenemos que cultivar la idea que se me ha ocurrido estos días, de incluir epigramas en todas las revistas, compuestos cada uno de ellos en un único dístico, a semejanza de los de Marcial, y deberíamos incluir esa colección en su *Almanaque de las Musas* del próximo año».[15] El trasfondo de esto era el enfado creciente de ambos con el mundo literario en general y sobre todo con las recensiones desfavorables tanto de los primeros tomos de *Wilhelm Meister* como de *Las Horas*. Schiller, por ejemplo, se indignó contra los «emborronadores de Leipzig y Halle»,[16] refiriéndose a Johann Friedrich Manso y Johann Gottfried Dyck, dos intrigantes autores que habían despachado sus *Cartas sobre la educación estética* con los calificativos de «alambicadas» e «ilegibles». Goethe estaba enojado porque habían motejado de aburrido su *Wilhelm Meister,* y de inmorales las *Elegías romanas*. En el intercambio epistolar entre Goethe y Schiller era un tema muy recurrente la queja del mal gusto del público y de la estrechez de miras de los críticos. Se sentían oprimidos y tergiversados por parte de gente como Nicolai, defensor de una Ilustración racionalista que ya era rancia, de mojigatos y autonombrados guardianes de costumbres, entre los cuales Goethe contaba a sus antiguos amigos los Stolberg, Lavater y ahora incluso Friedrich Heinrich Jacobi, así como por parte de los defensores de un supuesto gusto llano y popular, o sea, de críticos que recibían los patrones de August Heinrich Lafontaine y August von Kotzebue.

Ya en la primavera de 1795 Goethe había preparado un primer golpe contra los críticos con su artículo «Sansculottismo literario», que apareció en *Las Horas*. Respondía en él a una crítica que había aparecido en una revista de Berlín, donde lo que se lamentaba, por ejemplo, no era que la literatura del momento tuviera aspiraciones demasiado altas, sino que no las tuviera suficientemente altas. Se denostaba la «pobreza de los alemanes en obras clásicas eximias». Goethe creía que se estaba aludiendo a él, y respondía cuestionando el criterio de clasicismo que funcionaba como base de aquel ataque. ¿Dónde surge un «autor nacional clásico»?, preguntaba; y respondía: sólo allí donde hay una nación grande y unida, con una historia y un presente importantes, con importantes temas universalmente vinculantes, que excitan el espíritu y la fantasía y favorecen la energía, con sociables puntos centrales donde se ennoblecen las formas y se encuentra «un alto grado de cultura»[17] en todas partes, hasta en lo cotidiano. Pero todo eso no se da, ni puede darse en una Alemania políticamente desmembrada. Tendría que producirse una transformación profunda a fin de obtener también en Alemania un suelo propicio para una literatura «clásica» así entendida. Pero este precio es demasiado alto para Goethe. «No vamos a desear la transformación profunda que pudiera preparar obras clásicas en Alemania.» Y, sin embargo, no hay que renunciar al clasicismo. Simplemente hemos de definirlo de otra manera. Éste se debe a estímulos que no provienen del presente, sino del pasado. Son las formas y los motivos modélicos de la Antigüedad clásica; hay que encontrar la medida y dejarse adoctrinar por ellos. En este sentido anunciaba también Schiller en *Cartas sobre la educación estética* con alto patetismo: «El artista es ciertamente hijo de su tiempo, pero es malo para él ser también su pupilo o incluso su favorito. Que una divinidad bienhechora arranque a tiempo al pupilo del pecho de su madre, que lo alimente con leche de una época mejor y le haga alcanzar la mayoría de edad bajo el lejano cielo griego».[18]

¿Qué hemos de aprender de la Antigüedad? Ni más ni menos

que estilo. En un texto redactado durante su viaje a Italia sobre *Simple imitación de la naturaleza, «maniera», estilo,* Goethe había definido programáticamente lo que entendía por tales términos. El «estilo» se aleja por igual de la mera imitación, o sea, del naturalismo usual, y de la «manera», de la expresión referida a sí mismo, subjetiva. Por tanto, la meta no es ni el objetivismo, ni el subjetivismo, sino la formación, que, en medio de la receptividad y la destreza subjetivas, capta y configura la «esencia de las cosas».[19] Lo válido en este sentido tiene estilo. De manera semejante argumenta Schiller cuando hace juegos malabares con los conceptos de «forma» y «materia». Si prevalece la voluntad de forma, tenemos manera; si se impone la materia ruda, estamos ante la mera imitación, ante el naturalismo. Estilo es la síntesis lograda de forma y materia. Éste era el patrón por el que ambos querían regirse. Desde esta perspectiva, el Romanticismo, que se abre paso en estos años, es para ambos manera, subjetivismo, y la mediocridad del gusto de las masas es naturalismo rudo o realismo. Las rigurosas formas antiguas habrían de dirigir la voluntad de estilo referida al presente.

Por tanto, en lugar de un clasicismo nacional, que no parecía ser posible en Alemania por razones políticas, tenía que aparecer una cultura apoyada en la Antigüedad, consciente del estilo; ésa era la visión común de los dos amigos. Goethe la había perseguido en Italia; por ejemplo, en el ensayo arriba citado, en la reelaboración de *Ifigenia* y en los ensayos con las formas antiguas: elegía, oda, epopeya. De manera semejante y casi al mismo tiempo, también Schiller había descubierto su Antigüedad; así lo indican «Los dioses de Grecia» y las traducciones de Sófocles; finalmente en *Las Horas* había aparecido el admirable poema «El paseo», una especie de descripción de los caminos de la historia de la cultura desde la Antigüedad hasta el presente: «Bajo el mismo azul, sobre el mismo verde, / caminan los cercanos y caminan unidos los linajes lejanos, / y, ¡qué maravilla!, que la sonrisa del sol de Homero también a nosotros nos llegue».[20] Para Goethe y Schiller era evidente que el espíritu antiguo había de unirse con el moderno; dicho en conceptos de Schiller, había de renovarse lo «ingenuo», o sea, lo antiguo, con medios «sentimentales», es decir, modernos, o bien, había que condensar e incrementar contenidos modernos en formas antiguas. Al margen de otros detalles, se pensaba en una síntesis, en un clasicismo, que no sólo había de exigirse, sino también plasmarse en obras.

El público y la crítica no reconocían esto con tanta claridad, y carecían de la disposición a aceptar sin más estas elevadas pretensiones, sobre todo porque *Las Horas,* este órgano central de los dioscuros, tampoco cumplían la pretensión esgrimida por sus autores. En torno a esto se encendió una crítica que para Goethe y Schiller no significaba otra cosa que la rebelión de la mediocridad. Era allí donde había que golpear. Schiller podía soltar improperios como un palustre cuando se trataba del tema del «público». «No hay nada más rudo», leemos en una carta a Fichte del 4 de agosto de 1795, «que el gusto del actual público alemán»;[21] es repugnante, añadía, la «universal y amotinada dicha de la mediocridad», y crece en mí constantemente el «asco a lo que se llama juicio público.»[22] En Goethe se encuentran manifestaciones semejantes de enfado; es especialmente conocida y proverbial la frase: «¡Mata al perro, es autor de una recensión».[23]

Había que emprender una expedición militar contra los autores de recensiones y el gusto usual del público. Y puesto que Goethe y Schiller propugnaban el ideal artístico de la Antigüedad, se servían también de un arma antigua: el polémico dístico epigramático, al que Marcial había dado tanto prestigio. Schiller hizo suya la ocurrencia de Goethe. Escribió que se alegraba de que Goethe estuviera de nuevo en Jena (en enero de 1796), y asegura que entonces no habrá «día sin epigrama».[24] Se ponen de acuerdo en crear la obra en común, sin indicar en particular quién es el autor. Uno proporciona la idea, el otro la forma y de un verso sale otro. Las cartas y, sobre todo, las conversaciones entre ambos abundan en la cuestión. Las visitas de Goethe en Jena se hacen tan frecuentes, que Christiane se queja seriamente. Pero de momento no hay quien detenga a Goethe. En los meses que siguen, sentados juntos, se ríen tanto de sus ocurrencias que se los oye en la calle y en el piso de arriba. Y además del placer que les procuraban, las consideraban grandes piezas. Schiller escribe a Körner: «En el próximo año te vas a quedar pasmado;

Goethe y yo trabajamos desde hace ya algunas semanas en una obra común [...], que será una verdadera diablura poética».²⁵ Y en una carta a Humboldt leemos que el carácter de los *Epigramas* será «una impudicia e impiedad agradable y en parte genial, una sátira que no respeta nada».²⁶

Tenían un exaltado sentimiento de éxito. En Schiller se añade además otra cosa. Cuando su amor a Goethe todavía estaba mezclado abiertamente con odio, se había aferrado a la idea de que a Goethe, este «mojigato orgulloso, hay que hacerle un niño».²⁷ Ahora puede relatar a Körner con cierta satisfacción acerca del trabajo común en los *Epigramas* y usa para ello la imagen ominosa de hacer un niño: «El niño que Goethe y yo engendramos en común será algo travieso»,²⁸ escribe con pícara alegría. Goethe se divierte mucho, aunque sin placer de penetración. En una retrospección posterior, asegura que Schiller le ayudó a experimentar una segunda juventud poética. Eso incluye los *Epigramas*. Hizo junto con Schiller una travesura juvenil en edad avanzada.

Hasta principios de verano de 1796 redactaron varios centenares de dísticos. Schiller asume la tarea de seleccionarlos y ordenarlos en series. La primera ordenación, en la que se mezclaban los dísticos polémicos y los sentenciosos, gustaba a Goethe, pero no a Schiller, al que el conjunto le parecía demasiado inocuo. Separa los dísticos polémicos de las demás sentencias, que aparecerán con rúbricas separadas, y los llama «epigramas inocentes», que no iban a perturbar aquel tribunal penal, y por eso se les asigna un puesto especial. Goethe, que en el último momento da muestras de cierta blandura, encontraba desagradable ese aguzamiento mediante una ordenación nueva. Pero sus objeciones llegaron demasiado tarde, pues *El Almanaque de las Musas* del año 1797, editado por Schiller con el polémico tribunal penal de los *Epigramas* ya estaba en la imprenta. A principios de septiembre apareció la revista, que se vendió en breve tiempo. Siguieron dos reimpresiones hasta principios de 1797, lo que en aquella época fue un éxito sensacional. Cotta, en Stuttgart, se enfadó por el hecho de que los *Epigramas* no hubiesen aparecido en *Las Horas,* editadas por él. Schiller se había distanciado de esta posibilidad porque no quería imponer en la revista materiales polémicos, demasiado actuales.

Desde la perspectiva actual, los *Epigramas* nos parecen bastante inofensivos y lánguidos. Resulta difícil imaginarse cuál era el motivo de la sonora risa de ambos cuando los componían. Un epigrama dice acerca de Nicolai: «Te gustaba estorbar nuestras series, nosotros cambiaremos, / y tú, tosco operario, sigue andando a tientas».[29] Contra Kotzebue escribían: «Poetas y amantes se regalan a sí mismos; tú come lleno de asco, / la naturaleza común se te impone para que la disfrutes».[30] Se burlan del devoto Friedrich von Stolberg, que había polemizado desde una perspectiva cristiana contra «Los dioses de Grecia» y había celebrado la utilidad de la creación divina del mundo, en los siguientes términos: «¿Qué veneración merece el creador de los mundos, / que benévolamente, cuando creó el árbol de corcho, a la vez inventó también los tapones?».[31] Sobre Lavater, que había sermoneado a su antiguo amigo Goethe por su paganismo, leemos: «Lástima que la naturaleza de ti solamente a un hombre creó, / pues la materia daba para un hombre digno y un bribón».[32] Wilhelm Heinse, que celebraba la sensibilidad italiana en su exitosa novela *Ardinghello* y que tenía un competidor desagradable en el autor de las *Elegías romanas,* queda servido con el escabroso verso: «El demonio / alterna en ti con el cerdo, y tú hombre llamas a eso».[33] Contra el compositor y escritor Reichardt, según el cual las *Elegías romanas* habían de ser excluidas de *Las Horas* como «hijas de la más traviesa sensibilidad», van dirigidos estos versos: «De la delicadeza moral te indultaremos, / si con tantos apuros cumples los diez mandamientos».[34] También el joven Friedrich Schlegel, que se dispone precisamente a organizar el entusiasmo de la joven generación por Goethe, recibe algunas invectivas por su afectación teórica y sus juicios arrogantes: «Algo deseo ver, lo bueno de los amigos deseo ver, / que encuentran lo débil con demasiada rapidez».[35] La ira de Goethe se descarga también contra sus adversarios en el campo de las ciencias naturales, contra los que él llama discípulos de Newton: «Sus discípulos dejaron de ver y deducir, / referían consolados lo que él vio y demostró».[36] Los amigos de la Revolución son atravesados con la lanza, especialmente por su «abuso politizante». Jean Paul, al que está dedicado un dístico positivo, cae también bajo el alcance de los versos críticos. La tergiversación le amarga su estancia en Weimar. Otras revistas y hojas literarias son castigadas por su condescendencia con el gusto del público. Los dos autores no ahorran alabanza propia, que aparece ocultamente en la alusión al Ilm, el riachuelo de Weimar: «Mis orillas son pobres, pero las ondas quedas oyen, / algún himno inmortal a su paso lleva el torrente».[37]

El público literario fue presa de la excitación. Puesto que los epigramas aparecían sin nombre de autor y en la mayoría de los casos no se mencionaba por su nombre a las personas atacadas, comenzó el gran desciframiento de enigmas en torno al autor y a las víctimas. Pronto quedó claro que Goethe y Schiller eran los autores, pero no se sabía quién era el responsable de cada verso. Y eso, según lo acordado, había de quedar así. Pero más tarde quebrantaron el acuerdo y cada uno incluyó los epigramas en sus obras, con lo que se desveló la autoría particular. Algunos de los atacados reaccionaron con anticríticas. Las más conocidas fueron los «antiepigramas» de Johann Friedrich Manso y Johann Gottfried Dyck titulados *Recompensa contra los chapuzas de cocina en Jena y Weimar*. Estas réplicas se deslizaron a veces hasta lo odioso, por ejemplo, en las alusiones a la vida afectiva de Goethe. Fueron más ingeniosas otras reacciones, centradas en la parodia y la crítica del estilo. Matthias Claudius parodia el tono didáctico de Schiller («Asciende la columna líquida del surtidor en el hexámetro, / y luego vuelve a caer melódicamente en el pentámetro»[38]) con el verso: «La gaita estética aspira aire en el hexámetro, / y lo expira luego de nuevo en el pentámetro».[39] Y los numerosos defectos métricos de los *Epigramas* dan pie al verso burlón de Fürchtegott Christian Fulda: «En Weimar y Jena se hacen hexámetros como éste, / pero los pentámetros son todavía más eximios».[40]

En todo caso el asunto había tenido un efecto beneficioso. Schiller y Goethe ya no hicieron más intentos públicos de ese tipo. Es cierto que Goethe tenía ganas de continuar la campaña después de la tormenta de indignación y los contraataques. Quería seguir irritando a los adversarios todavía por un tiempo, para que éstos se dieran a conocer:

> Te diré sinceramente que el público ha respondido a mis expectativas. He aplicado una política poco conocida y ejercitada. Sigo, en efecto, el lema de que, quien aspire a gozar de cierta fama, ha de conseguir que sus contemporáneos suelten todo lo que llevan dentro contra él, y luego, a través de la vida y la acción en el presente, borrar la impresión inicial.[41]

Entretanto, es Schiller el que exhorta a la precaución. Él, como escritor profesional, depende más del público, sobre el cual se eleva junto con Goethe. Éste, que con sumo agrado quisiera «mantener activo el espíritu maligno contra nosotros»,[42] sabe también que la polémica no es suficiente, sino que se trata además de destacar con obras propias y ejemplares. Cuando nota con qué energía Schiller ha vuelto recientemente a entregarse a su proyecto sobre Wallenstein, le escribe: «Tras el desenfreno y la osadía de los epigramas, hemos de empeñarnos en obras de arte mayores y más dignas, y, para vergüenza de los adversarios, transformar nuestra naturaleza proteica en figuras de lo noble y lo bueno».[43]

Así pues, Schiller incubaba su *Wallenstein*, aunque de momento sin grandes progresos. Después de la larga interrupción desde su último trabajo dramático, *Don Carlos* (1787), se sentía como si hubiera de aprender de nuevo el oficio dramático. Le resultaron útiles las conversaciones de taller con Goethe sobre técnicas épicas y dramáticas, de donde surgió un breve tratado redactado en común, *Sobre poesía épica y dramática,* que originariamente había de publicarse en *Las Horas,* pero que luego quedó en un cajón hasta que Goethe lo publicó en 1826 con su nombre y el de Schiller. Asimismo, era útil la reelaboración de *Egmont* para la escena, que Schiller, a ruego de Goethe, emprendió en marzo de 1796 para una representación durante la actuación de Iffland en Weimar. Schiller notó en esta ocasión que no había perdido su inteligencia teatral. Su reelaboración metió en cintura y aceleró el curso de la acción, borró los rasgos demasiado blandos e indecisos de Egmont, hizo de él un alma pública, cortó la acción de Klärchen y los intermedios líricos, y añadió algunos acentos nuevos. Alba, por ejemplo, es introducido de contrabando a causa del contraste. Schiller hace que participe secretamente en la escena de la prisión. Tiene que aparecer como sádico, que se regocija en la angustia de muerte de su adversario. A esto se refiere una observación posterior de Goethe a Eckermann, donde dice que Schiller fue «un hombre grande y admirable»,[44] aunque desde la época de *Los bandidos* llevaba pegado un peculiar «sentido para lo cruel». Goethe agradeció a Schiller sus esfuerzos, y admitió ante terceros que éste había «reelaborado de tal manera» su *Egmont,* que era «posible la representación»,[45] pero estaba asustado por las abreviaciones y los cambios. Después de la representación estaba de tan mal humor y tan reservado, que Iffland se negó a un contrato estable en Weimar. Schiller acudió a Weimar para la representación. La gran velada en casa de Goethe transcurrió fría, y Schiller prefirió cenar, como de costumbre, en su reservado. Retrospectivamente, Goethe escribe que Schiller «en su redacción procedió cruelmente»,[46] pero en cualquier caso con tal coherencia que no es posible pasar por alto su esfuerzo, lo que hace imposible el regreso a la antigua redacción. Schiller había llevado a cabo todo el trabajo de la reelaboración, y eso fue una buena ejercitación para su «gran obra», a la que quería dedicarse después de la disputa de los epigramas.

La obra a la que Schiller quería dedicarse era *Wallenstein,* y para Goethe la «digna obra de arte» a la que quería «aplicar sus esfuerzos» era la epopeya en verso *Hermann y Dorothea*. Mientras ambos estaban profundamente sumergidos en sus respectivas creaciones –Goethe estaba a punto de terminar su *Hermann y Dorothea*– encontraron tiempo y agrado para obras más pequeñas. A principios de verano del año 1797 empezaron a escribir sus baladas en noble contienda. Sin duda, habían topado con la forma de la balada cuando exploraban las diferencias entre lo épico y lo dramático. La balada como poesía narrativa une el tono épico de narración con efectos dramáticos, sea mediante el sorprendente giro final, sea por los contrastes en el diálogo. Ese género pertenece a una tradición popular; Herder, Bürger y el joven Goethe la habían introducido de nuevo en la alta literatura. Puesto que Schiller andaba al acecho de nuevos textos para el siguiente número de *El Almanaque de las Musas* y deseaba repetir el éxito del año anterior con el almanaque de los *Epigramas,* se acercó también a la forma popular de las baladas.

El 2 de mayo de 1797, el primer día en la casita del jardín emplazada en un promontorio sobre Jena, y recientemente adquirida, Schiller escribe a Goethe: «Me rodea un bello paisaje, el sol se pone amistosamente y cantan los ruiseñores [...]. Mi intención es componer una balada».[47] Piensa en una historia protagonizada por Don Juan y solicita un libro adecuado de la biblioteca de Goethe. En la larga visita de éste a Jena entre el 19 de mayo y el 16 de junio, acuerdan que cada uno presentará algunas baladas para aclararse luego «sobre la materia y el tratamiento de esta modalidad poética».[48] Empezó Goethe con «El buscador de tesoros». Con mano distendida y estilo fácil, presenta una breve historia sobre un buscador de tesoros que recurre a la magia; pero en lugar de un tesoro se muestra un joven con una copa llena de vino y un mensaje en lenguaje cifrado: «Bebe el valor de la vida pura, / para que la enseñanza entiendas, / a este lugar con miedosos conjuros no vuelvas, / no vuelvas a cavar aquí en vano, / trabajo del día, huéspedes de la noche, / semanas ácidas, felices fiestas, / sea tu futura palabra mágica».[49] Schiller estaba fascinado por el tono alegre y entendía también las alusiones biográficas. En efecto, con la tendencia doctrinal al final de la balada, Goethe se llama a sí mismo a entrar en razón, pues poco antes había ido a parar entre los modernos buscadores de tesoros, ya que el 20 de mayo de 1797 había encargado un número de la lotería de Hamburgo, con la esperanza evidentemente vana de ganar una propiedad en Silesia, ofrecida como premio principal. Por lo demás, había elegido un número de la lotería que, tal como ha averiguado Michael von Engelhardt, se basaba en un determinado cálculo con los años de nacimiento de los dos, 1749 y 1759.

Durante la estancia de Goethe en Jena, Schiller compuso en rápida sucesión las baladas que van desde «El buceador» hasta

«La grulla del hibisco». Todas ellas se hicieron populares inmediatamente después de su aparición. Narran de forma intuitiva y llena de tensión, tienen un punto moral como conclusión y en ellas todo es fácil de recordar: «¿Quién, caballero o escudero, / osa sumergirse en este abismo?».[50] Un paje se atreve a descender a las profundidades del mar; tiene éxito, pero en su segundo descenso, emprendido porque le han prometido la mano de la hija del rey, se queda en el mar. La descripción que Schiller hace del agua revuelta («borbotea, bulle, ruge y echa burbujas [...], como si el mar quisiera todavía dar a luz un mar»[51]), impresionó de tal manera a Goethe que, pocas semanas después, pensó en ella al ver la cascada del Rin en Schaffhausen, durante su viaje a Suiza. Schiller le comunicó seguidamente que había estudiado tan sólo el ejemplo de un molino, y que por lo demás, se había atenido a la descripción que Homero hace de Caribdis, y que quizás eso lo «había mantenido cercano a la naturaleza».[52] En «El guante», la señorita Kunigund arroja esta prenda a la arena de tigres y leones, y el caballero que la corteja tiene que recogerlo. Éste logra hacerse con él, pero adquiere conciencia de que una mujer que juega así con su vida no merece su amor, y le «arroja el guante a la cara».[53] A Goethe le pareció un giro sorprendente. Pero la señora Von Stein protestó, alegando que tal gesto no era decoroso. Schiller introdujo un cambio: «Y el caballero, inclinándose profundamente, habló». Pero en la colección posterior de sus poesías, restableció la primera redacción. Pertenece también a este grupo de baladas «El anillo de Polícrates». «Sentado en la azotea de su tejado»,[54] un soberano perseguido por la buena suerte, al que un pescador le devuelve el anillo que había arrojado al mar como sacrificio a los dioses. «Aquí se vuelve el huésped con horror.»[55] Y mencionemos finalmente «La grulla del hibisco», tal vez la más bella de la serie. Goethe le había transmitido la idea y el asunto de esta historia admirable del joven cantor Hibisco, quien, de camino a un gran concurso en Corinto, es asesinado. El único testigo es una bandada de grullas. Los pájaros reaparecen sobre la multitud solemnemente congregada en la arena, y uno de los asesinos, horrorizado por su aspecto, se da a conocer espontáneamente. Goethe, deseoso de que «todo se desarrolle por completo dentro de lo natural»,[56] habría preferido un progresivo desenmascaramiento de los autores del crimen, pero Schiller quería siempre el «efecto» sorprendente. Al final, Goethe queda completamente satisfecho, y confiesa que él mismo no lo habría podido hacer tan bien.

Goethe veía en estos poemas de Schiller la realización perfecta de la idea de la balada narrativa. Sus propias aportaciones a este género, sobre todo «La novia de Corinto» y «Dios y la bayadera», le parecían más problemáticas. Según él, se trata de motivos e imágenes que le afectan demasiado, de modo que no puede narrar el asunto libre y redondamente, como Schiller. En una conversación con Eckermann dice sobre estas baladas:

> Las tengo todas en la cabeza desde hace muchos años, ocupaban mi espíritu como imágenes amenas, como bellos sueños, que iban y venían, y con las que la fantasía jugaba felizmente. Me decidí con resistencias a decir adiós a estas manifestaciones brillantes, que me resultaban amistosas desde hacía tanto tiempo, dándoles cuerpo a través de la insuficiente e indigente palabra. Cuando estaban en el papel, las consideraba con una mezcla de melancolía; me parecía como si tuviera que despedirme para siempre de un amigo amado.[57]

En «La novia de Corinto» domina también el tono narrativo, pero con derivaciones hacia lo lírico, y la claridad desaparece en el crepúsculo. Un joven ateniense visita en Corinto una casa de amigos, donde una hija le ha sido prometida por acuerdo de los padres. Pero llega a un mundo extraño, pues aquí la gente se ha hecho cristiana. Las personas no se atienen ya a antiguos pactos: «Cuando una nueva fe echa raíces, / con frecuencia el amor y la felicidad / como una hierba mala suele arrancar».[58] La hija había sido enviada a un convento, y allí murió inmersa en sus preocupaciones. El joven no presiente esto, pues en la habitación oscura se le aparece la chica durante toda una noche de amor. A la hora del alba y cuando la madre llega precipitadamente a la habitación, queda todo claro: ella es la muerta, que no puede morir y arrastrará consigo al joven a la muerte, a la muerte de amor. Ella quiere arder junto con él: «Cuando flamea la chispa, / cuando enrojece la ceniza, / a los antiguos dioses vamos deprisa».⁵⁹

Aparece aquí una queja conmovedora por el ocaso de los antiguos dioses, que eran más propicios al eros, es decir, una queja por el desencanto monoteísta del mundo:

> Y la polícroma multitud de antiguos dioses,
> de pronto dejó vacía la casa silenciosa,
> sólo uno invisible queda en el cielo,
> y un salvador en la cruz es venerado.⁶⁰

Esto recuerda la elegía de Schiller titulada «Los dioses de Grecia»:

> Todas aquellas flores han caído,
> a golpes del gélido viento del norte,
> para dejar a uno entre todos enriquecido,
> hubo de perecer este mundo de los dioses.⁶¹

Goethe calificaba irónicamente «La novia de Corinto» como su «poema de vampiro». Cuando las baladas de aquel verano aparecieron en *El Almanaque de las Musas* de 1798, fueron alabadas casi todas, especialmente las de Schiller, pero «La novia de Corinto» fue objeto de fuertes discusiones. Karl August Böttiger, que aguzaba sus oídos por todas partes, relata: «Nada como "La novia de Corinto" de Goethe divide tanto las opiniones. Mientras que para un partido es la más asquerosa escena de burdel y asume en alta medida la profanación del cristianismo, para otros es la más consumada de todas las pequeñas obras de arte de Goethe».⁶²

Goethe no se disgustaba especialmente cuando algunos se enojaban. Sabía demasiado bien lo que el verano de las baladas le había traído. Tenía de nuevo ganas de habérselas con su *Fausto*. Por eso le estaba agradecido a Schiller. El «estudio de las baladas»,⁶³ según anota en el diario, lo ha «llevado de nuevo a este camino de vaho y niebla».

Por lo demás, reconocía sin envidia la maestría especial de Schiller en este género. El 20 de julio de 1797 escribe a Körner:

> A través de Schiller ha sabido usted que ahora nos ocupamos con el uso y abuso de las baladas. Las suyas, como usted ya sabe, están muy conseguidas; deseo que las mías puedan estar de algún modo junto a las suyas: él está mucho más llamado que yo a este tipo de poesía en todos los sentidos.[64]

Cuando, en el punto culminante de la disputa que habían suscitado los *Epigramas*, Goethe escribió a Schiller que en adelante «tenían que dedicarse solamente a obras de arte grandes y dignas»,[1] había terminado ya tres cantos de *Hermann y Dorothea*. Pero Schiller, que en octubre de 1796 se había decidido definitivamente por *Wallenstein*, estudiaba todavía fuentes, desarrollaba disposiciones y esbozaba la fábula. Mientras él se atasca en los preliminares, Goethe adelanta como si volara. Terminó la obra en dos empujes creativos durante sendas estancias en Jena, en septiembre de 1796 y en febrero y marzo de 1797. Schiller estaba desconcertado. El 21 de julio de 1797 escribe a Meyer:

> Mientras otros recogemos y examinamos fatigosamente para producir con lentitud algo fastidioso, a él le basta con sacudir suavemente el árbol para hacer que le caigan los más bellos frutos, maduros y compactos. Es increíble con qué facilidad cosecha ahora los frutos de una vida bien empleada y de una formación sostenida, qué importantes y seguros son ahora todos sus pasos, cómo la claridad –sobre sí mismo y sobre los objetos– lo preservan de toda aspiración vana y de todo andar a tientas.[2]

Con todo ello, Schiller vuelve a dudar de su talento poético. Y en realidad, era él quien había renovado el impulso de Goethe. Las conversaciones y el intercambio epistolar giraban, desde hacía algún tiempo, en torno a la pregunta de si era posible una renovación de la epopeya antigua a la manera de Homero, de si el actual «estado del mundo» –las relaciones prosaicas– lo permitiría. Johann Heinrich Voss, el traductor de Homero, había emprendido con *Luise* –un idilio compuesto en hexámetros– el intento de una epopeya burguesa, con mucho éxito de público.

La elegía de Schiller titulada «El paseo», de 1795, termina con el verso: «Y ¡qué maravilla!, que la sonrisa del sol de Homero también a nosotros nos llegue».[3] Con *Hermann y Dorothea*, Goethe quería aportar la prueba de que, en efecto, el sol de Homero brilla todavía. El propósito le fue facilitado por los resultados de la investigación de Friedrich August Wolf, según los cuales las epopeyas de Homero no proceden de un único autor, sino que son una colección de numerosos cantos de diversos autores. Según Wolf, no existió ningún Homero, sino solamente «homéricos». Al principio, la tesis afectó a Goethe de forma desagradable, pues la unidad de la obra admirada caía hecha pedazos, pero luego se sintió estimulado. Él no llegaría a ser un Homero en la materia de una epopeya en verso, pero ¿llegaría quizás a ser un homérico? Escribe a Wolf:

> Desde hace mucho tiempo, me sentía inclinado a hacer intentos en esta materia, y siempre me asustó el alto concepto de unidad e indivisibilidad de los escritos homéricos; pero ahora, puesto que estas obras gloriosas pertenecen a una familia, es menor la audacia de atreverse a entrar en esta sociedad mayor y proseguir el camino.[4]

Goethe estaba sorprendido porque había logrado la obra sin esfuerzos y con rapidez. En sus *Cuadernos diarios y anuales* anota: «Escribí el poema con facilidad y satisfacción, y la obra comunicaba estas sensaciones. El objeto y la ejecución habían penetrado en mí de tal manera, que no podía leer aquellos versos en voz alta sin sentir una gran emoción».[5] A medida que surgía cada uno de los cantos, también se los leía a Schiller, y éste estaba fascinado. Le escribe a Körner que es lo mejor que Goethe ha hecho hasta ahora, y a Goethe le asegura que la obra está incluso por encima de *Wilhelm Meister*, que es poesía perfecta, mientras que la novela se queda atascada en la prosa de la cotidianidad.

Goethe expresó en diversas ocasiones la idea rectora del conjunto. Escribe a Meyer: «En el crisol épico he intentado separar las escorias de lo puramente humano en la existencia de una pequeña ciudad, y a la vez he procurado reflejar desde un pequeño espejo los grandes movimientos y cambios del teatro del mundo».[6]

El lejano «teatro del mundo» al que se alude es la Revolución francesa. La gente huye de las tropas francesas en los territorios de la orilla izquierda del Rin, y en el camino de su huida entran en una pequeña ciudad rural. Los ciudadanos, curiosos, se congregan dispuestos a ayudar; entre ellos Hermann, el capaz, pero tímido hijo del dueño de la posada Goldene Löwen. Le llama la atención una bella joven, Dorothea, que, estando ella misma en apuros, se ocupa de forma conmovedora de los problemas de los demás. Hermann le entrega los víveres y vestidos que la madre le ha empaquetado. Y se enamora. Al regresar a la casa paterna encuentra a los padres con amigos, el párroco y el farmacéutico, hablando sobre el inquieto curso de los tiempos y sobre la impericia del hijo con las mujeres. El padre se entera con enfado de que Hermann ha elegido a una muchacha fugitiva. El farmacéutico y el párroco son enviados a informarse sobre la reputación de la joven mujer y sólo escuchan cosas buenas, por ejemplo, que en un asalto Dorothea defendió con las armas a los niños que le habían sido confiados. Ahora Hermann podría presentar su petición de mano, pero, torpe como es, deja a Dorothea en la creencia de que quiere llevarla a casa como criada. Se producen enredos y Dorothea cree que se ríen de ella cuando es tratada como novia. Después de las confusiones ofensivas, a la postre todo se resuelve satisfactoriamente. Ambos se confiesan su amor, y también el padre da su aprobación al enlace. Dorothea, que ha perdido a su primer novio, un luchador por la libertad guillotinado en París, busca refugio en los brazos de Hermann, con el sentimiento de que la tierra se mueve todavía: «Y así al navegante que finalmente llega a puerto, / le parece que bajo sus pies se mueve el más firme suelo».[7] Pero Hermann, que en pocas horas adquiere la madurez viril gracias a la «verdadera inclinación», pronuncia las palabras finales: «Sea más firme el vínculo, ¡Dorothea!, en la conmoción general, / firmes queremos mantenernos y durar, firmes en la posesión de cosas tan buenas y bellas».

La historia se redondea en un idilio, en una isla de éxito burgués en el revuelto océano de la historia. Todo tiene un tono homérico o, mejor dicho, un tono de la traducción de Homero hecha por Voss, cuando son invocadas las musas, o a veces el narrador llama de «tú» a los personajes. Lo mismo hemos de decir del agrado y de la amplitud en la descripción de los detalles. La madre, excitada en el jardín, busca al hijo y encuentra todavía tiempo para limpiar de escarabajos los cogollos. El padre tiene un parecido lejano con el fácilmente irritable Zeus; el párroco se parece al vidente Tiresias, que ha adquirido un talante agradable; Dorothea es una Elena en pequeño; y el tímido Hermann se crece en su tarea cuando al final lleva «con sentimiento adulto la magnitud heroica de la mujer».[8] Los protagonistas son caracteres plásticos, llenos de vida; a veces se alimentan de lo arquetípico, son prudentes y muy despiertos, pero no están entregados a la reflexión. En ellos se encarna lo que Schiller llamó «lo ingenuo». Es digna de mención la manera homérica del conjunto. El lector experto verá en el texto un palimpsesto donde se refleja el mundo homérico y entenderá las numerosas alusiones. Cuando Hermann engancha los caballos al coche, nos sentimos inducidos a recordar la escena donde Aquiles embrida sus corceles. Para Hermann no se da esta comparación, pero sí para el narrador y su público. Hermann es lo que es, pero nosotros hemos de ver en él además otra cosa, algo antiguo. Dicho de otro modo: lo «ingenuo» es representado con medios «sentimentales» y para un público «sentimental». Schiller había formulado la idea de que en la modernidad lo ingenuo puede actualizarse con medios sentimentales. Goethe puso en obra esta idea, y a Schiller le admiraba encontrar en éste lo ingenuo: «No me parece extraño en absoluto el fenómeno sentimental en usted».[9]

Es digno de notarse, por otra parte, que Goethe creó esta obra sentimental-ingenua en Jena, en la atmósfera de la más refinada y reflexiva cultura espiritual. De hecho, en el otoño de 1796 y en la primavera de 1797, se encontraban en la ciudad todos cuantos no abogaban realmente por una tendencia fundamentalmente ingenua del espíritu; ante todo Schiller, pero también los hermanos Humboldt y los Schlegel, junto con Fichte y Niethammer, y también Schelling habían tendido los tentáculos hacia allí. En medio de todos ellos, rodeado de curiosos observadores, estaba entregado a su obra el homérico Goethe. Éste escribe a Knebel: «Dada la tendencia especulativa del grupo en el que me muevo, y que debo implicarme en ella por lo menos en conjunto, comprenderás fácilmente que a veces no sepa dónde tengo la cabeza».[10]

A los que aprecian la complicación les gusta lo simple hecho refinado, el sentimental aspira a lo aparentemente ingenuo como su complemento natural. Por eso Schiller suponía que la epopeya obtendría un gran éxito entre el público. «La obra», escribe a Goethe, «tendrá una copiosa tirada; en el caso de escritos semejantes, el editor tendría que renunciar voluntariamente al provecho y conformarse con el honor».[11] También Goethe se prometía un éxito comercial. Sorprendió a Vieweg, su editor en Berlín, por la manera de negociar los honorarios. Consignó sus exigencias en un sobre cerrado. En el caso de que el editor ofreciera una cantidad menor, interrumpiría las negociaciones. Y si el editor ofrecía más, no tenía que pagar más de lo exigido. En cualquier caso, las exigencias eran de mil táleros en oro, una suma colosal; hacia la misma época, Cotta pagó a Hölderlin una vigésima parte de esa suma por su *Hiperión*.

El editor ofreció exactamente estos mil táleros, y ése fue uno de los acuerdos más lucrativos para el autor. También el editor hizo un buen negocio, pues el libro se vendió como el pan. Desde *Werther*, era el mayor éxito comercial de Goethe. *Hermann y Dorothea* se convirtió en el libro de cabecera de los estamentos formados de Alemania hasta el siglo XX. Goethe escribe a Schiller el 3 de enero de 1798: «En *Hermann y Dorothea*, por lo que se refiere al asunto, he cumplido la voluntad de los alemanes; ahora están muy contentos».[12]

En las semanas que transcurrieron entre mayo y junio de 1797, cuando Goethe dio la última mano al manuscrito y compuso las baladas, fraguó asimismo planes de viaje. Goethe quería volver otra vez a Italia. Había hecho planes de viaje para el verano anterior. Pero las turbulencias de la guerra –las expediciones militares de Bonaparte en el norte de Italia– habían impedido el proyecto. El año 1797 traía perspectivas de paz y por ello acarició otra vez la idea de viajar. Meyer salió por adelantado para explorar los lugares y las obras de arte que merecían especialmente la pena. El proyecto era un periplo artístico preparado sistemáticamente, con la intención de que surgiera una amplísima obra de historia de la cultura. Pero llegó el verano y la inestable situación política volvió a comprometer el viaje. «Nunca anteriormente había sido sacudido de aquí para allá a causa de semejante incertidumbre, nunca antes había cambiado así mis planes y decisiones de una semana a otra.»[13] Schiller escribe el 23 de junio de 1797: «Ahora es un tiempo fructífero, ¿por qué interrumpirlo?».[14] En cualquier caso, para Goethe Italia se había convertido en una idea fija, por más que durante su segunda estancia en aquel país, en Venecia tuviera la impresión de que se había despedido de su mito personal de Italia. Schiller no tuvo ningún éxito en su intento de detener a Goethe en su proyecto de viajar. Y en consecuencia intenta por lo menos influir en Meyer, a fin de que éste se cuide de que Goethe regrese pronto. Pocos días antes de la partida de Goethe, le escribe:

> Usted estará de acuerdo conmigo también en que, en la cumbre en que él se encuentra ahora, ha de pensar más en representar la bella forma que él se ha dado, que en salir a la búsqueda de nuevas materias, en definitiva, en que ha de vivir ahora enteramente para la práctica de la poesía [...]. Confieso, en consecuencia, que, desde mi punto de vista, todo lo que pudiera ganar en Italia durante una estancia más larga para otros fines, se perdería siempre para los supremos y más próximos objetivos. Por tanto, querido amigo, muévalo también por esta razón a que vuelva lo más pronto posible, y a que no busque demasiado lejos lo que tiene en casa.[15]

Goethe, que esperaba impacientemente el momento de partir, tenía reservada para Schiller una gran sorpresa: sacar del cajón, de repente, el manuscrito de *Fausto*. El «camino de nieblas» de las baladas,[16] con buscadores de tesoros, aprendices de brujos, vampiros y dioses, le habían inducido a esto, según le dice al aturdido Schiller, con el ruego de que en una de las noches de insomnio reflexione sobre la pieza entera y formule sus exigencias, «a fin de narrar e interpretar así mis propios sueños como un verdadero profeta». En la noche siguiente Schiller duerme mal y al día siguiente puede anunciar ya el resultado de su reflexión. Fausto, dice, es un símbolo de la desastrosa «duplicidad» del ser humano, en el que están en lucha lo «divino» y lo «físico». La exposición de este conflicto, añade, plantea grandes exigencias al poeta, y también al filósofo: «Comoquiera que éstos aborden el tema, la naturaleza del objeto les impondrá un tratado filosófico, y la imaginación habrá de adaptarse al servicio de una idea de la razón».[17]

Schiller cobra esperanza. ¿Será quizá capaz el *Fausto* de retener a Goethe en Weimar? De ninguna manera, pues en la carta de respuesta afirma que *Fausto* ha de ayudarle solamente a superar su enfado en el caso de verse impedido en su viaje. Schiller hace algunas sugerencias relativas al *Fausto,* por ejemplo, una que fue rica en consecuencias para el *Fausto II,* la de que hay que conducir a este personaje «a la vida activa».[18] Entretanto, también Goethe está sorprendido porque, mientras aguarda el momento de partir, de pronto le llueven torrencialmente las ideas para el *Fausto.* No falta mucho, escribe a Schiller, «para que la obra crezca de la tierra como una gran familia de hongos para múltiple admiración y consternación».[19] Pero antes de llegar a esto, se producen noticias favorables en relación con Italia, y Goethe escribe el 5 de julio de 1797 a Schiller: «Fausto queda reservado para más tarde, los fantasmas nórdicos han quedado refrenados durante algún tiempo por las reminiscencias del sur».[20]

En estos días en que los dos conversan sobre *Fausto,* Schiller recibe una carta de Friedrich Hölderlin, que le ofrece dos poemas para *El Almanaque de las Musas:* el himno «Al éter» y la elegía «El caminante». Escribe Hölderlin:

> Dependo absolutamente de usted, y como sé cuánto poder posee sobre mí una palabra suya, intento a veces olvidarlo, para no amedrentarme en mi trabajo. Pues estoy seguro de que precisamente

esta medrosía y este encogimiento son la muerte del arte, y en consecuencia entiendo muy bien por qué es más difícil hacer que la naturaleza se manifieste adecuadamente en un periodo en que hay ya obras maestras alrededor de uno, que en otro donde el artista está casi solo con el mundo vivo.[21]

Schiller recibe esta misiva con sentimientos encontrados, pues ahora está atado por una historia complicada con su joven compatriota. Vamos a recapitularla brevemente.

Tres años antes había conocido a Hölderlin durante su viaje a Suabia y había hecho de mediador para que aquel «hermoso jovenzuelo» obtuviera el puesto de profesor particular en casa de Charlotte von Kalb, en Waltershausen. Durante el semestre del invierno de 1794-1795, Hölderlin había viajado con frecuencia a Jena, en parte porque tenía dificultades con su pupilo, y en parte porque quería estar cerca de su admirado Schiller. En casa de Schiller se había producido aquella ominosa escena, frecuentemente narrada, que Hölderlin no podía recordar sin sofocarse. Hölderlin se encontraba en el cuarto de visitas de Schiller, y por culpa de su estado de excitación, había ignorado a otro huésped de forma casi descortés; más tarde se enteró, para consternación suya, de que aquel desconocido no era otro que Goethe. «Que el cielo me ayude», escribe después Hölderlin a su amigo Neuffer, «a reparar mi desdicha y mis tonterías.» En cualquier caso poco después será recibido por Goethe, amistosamente, pero sin compromiso. En la primavera de 1795 Hölderlin todavía tiene acceso a la casa de Schiller. Éste ayudó a su compatriota más joven, le proporcionó un contacto con el editor Cotta para su *Hiperión*, escribiéndole las siguientes palabras sobre su autor: «Hay en él mucho de genial, y espero tener todavía algo de influjo en él».[22] Pero a Hölderlin no le resulta fácil llevar a buen puerto su novela. Era la misma época en que Goethe había realizado su viejo sueño, pues en *Hermann y Dorothea* había transformado el pequeño mundo burgués en un mundo homérico; pero en Hölderlin queda solamente la añoranza de la Grecia desaparecida. Por eso se le va de las manos su objeto, y de ahí proceden la retórica retardante y el malestar por la realidad presente, la tortura con la materia poética y la compunción por haber decepcionado a Schiller en sus expectativas. Éste le confía trabajos de traducción para ayudarle, pero también para utilizarlo a su favor. Hölderlin fracasa de nuevo. El 22 de mayo de 1795 escribe resignado a la madre: «Me doy cuenta una y otra vez de que en algunas cosas sólo soy un escolar».[23] En mayo de 1795 Hölderlin abandona Jena, se presenta en Nürtingen, confuso y con signos de desamparo, vuelve en sí y en una carta intenta explicar a Schiller su huida:

> Es extraño que uno pueda sentirse muy dichoso bajo el influjo de un espíritu [...]. Difícilmente me habría decidido a irme si, por otra parte, esta cercanía no me hubiese inquietado con tanta frecuencia. Estaba siempre tentado de verle a usted, y cada vez que lo veía, sentía que yo no podía ser nada para usted [...], porque quería ser tanto ante su persona, que tenía que decirme que yo no era nada para usted.[24]

Schiller no contesta a esta carta. Quizás el desconcierto y la gran sumisión de Hölderlin lo desconcertaban a él también. Su silencio duró año y medio. Entretanto, Hölderlin había aceptado un puesto de profesor particular en la familia del banquero Gontard, en Frankfurt; allí se enamoró de Susette, la señora de la casa. Cobra ánimos y vuelve a escribir a Schiller, que finalmente responde:

> Le ruego que se concentre con todas sus fuerzas y toda su atención y escoja una feliz materia poética; cuídela con cariño y esmero en su corazón y deje que madure tranquilamente hasta la consumación en los más bellos momentos de la existencia. Evite en lo posible las materias filosóficas, que son las más ingratas, y con frecuencia se consume la mejor fuerza en una estéril lucha con ellas; manténgase más cerca del mundo de los sentidos, y así no correrá tanto el peligro de perder la sobriedad en el entusiasmo.[25]

No son palabras de pura altanería, pues Schiller sabe demasiado bien que la abstracción poética que echa en cara al más joven, es su propia debilidad. Con palabras semejantes se ha exhortado una y otra vez a sí mismo en cartas a Goethe y a Körner. Pero Hölderlin no lo sabe. Se siente herido por la crítica de Schiller a la prolijidad y marea de estrofas inacabables.

A finales de junio de 1797, poco antes de la partida de Goethe, Hölderlin vuelve a dar señales de vida con los dos poemas y la carta que los acompaña, la cual es un tormento para él mismo: «Dependo de usted insuperablemente».[26] Schiller reacciona con singular inseguridad; envía a Goethe los poemas sin mencionar el autor, para conocer su opinión: «Sobre creaciones escritas de esta manera no tengo ningún juicio puro, y precisamente en este caso deseo ver con mucha claridad, pues mi juicio y mi insinuación influirán en el autor».[27] No tiene ningún «juicio puro» porque la «manera» en que Hölderlin escribe es también la suya. En la elegía de Hölderlin titulada «El caminante» son más que obvias las resonancias de «El paseo» de Schiller. Por ejemplo, en Schiller leemos: «Libre me recibe la pradera con tapices extendidos a lo lejos, / a través de su verde amistoso se entreteje el rural sendero».[28] Y Hölderlin escribe: «Los arroyos no se precipitan aquí en caída melódica desde la montaña, / a través del valle floreciente deglutiendo el torrente de plata».[29]

Goethe responde a la pregunta con una alabanza moderada. Dice que en los textos encuentra «buenos ingredientes para un poeta, los cuales, sin embargo, por sí solos no constituyen ningún poeta».[30] Y luego recomienda su publicación con este consejo: «Quizá lo mejor sería que el autor tomara un hecho idílico sumamente sencillo y lo expusiera, así se podría ver cómo se le da la pintura de hombres, que es aquello de lo que en definitiva se trata».[31] En su respuesta, Schiller menciona el nombre de Hölderlin y confiesa: «Francamente, yo encontré en los poemas mucho de mi propia figura, y no es la primera vez que el autor me recuerda a mí mismo. Tiene una subjetividad fuerte y une a ella cierto espíritu y profundidad filosóficos. Su estado es peligroso».[32] Goethe responde a vuelta de correo: «He de confesarle que en estas poesías me sale al encuentro algo que se acerca a la manera de ser de usted, sin duda no puede desconocerse una dirección semejante».[33] Pero lo que apreciaba en Schiller, la pasión y la prolijidad épica, no le agrada en su imitador, como tal considera a Hölderlin. Por ello, un poco más tarde, cuando reciba la visita de Hölderlin en Frankfurt, repetirá su recomendación, la de que el poeta se limite a un «sencillo hecho idílico».

Pero Goethe seguía en Weimar. Había permitido que Schiller participara en los preparativos de su viaje. Sin embargo, hay un aspecto sumamente importante de estos preparativos del que no se habla en el intercambio epistolar con Schiller: Goethe es ahora padre de familia. El viaje que emprende ahora no carece de peligros, por las convulsiones de la guerra. Tiene que tomar precauciones en relación con su esposa e hijo, y por ello redacta un testamento. En caso de muerte, la propiedad inmueble pasaría a August; pero también piensa generosamente en Christiane; ella tendría el derecho vitalicio de residencia y una parte considerable del resto de la fortuna y de los ingresos por derechos de autor. Schiller es nombrado albacea testamentario junto con Voigt. Y eso significa que Schiller podrá tener acceso a las cartas privadas. En los dos primeros domingos del mes de julio de 1797 Goethe quema casi todas las cartas conservadas hasta 1792. Ése es el gran auto de fe. No se dice nada de todo ello en las cartas a Schiller. En el diario anota: «Cartas quemadas. Hermoso color verde de la llama cuando el papel arde al borde de la alambrada».[34] Había que sustraer a las miradas –también a las del amigo– los asuntos excesivamente privados y algunas cuestiones oficiales.

Dos semanas antes de la partida de Goethe, Schiller se hospeda en la casa del Frauenplan entre el 11 y el 18 de julio. Ambos negocian sobre las baladas; Goethe confía a Schiller el tema de «La grulla del hibisco». También comentan el ya terminado *Campamento de Wallenstein*. Así, la despedida es de nuevo un instante logrado, pues ambos actualizan con gratitud las delicias de su amistad. Goethe escribe que puede viajar contento, pues se alegra ya de que al regreso «podrá salir al encuentro de un Schiller participativo».[35] Y éste responde:

> Nunca puedo separarme de usted sin que se haya plantado algo en mí. Y me alegro de que, por lo mucho que usted me da, pueda

yo ponerle a usted en movimiento y a toda su riqueza interior. Una relación así, basada en la perfectibilidad recíproca, tiene que permanecer siempre fresca y viva [...]. Confío en que poco a poco nos entenderemos en todo aquello de lo que puede darse razón, y en aquello que por su naturaleza no puede entenderse, permaneceremos cercanos entre nosotros a través de la sensación.[36]

En el último momento, poco antes de la salida, se apodera de Goethe una aversión. El 29 de julio de 1797, la noche anterior a su partida, escribe a Schiller: «Siento horror ante la amplitud empírica del mundo».[37]

Schiller se admira. A diferencia de lo que le sucede a él, Goethe explora el mundo con placer y curiosidad, y atiende simultáneamente a diferentes asuntos, como si para él la vida y las experiencias nunca pudieran ser suficientemente amplias. De hecho, este súbito horror ante la «amplitud empírica del mundo» significa, también para Goethe, un arranque tan extraordinario, que intenta abordarlo metódica y sistemáticamente, tanto más por el hecho de que, ante el embate de la realidad, le tienta huir sin más hacia los «fantasmas de su más honda intimidad». Y no se lo quiere permitir; quiere permanecer abierto a nuevas experiencias y para este fin se impone, con absoluta pedantería, un concepto que comunica a Schiller. Los objetos, las personas y los lugares han de seleccionarse cuidadosamente, mientras que otras cosas deben ignorarse con el mismo cuidado. Hay que recoger informaciones sobre lo que no puede verse inmediatamente en lo visto, sobre los trasfondos, las opiniones, la historia, etcétera. Debe anotar rigurosamente lo relativo a todos estos asuntos, tiene que escribirlo todo, aunque de partida, sin pretensiones de componer una obra, es decir, «sin exigir de mí la observación más exacta y el juicio más maduro, y también sin pensar en un uso futuro».[38] Querría convertir a Schiller en el destinatario de estas descripciones, cuya única pretensión es preservarse de ser tragado «por la hidra de la experiencia, de millones de brazos».[39] Schiller recibe, pues, cartas largas y a veces también un poco aburridas. Por suerte, Goethe es suficientemente considerado como para no importunar al amigo con todo lo que anota y recoge en el camino, pues es mucho lo que se acumula. Goethe relata:

> Por eso confecciono archivos donde inserto todo tipo de papeles públicos que encuentro, periódicos, hojas semanales, extractos de sermones, disposiciones, carteles de teatro, índices de precios, y luego incluyo allí tanto lo que veo y percibo, como mi juicio momentáneo; hablo posteriormente de estas cosas en sociedad y ofrezco mi opinión, pues así pronto advierto en qué medida estoy bien informado, y en qué medida mi juicio coincide con el juicio de hombres bien informados. Introduzco entonces la nueva experiencia e instrucción en los archivos, y así dispongo de materiales que en el futuro se mantendrán suficientemente interesantes para mí como historia de lo externo y de lo interno.[40]

Aquel horror inicial ante la «amplitud del mundo», se ha convertido, en un abrir y cerrar de ojos, en una pedantería admirable en la elaboración del mundo. Por ejemplo, en el lago de los Cuatro Cantones anota a la vista de la inmensa montaña: «La rúbrica de estas rocas enormes no puede faltar entre mis capítulos de viaje. He recogido ya un par de recios fascículos de archivos. Es un placer notar al final que así se pueden resumir algunas cosas anteriores».[41] Por el rodeo a través de la pedantería Goethe ha descubierto de nuevo su complacencia en el mundo y ahora disfruta la «facilidad» con la que capta los conceptos y los conserva. Eso lo ha hecho «rico», escribe el 14 de octubre de 1797 a Schiller; «la materia no me incomoda porque sé ordenarla o elaborarla inmediatamente, y siento más libertad que nunca para elegir múltiples formas».[42] Por medio de ejercicios prácticos había reconquistado su libertad de disponer a su arbitrio la experiencia. De forma muy detallada hace que el amigo de Jena participe en sus ejercicios de experiencia cotidiana, pero también sutil.

En Frankfurt, por ejemplo, Goethe se acerca a las ruinas de la casa de su abuelo, destruida con el último cañonazo de los franceses. Ahora observa exactamente qué ve y qué siente allí, y advierte cómo en torno a lo objetivo se deposita una corte de

193

significaciones. Las cosas que allí se pueden ver son las consecuencias de la Revolución, o sea, las huellas de la gran historia, el choque entre naciones y estilos de vida. Las tropas revolucionarias han trazado un rastro de desolación en la antigua cultura cívica de la ciudad, que ahora ha perecido. Hay allí escombros y ruinas, pero también se presiente y ve ya que surgirán pronto nuevos edificios, los especuladores están ya al acecho. Se añaden los recuerdos personales: Goethe jugó de niño en esta casa, y por aquí pasó en tiempos el orgulloso cortejo del emperador en el camino hacia la coronación. ¿Se trata de percepciones «sentimentales»?, pregunta Goethe. Sin duda, no; pero este tipo de experiencias no ha sido captado con exactitud. La casa destruida, cerca de la plaza del mercado, se convierte en un «objeto simbólico». ¿De qué tipo de símbolo se trata? No es un simbolismo de lo suprasensible, de lo espiritual. La relación que se establece no es vertical, sino horizontal; hay un símbolo del instante histórico, con sus entrelazamientos personales e históricos. Eso da como resultado una condensación rica en significaciones, que se presenta aquí a la observación atenta. Y no sólo se presenta a la percepción atenta, sino además a la configuración poética. Tales objetos en cierto modo se representan a sí mismos, están a mitad de camino de la transformación poética. Son, escribe Goethe a Schiller:

> Casos eminentes, que [...] están allí como representantes de muchos otros e incluyen en sí cierta totalidad, exigen cierta serie, estimulan lo semejante y lo extraño en mi espíritu, y así, lo mismo desde fuera que desde dentro, alzan la pretensión de cierta unidad y totalidad. Son, por tanto, lo que un tema feliz es para el poeta.[43]

La respuesta de Schiller es muy característica. A saber, mientras que Goethe pone la significación simbólica en la parte del objeto, Schiller acentúa la parte subjetiva:

> Sólo una cosa quiero recordar a este respecto. Usted se expresa como si la clave estuviera en el objeto, cosa que yo no puedo admitir. Por supuesto, el objeto ha de significar algo, a la manera

como el objeto poético tiene que ser algo; pero a la postre se trata del ánimo, de si un objeto ha de significar algo para él, y así me parece que [...] lo rico en contenido ha de radicar más en el sujeto que en el objeto.[44]

Si el ánimo está vacío, el objeto rico en significación no podrá emprender nada. Permanece tan vacío o cerrado como el sujeto embotado. Schiller recuerda la descripción que Goethe había dado de los habitantes de Frankfurt, cuyo temple de ánimo no es poético. Ellos viven, había escrito Goethe, «en un constante delirio de comprar y consumir».[45] Cerrados frente al propio interior, se pierden en la «distracción». Aquí no puede abrirse paso ningún temple poético, había escrito Goethe. Si falta ese temple, dice ahora Schiller, el hombre no experimentará lo simbólico en los objetos. La riqueza de significación del objeto es una función de la plenitud de significación del sujeto. Si el hombre tiene esta plenitud de significación, escribe Schiller, «cada calle, puente, nave, e incluso un arado»[46] será capaz de comunicarle alguna cosa.

Ambos coinciden, a la postre, en que los objetos no revelan su riqueza por sí mismos, sino solamente a través de un sujeto desarrollado, en que, por tanto, aquí se trata de un fenómeno de resonancia. Hay que abrir el objeto, cosa que sólo puede hacer un sujeto que se abre. ¿Cómo lo logra? No sólo por la relación consigo, sino además por la relación con el mundo. Por tanto, el proceso de apertura es recíproco. Cada uno se experimenta a sí mismo a través del mundo, y experimenta el mundo a través de sí mismo. Pero sigue en pie lo dicho, que este proceso comienza en el objeto, en el mundo, para Goethe, y en el sujeto para Schiller.

En su viaje, tras una corta estancia en Frankfurt –adonde le habían acompañado Christiane y August para presentarlos a la madre–, Goethe llega a Stuttgart, al mundo de Schiller. Goethe busca a los conocidos y amigos de Schiller, sobre todo a Rapp, el comerciante y mecenas del arte, que le hace de guía, y a Johann Heinrich Dannecker, que entonces ya había realizado el famoso busto de Schiller. «Se acuerdan de usted [...] con mucho amor y alegría, e incluso puedo decir que con entusiasmo»,[47] escribe Goethe. Schiller queda muy afectado por esta comunicación. Se apodera de él un «estado de ánimo sentimental», y al imaginarse a Goethe buscando allí los lugares y las personas de su juventud y de su *Sturm und Drang* (de su tormenta e ímpetu), rompe a llorar: «¡Qué no habría dado yo hace dieciséis años por encontrarme con usted en este suelo y qué prodigioso se me hace pensar en los estados y temples de ánimo que esta tierra evoca en mí junto con nuestra relación actual!».[48] Pero a Goethe le sucede algo diferente. La imagen del amigo que encuentra en aquellos parajes le recordó sin duda también todo lo que antes le repelía, lo extraño, lo rebelde, lo retórico, también lo antinatural y violento, en una palabra, *Los bandidos*. Cuando Goethe narra otra vez la buena fama de Schiller en la región, añade: «Creo que para nosotros dos fue una ventaja habernos encontrado más tarde y con mayor formación».[49]

Desde Stuttgart y Tubinga, Goethe sigue viaje a Zúrich a través de Schaffhausen. En Zúrich se reúne con Heinrich Meyer, que viene de Italia. No está a gusto. «Observo cierta mirada ceñuda en los suizos, especialmente en los de Zúrich»,[50] anota en el diario. En una callejuela se topa con un hombre macilento y encorvado. Es Lavater, al que antaño había venerado y que ahora lo abruma a polémicas por culpa de su paganismo; se escapa disimuladamente. A Schiller no le escribe ni una palabra sobre esto, pero anota en el diario: «En el viaje de regreso encuentro la grulla».[51] El malhumor de Goethe se mantiene. Las noticias de Italia no son buenas. Un viaje por libre parece imposible por la amenaza de guerra. Goethe encaja la situación de mala manera: la Revolución le ha producido ya mucho fastidio, y ahora le impide llegar a su querida Italia y a las obras de arte que el país alberga. Por lo demás, según se oye, Bonaparte está ya trasladando obras de arte a París. Goethe se decide a regresar. Pero quisiera por lo menos volver otra vez al paso de Gotardo, lo mismo que en su primer viaje a Suiza en 1775. Ahora le parece que aquél fue el final de su juventud. Desde aquella altura no se puede ver realmente Italia, la tierra prometida, pero sí a través del sentimiento. Escribe a Schiller: «El instinto que me impulsó a esto era muy compuesto y confuso [...] y sentía una aspiración prodigiosa a repetir y rectificar aquellas experiencias. Me había convertido en un hombre distinto y, por tanto, también los objetos tenían que parecerme distintos».[52] Quizás el yo envejecido tenía que demostrar al más joven que estaba todavía en condiciones de subir a tales alturas. Al pie del Gotardo, en Uri, compone un poema que Goethe incluye en una carta del 17 de octubre a Schiller:

> Ayer tu cabeza era aún morena como un rizo de amor,
> cuya forma benévola me hace gestos desde la lejanía,
> y al amanecer veo un gris argentado de nieve en tu cima
> que la noche de tormenta sobre tu cumbre derramó.
> ¡Ay!, la juventud está cerca de la vejez gracias al lazo de la vida,
> lo mismo que un sueño movedizo el ayer y el hoy unía.[53]

El poema es del 1 de octubre. El día 3, Goethe y Meyer han alcanzado el paso: «Nos acercamos poco a poco a la cumbre. Lodo, arena de mica, nieve, todo brota a tu alrededor. También lagos».[54] El padre Lorenzo sigue ejerciendo de posadero, como hace veinte años y obsequia a los caminantes. Luego viene la despedida y el regreso. Ahora recorren el camino de retorno, por las huellas de sus pies en la nieve; así es más fácil. Después de algunos días, llegan de nuevo al punto de partida, a Stäfa, en el lago de Zúrich. Aquí Goethe se recupera y escribe cartas. «En una mañana muy lluviosa, estimado amigo, me quedo acostado en mi cama, para conversar con usted y darle noticias de nuestro estado, a fin de que usted nos acompañe como hasta ahora con su espíritu.»[55]

La región que acababan de recorrer era la de Guillermo Tell.

Han pasado la pradera de Rütli, donde según la leyenda, se produjo el juramento contra la tiranía; se detuvieron junto a la capilla, que recordaba el salto de Guillermo Tell a la libertad, visitaron Uri, el lugar de nacimiento del héroe, a juzgar por el relato. En este viaje tuvo Goethe la idea de una epopeya sobre este personaje. Se trata, escribe a Schiller, de una materia poética que me «infunde mucha confianza».[56] Esta carta contiene también una observación lisonjera para Schiller: «La esperanza de compartir con usted lo conquistado y de llegar a una mayor unión teórica y práctica es uno de los motivos más bellos que me atrae a casa».

Schiller queda electrizado por la idea de Goethe sobre Guillermo Tell. Como si ya la hubiera adaptado para él, le borbotean las ideas acerca de todo lo que puede extraerse del asunto. De modo que escribe: «De la significativa estrechez de la materia dada surgirá toda una vida ingeniosa».[57] Y prosigue: «En su limitación ocupará y conmoverá íntima e intensamente el poder del poeta. Y a la vez desde estas bellas materias se abre de nuevo una mirada a cierta amplitud del género humano, igual que entre las altas montañas se abre la vista a libres lejanías».

Goethe retiene todavía durante cuatro años la idea de su *Guillermo Tell,* antes de confiársela a Schiller. Pero éste se alegra provisionalmente de reflexionar con Goethe y para Goethe acerca de algunas cosas relativas a este tema. «Cuánto he deseado, también a causa de este poema, volver a estar pronto unido a usted.»[58]

A finales de octubre, Goethe abandona Suiza y un mes más tarde, el 20 de noviembre de 1797, llega a Weimar, en una jornada de lluvia y viento. Dos días más tarde visita de nuevo el teatro y se sienta en aquel palco que había hecho construir para Schiller. E inmediatamente lo comunica al amigo.

10

A comienzos de 1798 se producen cambios en la relación entre Goethe y Schiller. Al principio, era Goethe el autor de poesía, y Schiller le acompañaba; pero a partir de 1798, esta situación se invierte.

Entre 1794 y 1797, Goethe vivió un periodo extraordinariamente creador. Es la época de dos de sus obras principales, *Wilhelm Meister* y *Hermann y Dorothea*. En cambio, la producción poética de Schiller estaba de momento estancada. Incluso lo atormentaban las dudas acerca de su talento lírico. A Körner le escribió que, en comparación con Goethe, tenía la impresión de ser un «granuja poético».[1] Pero se sentía fuerte en el campo de la teoría estética. No sólo especulaba con grandes conceptos, sino que también era capaz de penetrar profundamente en obras particulares con su aguda comprensión del arte. Lo demostró con sus análisis y comentarios sobre la obra de Goethe de aquellos años. Era su forma de acompañar al amigo, comprendiendo y analizando. Pero era poco lo que podía exhibir en el terreno poético. No obstante, alimentaba su orgullo prometiendo a Goethe que le serviría como espejo de la conciencia: «La bella relación que reina entre nosotros hace que para mí sea una especie de religión convertir su asunto [...] en el mío, configurar lo que en mí es realidad como el espejo más puro del espíritu [...], y así merecer llamarme su amigo en un sentido superior de la palabra».[2]

Pero a principios de verano de 1797, en la competición de las baladas, Schiller reencontró el camino hacia su propia obra poética. En octubre de 1796 se había decidido ya por *Wallenstein*, pero sólo poco a poco retomó las antiguas fuerzas. Se preguntaba si su imaginación se mostraría de nuevo servicial y le dio la respuesta el logro que comenzó a prepararse durante el año 1797. En la transición del año 1797 a 1798, leyó de una tirada lo que había escrito hasta ese momento y vio que era bueno. Escribe a Goethe: «Tengo la impresión de haber ido más allá de mí mismo, algo que es fruto de nuestro intercambio; en efecto, sólo el renovado y continuo contacto con una naturaleza objetivamente contrapuesta a mí [...] ha podido hacerme capaz de ampliar en tal medida los límites subjetivos».[3]

Schiller agradece al amigo la recuperada productividad poética, y Goethe devuelve esta gratitud pues también él conecta causalmente su propio periodo creador con aquella amistad: «El favorable encuentro de nuestras dos naturalezas nos ha proporcionado ya alguna ventaja y espero que esta relación siga actuando siempre en igual manera [...]. Usted me ha proporcionado una segunda juventud y me ha convertido de nuevo en poeta, algo que casi había dejado de ser».[4]

Pero cuando Goethe escribió esto, a principios de enero de 1798, su inspiración comenzaba a reducirse. Se quejaba de sentirse cortado de toda productividad. De hecho, en los años que siguieron no escribió ninguna obra de importancia, con excepción de *La hija natural.* En cualquier caso, no terminó ninguna gran obra. Redactaba sus artículos y medias narraciones para *Los Propileos,* trabajaba en su teoría de los colores, y seguía con sus poemas para *Fausto*. Pero no estaba realmente contento. Las cosas le iban de otra manera a Schiller. Él era ahora el que realizaba obra tras obra a un ritmo vertiginoso, aquella serie de obras teatrales convertidas inmediatamente en clásicos, desde *María Estuardo* hasta *Guillermo Tell*. Ahora, Goethe ejercía de nuevo la función del que comenta, estimula y admira.

El renovado poder creativo de Schiller comenzó con su *Wallenstein*. Antes había sido importante para él cerrar su «barraca filosófica». No obstante, el genio reflexivo de Schiller encontró todavía una fundamentación filosófica para la despedida provisional de la filosofía. «Sólo la filosofía», escribe el 9 de julio de 1796, «puede hacer inocuo el filosofar».[5] Hay que tener claro que el fundamento creador no soporta demasiada transparencia. Un germen de vida ha de poder actuar, el intento de comprenderlo puede tener un efecto paralizador. Schiller había aprendido esto con el ejemplo de Goethe, que defendió siempre el inconsciente creador frente a esclarecimientos prematuros. Schiller, dispuesto como siempre a extraer consecuencias radicales, hace inmediatamente de esta defensa de la oscura fuerza creadora una cuestión de principios, la cual se refiere a la relación del estado moral práctico del espíritu, dirigido por la razón, con el «temple estético del espíritu», que tiene una articulación completamente distinta.

Schiller, que antes había exigido siempre frente a Goethe la mayor claridad, realiza ahora un giro sorprendente y a la vez crítico consigo mismo. Está dispuesto a ver un problema en la voluntad de claridad. ¿Por qué la exigencia de claridad, por qué queremos hacer explícito lo implícito? Lo que nos hace buscar claridad inequívoca, escribe Schiller a Goethe el 11 de julio de 1796, es la «necesidad de motivos de consuelo».[6] Aspiramos a lo inequívoco en el conocimiento y la moral porque lo ambiguo en lo práctico y en lo teórico nos inquieta y nos hace inseguros. En la inquietante media luz de la vida ordinaria nos agarramos a lo claro como a una tabla de salvación. Por eso los conceptos claros salen al paso de nuestra exigencia de orientación y de la «necesidad de motivos de consuelo». Ahora bien, el «temple estético del espíritu» no tiene necesidad de esta orientación racional y de este consuelo a través de la claridad, sino que disfruta de lo ambiguo: el temple de ánimo, lo simbólico, lo susurrante. «La bella y sana naturaleza no necesita [...] ninguna moral, ningún derecho natural, ninguna metafísica política [...], ninguna divinidad, ninguna inmortalidad para apoyarse y sostenerse.» El hombre estético no necesita ninguna respuesta a las grandes preguntas que plantea la razón especulativa: ¿qué puedo saber, qué puedo esperar, qué debo hacer? El hombre estético tiene tanta «autonomía e infinitud» en sí, que no viene a parar en el desierto de las abstracciones en busca de soporte y orientación. Schiller entiende ahora por qué Wilhelm Meister recorre el camino de su vida casi con seguridad de sonámbulo, por qué en cada instante es natural y a la vez racional, por qué es guiado de forma oscura pero determinada por la Sociedad de la Torre, acerca de la cual no se sabe a ciencia cierta lo que se lleva entre manos, por qué aquí la casualidad y la necesidad se esfuman. Es la «actitud estética del espíritu» la que produce todo esto y responde también a la pregunta de por qué la novela mencionada es clara y concisa en los detalles particulares, y en conjunto se pierde en la luz crepuscular de lo carente de límites.

En el curso de estas reflexiones, con las que Schiller quiere ir tras las huellas de dicha «oscuridad», de la que ya había hablado Goethe en una de sus primeras cartas, con fecha del 27 de agosto de 1794, aquél tantea con el propósito de llegar a una comprensión más clara del sentido de la oscuridad. La filosofía, que tiende a la claridad y a la agudeza conceptual, puede destruir los gérmenes vitales, que están anclados en la oscuridad y lo inconsciente. Una filosofía que conoce este peligro es una filosofía en la segunda potencia, es decir, una filosofía que convierte en tema de reflexión su propia peligrosidad, la seducción por parte de sí misma. La filosofía es necesaria para poner límites a los daños que ella misma produce o, dicho con las palabras de Schiller: «Sólo la filosofía puede hacer inocuo el filosofar».

En sus reflexiones sobre el sentido vital de lo oscuro y del «temple estético del espíritu», Schiller topa con la figura paradójica del filosofar: son las reflexiones filosóficas las que pueden impedir que el filosofar sea seducido por sí mismo, por su voluntad de claridad y transparencia. El pensar descubre el sentido propio de lo vivo y, para conservarlo, se limita a sí mismo. Según hemos dicho, en esto consiste aquella filosofía en la segunda potencia que se dirige críticamente a sí misma para poner al descubierto el instante creador. Schiller pregunta a Goethe cómo se produce en él el comienzo, la inspiración originaria y, por lo que se refiere a sí mismo, da esta respuesta: «En mí la sensación al principio no tiene un objeto determinado y claro, éste se forma más tarde. Precede cierto temple musical del ánimo, y en mí, a éste le sigue la idea poética».[7] La segunda reflexión lo libera de una planificada economía interior, de la presión de conceptos demasiado fuertes; queda liberado para procesos inconscientes. Reconoce que el control de sí mismo en él con frecuencia comienza demasiado pronto, tiene que impedir el impedir. Y eso puede aprenderlo de Goethe.

Por tanto, Schiller descubre este segundo filosofar, que defiende el sentido propio de la vida contra el sentido propio del pensamiento, en el instante en que se propone volver desde la filosofía al gran teatro, desde el mundo de las fundamentaciones racionales al mundo de las afirmaciones artísticas.

El 22 de octubre de 1796, según anota en el calendario, Schiller comienza a trabajar en *Wallenstein*. Es un gran momento, pues ya han transcurrido casi diez años desde su última pieza teatral, *Don Carlos*. Schiller está excitado, casi miedoso. Ha reflexionado mucho sobre el drama, y con Goethe ha tenido inacabables conversaciones al respecto. Las exigencias que se plantea a sí mismo son elevadas. ¿Logrará darles cumplimiento? El 23 de octubre escribe a Goethe: «Es cierto que me he propuesto llevar a cabo *Wallenstein,* pero todavía estoy dando vueltas en torno al tema, y espero una mano poderosa que me arroje dentro por completo».[8] Pocos días después comienza a escribir realmente, pero se estanca de nuevo y vuelve a profundizar otra vez en las fuentes históricas. Después de dos semanas comunica a Goethe: «Cuanto más rectifico las ideas sobre la forma de la obra, tanto más monstruosa me parece la masa que he de dominar y, verdaderamente, sin cierta fe audaz en mí mismo difícilmente podría seguir adelante».[9]

En una carta a Körner del 28 de noviembre de 1796 expresa más claramente que en la correspondencia con Goethe los obstáculos que ha de superar. Está en primer lugar la enorme masa de materia que ha de ponerse bajo una forma dramática. De cara al drama, la materia se muestra «inflexible en alto grado»,[10] pensemos solamente en las enredadas acciones del Estado, las intrigas, la acción dispersa, las secas materias de la diplomacia. Todo eso se le presenta como «una superficie infinita que no puedo abarcar con la mirada y sólo con arte inefable puedo poner ante la fantasía». Luego está la propia figura de Wallenstein. «Su carácter nunca es noble», escribe, y, sin embargo, es «colosal». Quizá tomado por sí mismo es una impresionante figura escénica, pero no tiene ningún contrincante de igual condición.

Las dificultades que Schiller tiene ante él son enormes. ¿Por qué las busca, por qué se deja incitar por ellas, si nota a la vez que del contenido no puede «esperar casi nada»?[11]

A Schiller le impulsa una voluntad de poder a través del arte. Quiere volver incondicionalmente al teatro, al lugar del ejercicio inmediato del poder artístico, y quiere demostrar que después de diez años su destreza no ha disminuido, sino que, en la medida de lo posible, incluso se ha perfeccionado, y, en consecuencia, las dificultades no pueden ser suficientemente grandes. Quiere probar que está en condiciones de dominar una materia dura, una materia monstruosa.

Para comenzar con el teatro como lugar de la ejercitación artística del poder, Schiller se retira hacia aquel lugar «donde los corazones de tantos cientos se estremecen por la fantasía de un poeta, como tocados por el golpe omnipotente de una varilla mágica».[12] Sólo en el teatro puede experimentarse de forma inmediata este efecto. Aquí la voluntad de poder juega con un público. Goethe conoce ahora suficientemente bien a su Schiller para poder valorar su genuina pasión por el teatro. Le había rogado que reelaborara su *Egmont* para elevar la eficacia escénica de la pieza. Y ahora le proporciona una ocasión de salir de nuevo en volandas, aunque no sin utilidad propia. En octubre de 1798 tiene lugar la reapertura del renovado y transformado teatro de Weimar. Goethe propone para esta ocasión desmembrar alguna sección del proyecto de *Wallenstein*. Goethe perseguía esta idea ya antes de que Schiller hubiera decidido dividir *Wallenstein* en tres partes. Es Goethe el que sugiere esta idea una vez que ha conocido el preludio en el campamento de Wallenstein, que Schiller llamó primeramente «Prólogo». Al principio, Schiller no quería configurar como una pieza autónoma estas «escenas de masas», según el prototipo de *Julio César*, de Shakespeare. Más bien, tales escenas habían de presentar solamente el trasfondo atmosférico y la base social para la acción de Wallenstein. Goethe descubre de inmediato que aquello era grandioso, una especie de pliego de imágenes que habla por sí sola, puesto que en ella se reflejan las fuerzas propulsoras de toda una época. Argumenta que esta sucesión de escenas puede tener autonomía por sí misma también en la ejecución, y añade que eso a la vez establecería la tensión para la obra principal. «Solamente su Campamento explica su delito»,[13] leemos en *El campamento de Wallenstein*. Schiller se deja persuadir, y Goethe obtiene su pieza para la apertura del teatro en octubre. Goethe somete a Schiller a la presión de las fechas, e incluso interviene en el asunto, pues corrige y contribuye a la redacción de poemas, como «La canción del soldado» y «El Sermón del capuchino». En las dos semanas que precedieron a la representación, Schiller aumenta todavía en un tercio el texto de *El campamento de Wallenstein* y el 12 de octubre de 1798 se produce el estreno. Aguijoneado por Goethe, Schiller ha regresado triunfalmente al teatro y puede disfrutar del éxito desde su palco. Es cierto que la primera representación en Weimar no fue tan celebrada como las posteriores, pero pronto se puso de manifiesto que con la trilogía de *Wallenstein* se había creado para el arte dramático alemán un modelo con el que habrían de medirse las generaciones posteriores. Schiller lo presiente, y Goethe lo expresa abiertamente.

Por lo que se refiere al segundo aspecto de la voluntad de poder de Schiller, a saber, la voluntad de dominio artístico de la materia monstruosa, el autor alcanza su meta esplendorosamente. Schiller, aconsejado por Goethe, encuentra recursos que le permiten condensar el complicado acontecer en algunos nudos de la acción para sacar a la luz el trasfondo y el subsuelo atmosférico y social. Para esto no basta una primera exposición teatral durante las primeras apariciones de los actores en escena. Una pieza cerrada en sí misma asume esta exposición, a saber, *El campamento de Wallenstein,* según hemos dicho. En ella se hace visible un «mundo en conjunto», en medio del cual se desarrolla el gran drama, el ascenso, la grandeza y la caída de Wallenstein. Si Schiller hubiera intercalado escenas particulares del campamento en el drama, la atención se habría dispersado. «Es el espíritu el que se construye el cuerpo»,[14] leemos en *Wallenstein*. El Campamento es exactamente aquel cuerpo que Wallenstein se ha creado y que a la vez lo ha producido a él. La tragedia consistirá en que al final este «cuerpo» se sustrae, sigue su propia dinámica y se convierte en la perdición de su «creador».

Entre los recursos geniales de Schiller se cuenta el de no seguir la tradicional forma dramática de encumbramiento y caída posterior, sino que lleva la acción a un plano inclinado donde ésta se dirige hacia abajo desde el principio,[15] primero despacio y luego cada vez más deprisa. Schiller escribe a Goethe que ha logrado «llevar la acción ya desde el principio a una precipitación e inclinación tal, que corre hacia su fin en un movimiento constante y acelerado». Así se representa también la ironía cruel. Wallenstein toca las estrellas, pero se le escapa que está a punto de caer. Wallenstein cree actuar, y no advierte que se actúa con él. Schiller une la técnica de la retardación y la de la aceleración. En la historia larga y enredada de Wallenstein, Schiller separa el segmento temporal cercano a su asesinato. Son los instantes condensados de la catástrofe todavía demorada. Ése es el efecto de la retardación, y la impresión de aceleración se produce porque en el plano inclinado todo se desliza y tiende precipitadamente al ocaso. Wallenstein cae en el momento en el que cree que, con su traición al emperador y su adhesión a Suecia, posiblemente ha inaugurado el capítulo más grandioso de su acción. Wallenstein se ve en el umbral del triunfo de su voluntad de poder, y en realidad está a punto de labrarse su final.

¿Cuánto produce él mismo y cuánto es producido por el destino? Sobre este punto Goethe y Schiller habían mantenido correspondencia y hablado extensamente. Coincidían en que el dominio del destino es lo peculiar de la antigua tragedia griega. En cambio, el teatro «moderno» es individualista; aquí los caracteres y el choque entre ellos desempeñan la función decisiva. Schiller quiso representar en *Wallenstein* una síntesis de destino y carácter. El carácter tenía que ser fuerte, así lo requerirían sus ideas de libertad y autodeterminación. Pero también el enrejado humano, como una especie de destino moderno, tenía que desempeñar una función decisiva. Lo dicho se podría expresar así: se trata de la libertad de un gran individuo, que en definitiva se prepara el propio ocaso, aunque sin intención; y se muestra el poder anónimo de un tejido de acción que consta de muchos actores y que en definitiva se convierte en destino para el individuo. El 28 de noviembre de 1796 escribió a Goethe que la «economía de las tragedias» no está realizada aún, pues «el auténtico destino aún actúa demasiado poco, y los defectos del héroe aún influyen demasiado en su desdicha».[16] Por tanto, habría que conceder más poder al destino. Sin embargo, hay que excluir los poderes trascendentes. Por otra parte, había que contar con la fe de Wallenstein en el poder de las estrellas como destino, acreditada históricamente. ¿Había de desempeñar una función en el drama esta fe? Schiller dudaba. Había introducido un oráculo en la acción, pero esto resultaba insatisfactorio teatralmente. Pidió consejo a Goethe. ¿Había de introducir en la pieza la «fe astrológica» como motivo sustancial? La famosa respuesta de Goethe en este asunto es ella misma una especie de profesión de fe. Escribe:

> La superstición astrológica descansa en el oscuro sentimiento de un tremendo todo del mundo. La experiencia muestra que los astros más cercanos ejercen un influjo decisivo en el clima, la vegetación, etcétera, y se puede ascender siempre por niveles, sin que sea posible decir dónde cesa el influjo.[17]

Esta respuesta es para Schiller una verdadera ayuda a la hora de decidirse. Con gratitud asume la fórmula de Goethe sobre el tremendo todo del mundo, donde se mueve la fe astrológica y donde tiene su derecho legítimo. En cualquier caso adapta su propio concepto secular a esta fe. La fe de Wallenstein en los astros aparece insistentemente; no es un motivo ciego, sino una creencia que caracteriza al protagonista, aunque sin ser constitutiva. En efecto, las decisiones que toma Wallenstein radican en su carácter, y sin duda, las habría tomado también sin respaldo astrológico. No obstante, Schiller, de acuerdo con el consejo de Goethe, usa el motivo astrológico como símbolo del enlace de la acción humana con el «tremendo todo del mundo». Ahora bien, para Schiller resulta determinante que este «tremendo todo del mundo» no se cifra precisamente en la conexión cósmica. Para Schiller el motivo trágico moderno se cifra en que la acción se separa del agente y se enreda en la madeja humana, donde muestra efectos no controlados, y así, a través del «tremendo todo del mundo», repercute de nuevo en el autor y acaba destruyéndolo.

Wallenstein ha jugado con la traición, a medias en su corazón, a medias en la realidad. Y la realidad termina enredándolo de tal manera, que ahora ya no es dueño de su juego.

Puede ser que Wallenstein lo presienta, pero no quiere darlo por cierto. Y si vacila, lo hace porque quiere preservarse la ilusión de sus posibilidades de acción. Aquí, en esta vacilación, Schiller logra algo que Goethe admira. Wallenstein, un hombre de acción, se convierte en un Hamlet, pues, igual que éste, se muestra también como hombre de posibilidad, que se espanta si ha de renunciar aunque sólo sea a una de sus posibilidades. El poder al que se aferra en la vacilación, es la plenitud de posibilidades antes de la decisión. ¿Qué otra cosa es la realidad sino la reducción de posibilidades? La realidad fuerza a la riqueza de posibilidades a pasar por el ojo de la aguja de la decisión, con pérdidas incalculables. Es la realidad la que cautiva a uno y lo enreda en la lógica independiente de los hechos, de los que ya no somos dueños. Quien quiere conservar sus opciones, como Wallenstein, teme la irreversibilidad de la acción. En el mundo de las posibilidades hay un antes y un retorno, aquí no estamos entregados todavía al tiempo irreversible. Pero en la acción y la decisión nos entregamos al tiempo y quedamos despojados de nuestras posibilidades, que no son sino la posibilidad de una libertad independizada del tiempo. Pero Wallenstein quiere actuar en el tiempo y dominarlo; dicho de otro modo, quiere ambas cosas a la vez, ser un hombre de poder y un hombre de posibilidad. Quiere el poder de la realización y quiere aquel poder que se asegura de sus opciones. Schiller muestra un rasgo de ingenio cuando, dentro de aquel monólogo hecho a imagen del famoso monólogo de Hamlet, hace que Wallenstein, el hombre de acción, exprese el secreto del impedimento de su acción. La voluntad de poder se dobla sobre sí misma y se hace cavilosa:

> ¿Será posible? ¿Ya no podré otra vez como quería? ¿Tendré que realizar la acción puesto que la he pensado? [...] Me gustaba tan sólo en el pensamiento. La libertad me incitó, y la capacidad. ¿Fue injusto deleitarme en la ilusión de la esperanza real? ¿No me quedó libre la voluntad en el pecho? ¿Y no vi al lado el buen camino, que

siempre me mantuvo abierto el retorno? ¿Adónde me veo conducido de pronto? Detrás de mí no hay camino, y se construye un muro con mis propias obras, un muro de gran altura que el retorno me impide [...]. En mi pecho era mi acción mía todavía; una vez arrojada del rincón seguro del corazón, su suelo materno, entregada a la lejanía de la vida, pertenece a aquellos poderes maliciosos que ningún arte humano hace familiares.[18]

Con cada decisión se cierra una flecha del tiempo. El camino de retorno está excluido. Las decisiones crean un «muro con mis propias obras», dice Wallenstein. Llevan el propio hilo a la textura imprevisible de lo real y se enredan con ello en la «lejanía de la vida». Quien actúa tiene que alienarse. Nunca se reconocerá de nuevo perfectamente en sus acciones y menos todavía en las consecuencias lejanas que de ellas se derivan.

Sin duda es también un fruto de la amistad con Goethe el que Schiller, en *Wallenstein,* crea por primera vez una figura de mujer realmente lograda. Thekla, hija de Wallenstein, tiene algo del poder amable y dulce de Klärchen y Gretchen. Wallenstein quiere casar a Thekla y obtener ganancias políticas de ese matrimonio; el amor como pasión no tiene ningún puesto en su imagen del mundo. Thekla ve las cosas más desilusionadamente que su amado, Max Piccolomini. Ella ve con claridad el juego, nota que se quiere utilizar el enamoramiento de Max para atarlo más fuertemente a Wallenstein, y presiente que se quiere hacer fracasar una unión real entre ellos. En su monólogo dice: «En ese escenario no habita la esperanza, sólo un sordo estruendo de guerra habita aquí, e incluso el amor, con armadura de acero, preparado para la lucha a muerte se presenta».[19] En esta «lucha a muerte» también el amor sucumbirá; Thekla muere, igual que Max. El presentimiento de la joven se consuma: «El corazón está muerto, el mundo está vacío, y ya no da nada más al deseo».[20]

Los juegos del poder vacían el mundo. Un poderoso sucumbe y arrastra consigo a los que dependen de él. No triunfa ningún orden superior, ningún fin más alto. Algunos se asustan por el abismo de nihilismo trágico que contiene la obra. También Goethe lo percibe y escribe a Schiller:

Puedo imaginarme muy bien el estado de su trabajo. Tampoco yo logré jamás elaborar una situación trágica sin un vivo interés patológico, y por eso prefería evitar tales situaciones y no buscarlas [...]. Es cierto que no me conozco lo suficiente para saber si podría escribir una verdadera tragedia, pero me asusto ante la empresa y estoy casi persuadido de que el mero intento podría destruirme.[21]

Expresa la sospecha de que ya la Antigüedad comprendió que el simple horror ante el monstruoso todo del mundo sólo puede soportarse en el «juego estético», y de que, por tanto, el arte tiene que ser tanto más artístico cuanto más intensamente se percibe lo absurdo y espantoso de la vida. Y también comprendió, a la inversa, que una cultura, cuanto más desarrollado está su sentido metafísico de la forma, tanto más puede recibir y elaborar la materia negativa de la experiencia. Esta idea de la fuerza absorbente del «juego estético» es una aplicación concreta de la teoría del juego de Schiller. La formulación de Goethe es más breve: el estilo hace que se pueda vivir lo que, en rigor, es insoportable. Más adelante, leeremos en Nietzsche que tenemos el arte para no hundirnos en la vida.

Si la forma y el estilo pueden significar una forma de sobrevivencia, no ha de sorprendernos que cuando Schiller le leyó fragmentos de *Wallenstein*, Goethe alabara la bondad de la forma,[22] que le permitía soportar lo patético de la materia. Y cuando Goethe, estimulado por *Wallenstein*, se pone a trabajar de nuevo en su *Fausto*, escoge algunas partes redactadas en prosa y escribe a Schiller acerca de ellas: «Intento [...] actualmente darles rima, pues la idea irradia a través de un velo, pero el efecto inmediato de la materia monstruosa queda amortiguado».[23] Con *Wallenstein* había llevado Schiller grandiosamente a la escena un mundo sin consuelo. Aquel trabajo le provoca sombríos estados de ánimo, en ocasiones la «materia» le oprime, pero lo resuelve rápidamente cuando se presenta el «temple de ánimo estético del espíritu», tan pronto como logra la forma artística. Ninguna experiencia es tan opresiva que no pueda aligerarse mediante una conseguida formación y formulación. De todos modos Schiller está extraordinariamente satisfecho de lo que ha realizado. Escribe a Cotta: «En mi vida nada he logrado realizar tan bien»,[24] y se alegra de «haber aparejado la fuerza y el fuego de la juventud con la tranquilidad y claridad de la edad madura».

Ya antes de que *Wallenstein* llegara al escenario, corrían los rumores acerca de su temática. Intendentes y directores de teatro preguntaban y solicitaban el derecho de representación. Especial insistencia mostró Iffland desde Berlín, donde dirigía el Teatro Nacional. Estaba dispuesto a pagar cualquier precio. «El público», escribía, «lo reclama con añoranza.»[25] A cambio de unos elevados honorarios, Iffland pudo representar *Wallenstein* después del estreno en Weimar. Pero en el último momento hubo que retirar *El campamento de Wallenstein,* pues, según se decía, podía entenderse como una difamación del Estado militar de Prusia.

En Weimar había comenzado el éxito teatral. En su teatro se representó la trilogía entera en tres noches: el 15, el 16 y el 20 de abril de 1799. A lo largo de toda la semana, *Wallenstein* es el principal tema de conversación. El duque felicita a Schiller en el palco de honor y manifiesta el deseo de que Schiller se instale en Weimar. Goethe organiza una fiesta social en honor del poeta. Las damas plantean una y otra vez a Schiller la pregunta de qué ha sido en realidad de la dulce Thekla, que después de la muerte de Max Piccolomini se despide con las palabras: «Es su espíritu el que me llama».[26] Molesto con la pregunta, compone un poema burlesco, pero que fue tomado en serio: «Thekla. Una voz espectral». Para contentar de una vez por todas a las damas de Weimar, hace que Thekla hable desde el más allá, diciendo que allí todo es bonito y bueno, que Max y ella están unidos, que también Wallenstein se encuentra bien y que agradece el interés.

Goethe se había ocupado enérgicamente y con plena entrega de todos los detalles de la ejecución, del vestuario y los decorados; junto con los actores había ejercitado a veces los yambos, difíciles de pronunciar. Para esclarecer el sentido del tono extraordinariamente elevado de la obra, citaba un pasaje de una carta de Schiller donde éste cree advertir una disminución del interés del púbico por las obras triviales, y llega a la conclusión de que *Wallenstein* encontrará un momento propicio. «Es muy probable que el público esté ya harto de ver su propia cara y de encontrarse en una sociedad tan negativa [...]. Quedarse boquiabierto tantas veces contemplando una cara cotidiana tiene que llegar a cansar.»[27] De ahí el tono elevado, los yambos, que han de aprender los actores, aunque no les resulte cómodo. Goethe hizo en estos días de corrector riguroso.

Pasados los días de representación en Weimar, turbulentos y ebrios de aplausos, Schiller está tan animado que se entrega inmediatamente a su próximo proyecto. Escribe a Goethe: «He [...] empezado a estudiar el proceso de María Estuardo. Se me han ofrecido inmediatamente un par de trágicos motivos principales».[28] Tiene tanta prisa por pasar a la próxima obra porque su salud se mantiene, por el momento, relativamente buena, en comparación con otras épocas. Era para él una pesadilla constante pensar que un día exento de dolores y debilidad trascurriera sin sacarle provecho. La composición de *Wallenstein* había durado tanto por culpa de los ataques de la enfermedad: convulsiones estomacales, dolores de cabeza, reumatismo. Por un día bueno, le decía en cierta ocasión a Goethe, tenía que pagar con cuatro días de sufrimiento. Sin duda exageraba, pero su salud era muy mala. A veces tenía que rogarle a Goethe que se abstuviera de visitarlo. «He de renunciar», escribía una vez, «incluso de recordar las cosas estéticas.»[29] En tales ocasiones Goethe omitía la visita y en su lugar enviaba un plato de asado.

Fueron los ataques de la enfermedad los que obligaron a Schiller a aislarse.[30] Goethe tomó esto en consideración, pero intentaba una y otra vez sacar al amigo de su cerco, pues a veces Schiller no salía de casa durante semanas. Cuando Goethe adquirió un nuevo coche, pretendía aprovechar los días soleados de verano para pasear con Schiller. Éste ponía reparos, pero de vez en cuando se dejaba sorprender por Goethe. Éste se dio cuenta de que bastaba simplemente con situar el coche ante la puerta, sin el latoso protocolo de invitación, acuerdo y aviso previo.

Naturalmente, Schiller también se cansaba de aquella vida sedentaria. El 13 de febrero de 1797 escribía a Körner: «Una vida de prisión en mis cuatro paredes sin interrupción se me hace inaguantable y a largo plazo no podría soportarla».[31] Se interesa por alguna casita ajardinada y pregunta a Goethe si puede alquilarle la suya. Goethe se la ofrece de inmediato, pero advierte que la vivienda no es apta para el invierno y es demasiado pequeña para la familia, que ya consta de cuatro miembros. Schiller encuentra finalmente una casa tal como la deseaba encima de Jena y la hace reformar. Allí pasa los veranos de 1797 y 1798, y allí se le puede observar cuando, con paso rápido y las manos a la espalda, rodea la casa. Éste es el movimiento que se impone. Sólo cuando Goethe está de visita sus paseos son más largos.

11

Mientras Goethe ayuda en la composición de *Wallenstein*, recurre simultáneamente a la concepción que Schiller tiene del arte para esclarecer las cuestiones poéticas relativas a los géneros, de las que se ocupa en ese momento. ¿En qué se distinguen la epopeya y el drama? ¿Cuáles son las notas importantes del género literario y cuáles son las materias aptas en cada caso?

Con anterioridad, Goethe se había decidido de forma intuitiva, pero no siempre con acierto, tal como observa en tono de crítica contra sí mismo. Por ejemplo, no aceptaba que *Egmont* fuera un drama propiamente dicho. A su juicio, era de tipo épico. Gracias a Schiller, quería adquirir claridad teórica. Igual que a él, no le mueve un interés académico, sino práctico. El 30 de octubre de 1797 escribe a Schiller: «Una forma pura ayuda y soporta y una forma impura siempre obstaculiza y arrastra».[1] Asegura que *Wilhelm Meister* le ha costado gran esfuerzo porque carecía de claridad suficiente sobre la forma novela. Es decisivo no equivocarse «en el objeto y en la forma».

Después de la epopeya burguesa *Hermann y Dorothea*, Goethe planeaba una epopeya heroica, a la que quería titular *Aquiles*. Y la planeaba con la pretensión audaz de cerrar el abismo entre la *Ilíada* y la *Odisea*. Pero le acecharon dudas. Esta materia, la muerte de Aquiles, ¿no exige más bien la forma del drama? Estas vacilaciones explican también por qué le preocupaba la pregunta por el género. El resultado de las conversaciones con Schiller es *Sobre poesía épica y dramática,* un texto que mucho más adelante (1826) Goethe publicará con su nombre y el de Schiller, pues consideraba que los pensamientos que desarrolla eran

215

obra común. Por lo regular era Goethe el primero en presentar algunas observaciones, que luego Schiller analizaba. Goethe aportaba la experiencia, Schiller atendía al orden sistemático de los puntos de vista. Eran cometido de Schiller las distinciones, las separaciones; Goethe hacía referencias a las concordancias y conexiones. Se habían puesto de acuerdo en la fórmula de que la distinción entre la epopeya y el drama es ésta: «El épico considera el hecho como completamente pasado, y el dramático lo representa como enteramente actual».[2] El épico toma distancia y permite al público que también se distancie. El desasimiento épico permite digresiones, reflexiones, avances y retrocesos en el tiempo. El receptor recibe más estímulos que ataduras. El drama es diferente. Aquí la acción y los conflictos han de sacudir al espectador, hasta dejarlo sin respiración. El épico deja libertad a su público, el dramático se la roba. El épico reivindica la imaginación de sus oyentes o lectores y, por tanto, apela a la actividad propia. El drama funciona de otro modo, en cuanto es representado. Cautiva a los espectadores, con la consecuencia de que éstos apenas pueden «elevarse a la reflexión»[3] y de que a la propia fantasía se le impone «completamente el silencio».

A estas reflexiones comunes Goethe añade un pensamiento que sin duda no había asomado todavía en las conversaciones, a saber, la distinción entre el «rapsoda», que se dirige a un público que le escucha, y el «actor», que es contemplado en sus acciones. Con esta reducción a dos arquetipos de la representación, Goethe da de nuevo una prueba brillante de su pensamiento dirigido a lo concreto. Schiller asume con gusto esta idea, y también a él se le ocurre algo. Quiere proponer, escribe, «un medio auxiliar para hacer intuitiva»[4] la diferencia entre epopeya y drama: «La acción dramática se mueve ante mí, y en torno a la acción épica yo me muevo a mí mismo». Y ésta es realmente la fórmula más breve para diferenciar la forma de acción de la epopeya y la del drama: éste encadena, aquélla suelta. En consecuencia, el poeta ha de distinguir si una materia exige una rigurosa sucesión temporal o, por el contrario, un reflexivo avance y retroceso en el tiempo. En el primer caso será recomendable la forma del drama, y en el segundo, lo será la epopeya o la novela. Esta diferencia es concorde con la distinción de Schiller entre poesía ingenua y poesía sentimental. La forma épica, creando distancia, tiende a lo sentimental, mientras que el drama puede aparecer como ingenuo, pues hace presente inmediatamente el acontecer. En este contexto, Schiller reflexiona sobre cómo se encuentra exactamente su *Wallenstein*. El protagonista quiere en cierto modo conservar la libertad de la conciencia épica; él quisiera permanecer señor de sus acciones, y eso significa también señor del tiempo, lo cual es dado en todo caso al narrador, pero no al actor. Por tanto, es un drama con un héroe que se comporta épicamente. Además, lo épico y lo dramático están unidos en *Wallenstein* de otra manera. Schiller nota que con *El campamento de Wallenstein* ha creado una especie de preludio épico al auténtico drama, una hoja de imágenes de las circunstancias, que invitan a la consideración reflexiva antes de que la acción dramática arrebate al espectador. Por tanto, según la definición de Schiller, es primero el espectador el que en cierto modo se informa y mueve en el lugar de la acción, pero luego se mueve solamente la acción delante de él, y éste «pierde la libertad».[5]

En el otoño de 1797, cuando el final de *Las Horas* ya era previsible, Goethe había concebido el plan de editar un nuevo periódico. No había de ser tanto una revista como una serie de escritos, una «sucesión de pequeños tomitos»,[6] tal como Schiller escribe a Cotta. Se habían ganado al editor Cotta gracias, en gran medida, a la intercesión de Schiller. Cotta se siente atraído por la perspectiva de obtener para su editorial las obras de Goethe, sobre todo el *Fausto,* lo que al final consiguió. Pero el nuevo periódico será un negocio ruinoso. De los mil quinientos ejemplares del primer tomo se vendieron solamente quinientos. Cotta había temido el fracaso, pues en *Los Propileos,* título del nuevo órgano, dominaba más fuertemente todavía que en *Las Horas* la intención docente y educadora. Había que ganar al público en ideas artísticas para un clasicismo al estilo de Winckelmann, para la noble sencillez y la callada grandeza. Heinrich Meyer, adlátere artístico de Goethe y su más celoso colaborador, había tenido la idea de denominar la revista como el espacio de entrada en la Acrópolis. El nombre era adecuado, pues de hecho la revista había de ser como un atrio que introdujera en el santuario del gran arte.

Schiller había prometido su colaboración, pero de momento se mantuvo retraído. Según sus propias palabras, *Wallenstein* y el anuario *El Almanaque de las Musas* exigían toda su fuerza de trabajo, y además no se sentía suficientemente competente en el campo de las artes plásticas, que habían de estar en el centro de *Los Propileos*.

Con *Los Propileos* Goethe quería hacer propaganda a favor de su concepción de la «verdad natural» y la «verdad artística».

Por lo que se refiere a la verdad natural, los pintores y los cultivadores de las artes plásticas tenían que aprender anatomía y teoría de los colores. Desde su punto de vista, hay que instruirse en los objetos naturales antes de transformarlos artísticamente. Hay que conocer la realidad antes de idealizarla. Para este fin Goethe pretendía publicar en *Los Propileos* sus trabajos anatómicos y ópticos. Puesto que el mundo científico apenas tomaba en consideración sus incursiones en ese ámbito, al menos el público interesado por el arte había de sacar provecho de ellos.

En lo referente a la verdad artística, se apoyaba en el modelo de la Antigüedad. En su escrito sobre Winckelmann dice Goethe que entonces el hombre, como ser natural, fue puesto en la cumbre de la naturaleza y que es tarea suya

> producir de nuevo una cumbre [...]. Alcanza esta cumbre en la medida en que se conoce a sí mismo con toda la serie de sus perfecciones y virtudes, y a partir de aquí invoca la elección, el orden, la armonía y la significación, y finalmente se eleva hasta la producción de la obra de arte, que asume un puesto radiante junto al resto de sus acciones y obras.[7]

La verdad artística es una naturaleza incrementada, transformada, no sólo una naturaleza imitada.

Las obras de arte antiguo conservadas, que Goethe conoció en Italia y que correspondían a este ideal de una naturaleza incrementada, debían darse a conocer mediante descripciones, reproducciones, explicaciones, etcétera. Y nada más puede esperarse, escribe Goethe en el texto de introducción programática a *Los Propileos,* pues Napoleón, el «genio motor», amenaza con destruir todo el «cuerpo artístico» de Italia, ya que roba los tesoros artísticos que allí se guardan. No se ha comprendido, continúa, «lo que el mundo pierde en este instante, pues se cortan muchas partes de este gran conjunto antiguo».[8] *Los Propileos* anuncian un ideal artístico y entonan a la vez una elegía a lo perdido.

El primer número apareció en octubre de 1798, y se publicaron cuatro más en enero, abril, junio y diciembre del año siguiente. El último número salió un año más tarde a causa de la lentitud en las ventas. A Goethe le decepcionó la escasa aportación de Schiller y el hecho de que se limitara sobre todo a la función de compañero de discusión. El 10 de mayo de 1799 escribe a Meyer:

> Prefiero no esperar nada de Schiller. Es magnífico en lo que se refiere a inventos y elaboración del plan, a perspectivas en todas las direcciones, y con su ayuda he puesto de nuevo dos o tres bases importantes; pero no hay que esperar de él ninguna contribución a un determinado fin.[9]

La ayuda de Schiller, que Goethe menciona en esta carta, se refiere a una aportación iniciada a finales de 1798 y publicada en el verano de 1799 con el título de *El coleccionista y los suyos.* Goethe caracteriza este texto novelesco como un «pequeño cuadro de familia en cartas»,[10] cuyo tema son «las diversas direcciones que pueden tomar el artista y los aficionados». Con Schiller había hecho una lista de las posibles actitudes con respecto al arte y había trazado toda la escala: desde los aficionados a la imitación hasta los excéntricos de la invención, desde lo objetivo sin fantasía, hasta lo fantástico sin objeto. Schiller esbozó las ideas, mientras que Goethe se encargó del revestimiento narrativo, donde las diversas actitudes son representadas en cada caso por determinados tipos de carácter. El editor estaba encantado: por fin le ofrecían una pequeña y divertida carta novelesca, con humor y gracia, en lugar de un tratado seco y doctrinal.

A manera de ficción, un coleccionista narra en una serie de

cartas dirigidas a los editores de *Los Propileos* cómo el padre, el tío y él mismo han reunido sus cuadros. El padre, al que Goethe confiere rasgos del suyo, está centrado en la imitación fiel de la naturaleza. Contratan a un pintor, que proporciona paisajes y retratos, pero éstos, comparados con el original, dejan mucho que desear. Son «armónicos» e «ingeniosos», pero no «naturales», responden simplemente al gusto francés. Por suerte, el pintor tiene un hijo dotado, y éste proporciona retratos de todos los parientes, junto con el ajuar doméstico, que son fieles al patrón. El joven pintor confecciona también un retrato de la hija de la casa, tan fiel a la naturaleza, que no sorprende a nadie cuando, a la postre, ambos jóvenes se ponen de acuerdo en «vivir y morir juntos».[11] Pero la muchacha muere de verdad, y el pintor no puede dejar de pintarla, pues sólo así puede soportar su pérdida. Pinta también todos los utensilios que se la recuerdan, su libro de canto, un bolso, una copa. Baste esto sobre los trabajos de duelo de un artista para el que todo se cifra en la imitación. Otra mujer joven en la casa, la sobrina de la difunta, crece en medio de todas esas copias, demasiado numerosas, de lo real y por eso se dirige a lo fantástico.

> ¿Qué puede hacer la pobre Julie si se siente estimulada por lo sorprendente y lo ingenioso, de manera que le gusta ver representado lo admirable y esto le proporciona distracción por los sueños móviles encadenados entre sí?[12]

Los imitadores y los fantasiosos constituyen los polos extremos, entre ellos se mueve la variedad de los caracteres mezclados: los «diseñadores», que esbozan solamente sin acabar nada; los «miniaturistas», que desarrollan caprichosamente los detalles y pierden de vista el conjunto; los «flotantes» y «nebulosos», los «serpenteantes» y «ondeantes», que prefieren el ornamento, lo juguetón y lo lleno de presentimientos; y se contraponen a ellos los «esquemáticos» y «rigoristas», que buscan lo esencial en la abstracción adelgazada. Schiller había contribuido a esbozar esta serie de tipos y, puesto que en ese momento estaba enojado contra los jóvenes románticos por culpa de la revista *Athenäum,* se cuidó de que también esta gente recibiera su propio calificativo: los «imaginativos», que «intentan estimular la imaginación sin preocuparse de la medida en que se hace justicia con lo intuido».[13]

Entre el personal de esta pequeña familia de la novela se encuentra una figura que hace pensar de lejos en Schiller. Este retrato ajeno a la realidad muestra a un joven filósofo que en la escuela de Kant ha aprendido a «entrar en sí mismo» y «sorprender»[14] el propio espíritu «en sus operaciones», si bien con el resultado de que de nuevo ha de aprender laboriosamente a conocer la realidad. En definitiva, lo logra muy bien, y así llega a una impresionante entrada en escena: puede defender el verdadero idealismo contra sus peligrosos enemigos, el realismo llano, por una parte, y el entusiasmo romántico, por otra. En el retrato del joven filósofo, Goethe esconde un pequeño detalle biográfico de la historia de la amistad con Schiller. Así como Lotte, cuya tía madrina era la señora Von Stein, preparó a Schiller el camino para encontrarse con Goethe, de igual manera en el relato Julie hace que el tío, pareja de contraste con Goethe, trabe amistad con el joven filósofo, por más que éste inicialmente lo ponga nervioso. Por tanto, en ambos casos es una mujer joven la que introduce el vínculo de amistad entre hombres tan diferentes. Schiller, que seguramente notó la alusión, quedó singularmente afectado cuando en el verano de 1799 leyó la obra en su redacción final. El 20 de junio de 1799 le dice a Goethe que el escrito «ha de ejercer un efecto sorprendente en cualquier hombre receptivo».[15]

El relato epistolar *El coleccionista y los suyos* había surgido del común esquematizar, que entonces era una ocupación preferida de ambos amigos. Apenas está concluido el texto, se ponen de nuevo a esquematizar algo. Ahora recogen y ordenan las razones por las que el diletantismo artístico representa un gran peligro para el arte. ¿Por qué? Están persuadidos de que para el arte lo contrario de lo bueno es lo pensado con buena intención. Y para su gusto, esto último abundaba en exceso. De hecho, el final del siglo vio cómo en círculos nobles y burgueses se abría paso poderosamente el arte de los legos, en Weimar dentro de la sociedad palaciega, y en Jena, entre la burguesía. En todas partes se hacían acuarelas y siluetas, poesías y rimas, se cantaba y sonaban los instrumentos musicales. Y el teatro gozaba de un especial prestigio. Era un deseo generalizado el de actuar uno mismo, se aspiraba a representarse a sí mismo. No olvidemos que la *Ifigenia* de Goethe fue estrenada por el teatro de aficionados de Weimar, con la actuación del joven duque. Desde que a principio de los años noventa Goethe asumió la dirección del teatro en Weimar, se cuidó mucho de la profesionalidad. Goethe sabía que el diletantismo podía conducir al arte, lo había experimentado personalmente en la pintura, que él practicaba sólo como diletante. Por tanto, el diletantismo ayuda mucho, pero solamente cuando no es confundido con el arte genuino.

A Goethe le gustaba compararse con un jardinero que cuida, cultiva y desyerba. Schiller era diferente. Como escritor profesional defendía el honor de su estamento. Goethe quiere instruir a los diletantes, Schiller quiere rechazarlos, en especial cuando presuntuosamente se dan pisto de ser colegas. En este sentido, para Schiller algunos románticos eran propiamente diletantes. «El diletante nunca describirá el objeto, describirá solamente su sentimiento sobre el objeto», leemos en un complemento para el esquema en un escrito a mano de Schiller, donde éste dice además: «Todos los nacimientos diletantes [...] tendrán un carácter patológico». Para un artista no basta ser un «sujeto interesante» o tenerse por tal.

Goethe quiso, también esta vez, transformar narrativamente esta colección de ideas esquematizadas. El 22 de junio de 1799 escribe a Schiller:

> Mucho me gustaría darle también una forma poética, en parte para hacerla más universal, y en parte para darle un efecto más ameno. Pues ahora comienzo a ver con espanto cómo artistas, empresarios, vendedores, compradores y aficionados se han ahogado en el diletantismo, y lo veo ahora porque nosotros hemos pensado tanto el asunto y hemos dado un nombre al niño [...]. Si nosotros abrimos un día nuestras compuertas, se arreglará el furioso comercio, [...] donde la chapucería se ha instalado tan alegremente [...]. Tiene que producirse un colosal diluvio universal.[16]

Relampaguea ahí de nuevo la arrogancia polémica, el afán de disputa que aparecía en los *Epigramas*. Y de nuevo Schiller se deja contagiar. Responde furioso: «Puesto que de momento no se puede confiar mucho en construir y plantar, ya es algo si por lo menos se puede inundar y demoler. La única relación con el público de la que uno no puede arrepentirse es la guerra».[17]

Al final se quedaron en el esquema. Se habían divertido y habían logrado también algo de claridad. ¿Por qué volverse a gastar con el público? Pasado el «aguacero», escribe Goethe, pronto vuelve todo a los antiguos cauces. Tal como lo mostró la escasa resonancia de *Los Propíleos,* la mayor parte del público no se interesaba por la represión y el adoctrinamiento. Goethe y Schiller volvieron a reflexionar sobre aquella fórmula con la que en su momento habían interrumpido la disputa de los *Epigramas:* es mejor el buen ejemplo de la propia obra que la refriega polémica. El 20 de julio de 1799 Goethe sostiene: «Demorarnos en nosotros mismos (...) para producir alguna obra aceptable, una detrás de otra. Lo demás es todo perjudicial».[18] Cabe añadir que se vislumbraba el final de *Los Propíleos,* con lo que la ilusión de realizar el propósito también decaía, pues cuando se sermonea no puede faltar el púlpito.

En el esquema del «Diletantismo» no se hablaba de política. Pero ésta desempeñaba una función en el trasfondo. A principios de 1799 el duque había rechazado bruscamente la solicitud del profesor Schütz y de su señora en la que expresaban su propósito de establecer un teatro independiente en Jena, y la rechazó por motivos políticos. Desde su punto de vista el teatro había de permanecer vinculado a la corte, y no debía producirse ninguna concurrencia independiente. El duque presentía en tales iniciativas para el fortalecimiento del público burgués el peligro de jacobinismo, especialmente en este momento en que la disputa del ateísmo en torno a Fichte producía una inquietud general en Jena.

Fichte editaba la revista *Diario Filosófico*. En diciembre de 1798 aceptó la publicación del tratado del kantiano Karl Forberg sobre la evolución del concepto de religión, donde se rechazaba explícitamente el Dios de la revelación y la religión se fundaba tan sólo en la ética. Aunque Forberg no argumenta de otra manera que su maestro Kant, Fichte, temiendo malas consecuencias, antepuso al texto publicado un pequeño tratado suyo: «Sobre el fundamento de nuestra fe en un gobierno divino del mundo», con el que pretendía salir al paso de la acusación de ateísmo. La fe ortodoxa en un Dios que premia y castiga es tildada de profundamente irreligiosa. Con Dios no se pueden establecer cálculos, decía Fichte; desde su punto de vista, existe solamente en nuestras incondicionales decisiones morales. Estas aclaraciones lo empeoraron todo. Lo que por precaución había de salir al paso de los ataques, fue ello mismo objeto de ataque. En el Electorado de Sajonia apareció un escrito anónimo que acusaba de ateísmo a Fichte y Forberg. Sobre la base de esta denuncia, el gobierno del Electorado de Sajonia prohibió la difusión de la revista en sus territorios, y exigió a la junta rectora de la Universidad de Jena y, por tanto, también a Karl August, que confiscaran el escrito y castigaran a los autores, pues en caso contrario se prohibiría a los súbditos del país visitar la cercana ciudad de Jena. Al duque Karl August este asunto le resultó muy molesto, pues pensaba casar a su hijo, el príncipe heredero, con una hija del zar, y por eso debía cuidarse de no mancillar su fama como antirrevolucionario. Y también por otras razones le desagradaba la dirección dominante en Jena desde hacía cierto tiempo. En cualquier caso tenía a Fichte por un jacobino de la más pura cepa, y le sentó muy mal que Goethe propiciara su nombramiento y que últimamente frecuentara a esta gente problemática en la universidad. Escribió, ciertamente no a Goethe mismo, sino a su colega ministerial Voigt, encargado de encauzar la tormenta:

> Por culpa de Goethe me he enfadado diez veces hasta el borde de la vergüenza; muestra gran simpleza en cuestiones de crítica, y se complace en ello de tal manera, que en este punto ha pervertido mucho a los suyos. Considera las cosas y todos los asuntos académicos con tal ligereza, que omite todo lo bueno que podría producir en sus frecuentes estancias en Jena. Podría saber más fácilmente que nadie lo que enseñan aquellos seductores y habría de ponernos al corriente de esto, y a ellos mismos habría de per-

suadirlos y mantenerlos en el orden mediante exhortaciones. Sin duda se mostrarían obsequiosos, pues la infinitud de la que se precian es muy limitada, ya que son una raza pendiente de su puesto y sus ingresos.[19]

La reacción inicial de Goethe es relajada. «El discurso de castigo del Serenísimo [...] está pensado y escrito con buen propósito»,[20] le dice a Voigt, y recomienda esperar la defensa de Fichte. Pero éste no cede, sino que pasa a la ofensiva. Tacha de hipócritas a sus adversarios, y afirma que su propia religión moral es la auténtica religión para hombres libres.

En Weimar prefieren resolver el asunto sin hacer ruido, a saber, con una amonestación y la exhortación a manifestarse en el futuro con mayor cautela ante el público en general. Así pensaba Goethe, y también el duque, que en realidad no era un devoto. Consideraba que la religión sólo es útil para los súbditos, y que los instruidos pueden pensar entre ellos lo que quieran. Fichte no quiere tomar en consideración la distinción entre crítica esotérica de la religión y adaptación exotérica. Él actúa con la vehemencia de Lutero: aquí estoy yo, no puedo ser de otra manera. Cuando en un escrito a Voigt amenaza con que en caso de ser amonestado dimitirá y otros colegas le seguirán, en Weimar deciden reprenderlo, con el consentimiento de Goethe, y, en consecuencia, optan por aceptar su dimisión. El asunto tiene para Fichte un epílogo vergonzoso, pues ahora declara que la amonestación recibida no es de tal índole que se vea forzado a la dimisión y, por tanto, ruega poder permanecer. De este modo, ante los ojos del duque, Fichte se desenmascara como un fanfarrón y un cobarde, y así aquél se ve confirmado en su juicio de que Fichte pertenece a aquel tipo de personas que están pendientes de su plaza y de sus ingresos. «¡Qué pueblo tan miserable es éste!», anota Karl August en el margen de la carta de Fichte, «el asunto sigue su curso y *adieu,* Fichte».[21]

Goethe había dado su consentimiento al despido de Fichte, pero no tomó parte activa en el asunto. El 30 de agosto de 1799 escribe a Schlosser: «Por lo que se refiere a Fichte, siento que hubiéramos de perderlo, y que su necia arrogancia lo expulsara de una existencia que no encontrará de nuevo (...) en el amplio globo terráqueo (...). Sin duda es una de las cabezas más privilegiadas; pero temo que se ha echado a perder para sí mismo y para el mundo».[22] Goethe destruyó más tarde los documentos escritos sobre este asunto que guardaba en su poder.

En el intercambio epistolar entre Goethe y Schiller el tema aparece en pocas ocasiones y sólo al margen. Hablan del «consabido asunto»;[23] por tanto, habían hablado sobre el tema, y probablemente Schiller había comentado el problema con Goethe cuando el 26 de enero de 1799 escribió a Fichte que en círculos cortesanos de Weimar había sabido que le querían dejar la «libertad de escribir, aunque no deseaban que ciertas cosas se dijeran en la cátedra».[24] Pero en este momento Fichte no estaba dispuesto todavía a ninguna concesión táctica, de manera que Schiller no emprendió nada más en este asunto. Cuando Fichte, después del despido, fue expulsado también del país y solicitó asilo al príncipe de Schwarzburg-Rudolfstadt, Schiller hizo el siguiente comentario en una carta a Goethe del 14 de junio de 1799: «Es incomprensible cómo en este amigo una imprudencia sigue a la otra [...]. Ahora supone que el príncipe de Rudolfstadt, que está a las órdenes del diablo, además de concederle un alojamiento, le dará protección pública y [...] se comprometerá con todas las cortes que piensan de otra manera».[25] Schiller, que en una ocasión también tuvo que huir de un príncipe, siente ahora mayor empatía con un príncipe que con alguien que busca asilo. Ciertamente lamenta la partida de Fichte, pero parece estar de acuerdo con el procedimiento del gobierno y también con el comportamiento de Goethe.

Con la partida de Fichte se fortaleció en Schiller el sentimiento de que en torno a él crecía el vacío. Era evidente que entre los jóvenes románticos en la casa de Schlegel la «convergencia filosófica» (*«Symphilosophie»*) y la «convergencia poética» (*«Sympoesie»)* alcanzaron su punto culminante, y floreció allí la vida social. Pero Schiller no participó en absoluto en esto. Aquellos que eran importantes para él desaparecieron de Jena. Esto puede decirse especialmente de Wilhelm von Humboldt, que había abandonado Jena en un gran viaje a París y España. En los últimos años había sido especialmente él quien, en compañía de Goethe, visitaba amistosa y regularmente la casa de Schiller. Con la despedida de Humboldt de Jena, Schiller se vio limitado más que antes a la amistad con Goethe, pues el otro amigo, Christian Gottfried Körner, vivía en Dresde, demasiado lejos para visitas regulares. Goethe era ahora no sólo un amigo para el intercambio intelectual, sino también para el intercambio cotidiano.

En la primavera de 1797, Schiller tomó en consideración de nuevo ir a vivir a Weimar, para estar más cerca del amigo también en la vida de cada día. Dos años más tarde, en la primavera de 1799 se añadió un segundo motivo para el traslado. Schiller, que con *Wallenstein* había regresado triunfalmente al teatro, quería estar en el lugar del teatro. Con la ayuda de Goethe quería llevar al escenario la serie de sus piezas, que ahora planificaba con entusiasmo productivo. Y Goethe, por su parte, podía exonerarse del teatro teniendo cerca a su amigo. Pero Schiller no quería renunciar completamente a Jena. La casita del jardín recientemente adquirida seguiría utilizándose en verano. Por tanto, cuando Schiller se trasladó a Weimar, pensaba en dos residencias: Weimar para el trabajo de teatro y Jena para la filosofía.

Goethe ayudó en la búsqueda de residencia en Weimar. Encontró una vivienda en casa del peluquero Müller. Antes, allí había vivido Charlotte von Kalb.

Las semanas de búsqueda de vivienda estuvieron ensombrecidas por una grave enfermedad de Lotte. La fiebre nerviosa quizás era una consecuencia del difícil nacimiento de la hija Karoline Henriette. El 23 de octubre Lotte perdió la conciencia. A lo largo de varios días tuvo un fuerte delirio, ataques espasmódicos, vómitos y fiebre alta. Schiller pasa noches enteras junto a la cama de la enferma. El médico y consejero áulico Stark lo preparó para lo peor. Debía hacerse a la idea de su muerte; y la posibilidad de que Lotte pudiera perder la razón era aún más horrible para él. Estaba desesperado, lleno de angustia y agotado por la vigilia. En esta situación Goethe se acredita como un amigo que comparte los sentimientos y está dispuesto a prestar ayuda. El 26 de octubre escribe: «Nuestros estados están entretejidos tan íntimamente, que yo siento en mí lo que le acontece a usted».²⁶ Lotte supera la crisis, la fiebre cede, pero se mantiene el estado enmohecido, casi sin conocimiento. La mujer no pronuncia palabra. Goethe se deshace de sus obligaciones y viene a Jena, donde con frecuencia pasa varias horas diarias en casa de los Schiller para hacer compañía al amigo y distraerlo con conversaciones sobre el trabajo. Lentamente mejora el estado de Lotte. Poco a poco regresa a la vida, comienza a hablar de nuevo y recupera la memoria. El 21 de noviembre ella escribe su primera carta después de la enfermedad. Para Schiller es una especie de nuevo nacimiento. Ahora puede pensar otra vez en el planeado traslado a Weimar.

En diciembre de 1799 Schiller abandona Jena acompañado de su familia y, con varios carruajes para el equipaje. «Todos los recuerdos de las últimas semanas pueden quedarse en el valle de Jena, queremos empezar aquí una nueva vida alegre.»²⁷ Pero también se queda allí Goethe, que quiere mantenerse alejado de la «onda de la sociedad»²⁸ de Weimar todavía un par de días, de una sociedad que ahora, tal como él escribe jovialmente, sin duda «enjuaga» incluso a Schiller. Lotte, con su hija pequeña, encuentra alojamiento para las primeras semanas en casa de la señora Von Stein. Schiller vive con el otro hijo y el criado en la nueva vivienda y vigila la reforma. Pocos días más tarde también Goethe vuelve a Weimar. Comienza el segundo periodo de la historia de su amistad. Goethe y Schiller son ahora vecinos.

12

Schiller, que en Jena había llevado una vida más bien retirada, en Weimar queda enganchado inmediatamente en una «onda social», tal como Goethe le había anunciado. Tan sólo dos días después de su llegada recibe una invitación del duque para una conversación privada. Al día siguiente se celebra una gran recepción social en casa de la duquesa y de la duquesa madre. Casi todos los días Schiller se encontraba con Goethe, o bien en su propia casa, o bien al otro lado, en el Frauenplan. Los actores hacían la primera visita, y tuvo encuentros con Herder, Wieland, Jean Paul y en general con los que pertenecían al círculo intelectual de Weimar. Casi todas las noches, antes o después de los eventos sociales, acudían al teatro. A las dos semanas Schiller se queja ya en los siguientes términos: «Las inquietudes y las distracciones durante las primeras semanas de mi estancia aquí me han impedido escribir»; hay «aquí demasiada gente ociosa [...], de modo que se hace preciso estimular el espíritu; y este cometido corresponde en primer lugar a la poesía y al arte».[1]

Enseguida queda claro lo que Goethe y también la corte esperaban de Schiller: nuevas obras y también colaboración en los trabajos del día en el teatro. Goethe había asumido la dirección del teatro desde 1791, y durante los primeros años la ejerció sin especial orgullo. Había llevado a la escena sobre todo lo usual y popular, melodramas y temas familiares de Kotzebue e Iffland, juegos de caballeros, comedias francesas recientes. De sus propias obras, si prescindimos de *Egmont*, pieza que había sido representada con escaso éxito, sólo habían aparecido en escena *El*

Gran Cophta y *El ciudadano general,* producciones realizadas con rapidez y sin grandes exigencias.

Del traslado de Schiller a Weimar se prometía Goethe ayuda en la realización enérgica de un nuevo estilo de teatro. Aquello sobre lo que se habían entendido teóricamente los años anteriores y que habían llevado a la práctica con gran éxito mediante la representación de *Wallenstein,* a saber, lo que podría llamarse la nueva dramaturgia de Weimar, tenía que trasladarse eficazmente a la nueva casa del teatro e irradiar en otros escenarios de Alemania. Después de los *Epigramas* y de *Los Propileos,* la educación cultural de la nación debía continuarse en la práctica teatral.

De hecho, en torno a 1800 en ningún otro ámbito de su actividad pudieron lograr Goethe y Schiller una concordancia tan íntima y productiva como en éste. Sus puntos de vista, que luego fueron decisivos para el trabajo práctico del teatro, se basaban en algunos principios desarrollados en común.

El primer principio era: también para el arte teatral rige lo que Goethe escribe sobre el pintor en la introducción a *Los Propileos,* a saber, «que ha de atenerse a la naturaleza, estudiarla, reproducirla y crear algo que sea semejante a sus manifestaciones».[2] El teatro ha de regirse por la naturaleza.

Pero, en segundo lugar, la orientación por la naturaleza ha de estar bajo la ley de la forma del arte, que produce su contexto especial de sentido, un reino de orden propio. Por tanto, la «verdad de la naturaleza» se convierte en «verdad del arte». En la introducción a *Los Propileos* Goethe formula este principio: «Tan pronto como el artista toma algún objeto de la naturaleza, éste ya no pertenece a la naturaleza, es más, se puede decir que el artista lo produce en este momento, en cuanto toma de él lo significativo, característico, interesante o, más bien, pone dentro del mismo el valor superior».[3] Según Schiller, esto sucede gracias al libre juego de la «imaginación».[4] Por tanto, la verdad del arte es la verdad de la naturaleza lúdicamente incrementada. Schiller esclarece este principio del incremento en el prólogo a su *Wallenstein.* La pieza, leemos allí, ha de ser apropiada «para agitar el fondo profundo de la humanidad».[5] Puede ser que la materia histórica no ofrezca esto de manera inmediata. Y si llega a brillar en la significación superior del arte, será mérito de la configuración artística.

El tercer principio, que se refiere a la técnica artística, queda formulado así: la obra de arte no puede ocultar su carácter de arte. No se consigue el ideal del arte cuando los pájaros pican en las uvas pintadas que engañosamente se presentan como reales. Goethe y Schiller piensan más bien en una especie de técnica de extrañamiento. Ha de conservarse la «ilusión consciente de sí misma»,[6] escribe Goethe; y Schiller, en su poema dedicado a la elaboración que Goethe hace del *Mahoma* de Voltaire, dice que la tragedia no anuncia «otra cosa que una fábula, / y con profunda verdad sabe encantar, / la falsa se presenta como verdadera para embelesar».[7]

Goethe y Schiller llaman «naturalismo» a este presentarse falsamente como verdadero. Consideran que la tarea más urgente es impugnarlo a través de la purificación del arte teatral. Frente al intento de establecer el verso en el escenario, se anuncia la resistencia del naturalismo en su forma llana, que objeta: los hombres no hablan tan artificiosamente, y hay que dejarlos hablar como en la vida real. Ante esto, Goethe y Schiller se atienen al lenguaje potenciado mediante el ritmo y la rima, el cual acentúa lo artificial y suprime la ilusión realista. El lenguaje inusual del verso fuerza a la disciplina, que resalta la importancia del significado. En el momento en que está poniendo en verso su *Wallenstein,* Schiller escribe a Goethe:

> Desde que transformo mi lenguaje prosaico en otro poético-rítmico, me encuentro bajo una jurisdicción completamente diferente de la anterior, y ahora ya no puedo utilizar incluso muchos motivos que en la ejecución prosaica están muy en su sitio; éstos eran buenos para la ordinaria comprensión doméstica, cuyo órgano parece ser la prosa [...]. En realidad todo lo que quiere elevarse sobre lo común habría de concebirse en verso [...], pues lo llano nunca sale tanto a la luz como cuando es expresado en la forma de escribir sometida a reglas.[8]

En su respuesta, Goethe lleva la observación de Schiller al terreno de los principios. El gusto del público, dice, pide prosa, pero una «obra» verdaderamente «autónoma» exige el discurso sometido a reglas, y de ahí se sigue: «En todo caso estamos forzados a olvidar nuestro siglo si queremos trabajar según nuestra convicción».[9]

El verso sirve a la «verdad artística». Medido con la vida ordinaria es tan innatural como los demás elementos del escenario, desde los bastidores hasta la iluminación, desde el lenguaje hasta la acción temporalmente comprimida. La ópera, escribe Schiller, es quizá la única forma de arte que ha hecho popular el antinaturalismo. Pues en su caso caemos menos en la tentación de medir el acontecer de la escena inmediatamente con la realidad, y sólo alguien con una visión cultural limitada se admirará de que los actores canten de forma prolija en lugar de hablar simplemente entre ellos. «En la ópera se dispensa realmente de aquella servil imitación de la naturaleza»,[10] y ha de someterse a reflexión, concluye Schiller, si el teatro no habría de acercarse más a la ópera. Schiller lo intentará en *La novia de Mesina,* con arte elevado, pero con menor efecto en el público. En este drama Schiller experimenta con la introducción del antiguo coro. En el prólogo a la edición escrita de la obra aclara: «La introducción del coro sería el último y decisivo paso, y aunque sólo sirviera para declarar abierta y cabalmente la guerra al naturalismo en el arte, sería para nosotros un muro vivo que la tragedia traza en torno a sí misma, para cerrarse netamente frente al mundo real y conservar su suelo ideal, su libertad poética».[11]

Goethe admiró la obra como una lograda transformación del teatro antiguo y no vaciló en llevarla inmediatamente a los escenarios en la primavera de 1803. Al principio quiso utilizar máscaras antiguas, pero desistió porque un año antes, al representar la versión del *Ion* de Eurípides que había escrito August Wilhelm Schlegel, el juego de máscaras en la escena había provocado la extrañeza del público. *La novia de Mesina,* de Schiller, se acercaba bastante a la idea que tenía Goethe de una obra de arte total, donde música y danza, lenguaje métrico y movimiento rítmico confluían en una unidad. Goethe comprometió el conjunto de cantores del teatro de la corte, que sólo actuaban en las óperas. El compositor berlinés Karl Friedrich Zelter, que aquel año se afianzó en su función de confidente íntimo, transcribió algunas partes del coro a frases de canción, pero no terminó la tarea porque Goethe anticipó la fecha del estreno. Para Goethe, *La novia de Mesina* era un alarde de la nueva dramaturgia de Weimar, y no es ninguna casualidad que, en sus «Reglas para los actores», extrajera de esta pieza la mayoría de los ejemplos de texto que exigía el tono elevado.

Goethe y Schiller hicieron frente común contra el «tono de conversación falsamente entendido»[12] y contra el «falso concepto de naturalidad». En la primavera de 1800, Goethe, en una visita a Leipzig, asistió a algunas representaciones teatrales y se las describía a Schiller como si hubiera ido a parar a la Babilonia pecadora del naturalismo impugnado.

> El naturalismo y una conducta suelta e impensada, en conjunto y en sus detalles particulares, no puede seguir manteniéndose así. No hay ninguna huella de arte y decoro. Una dama de Viena dijo muy acertadamente: los artistas no tienen ni por asomo en cuenta la presencia de los espectadores. En la recitación y la declamación de la mayoría de ellos no se nota la menor intención de ser entendidos. Es continuo el volverse de espaldas y hablar hacia el fondo, y así siguen las cosas con la llamada naturaleza.[13]

Estos abusos habían de contenerse mediante las «Reglas para los actores»: «El actor en escena no ha de dejar ver ningún pañuelo para el constipado, menos todavía podrá sonarse la nariz, y mucho menos aún escupir; es terrible que dentro de un producto artístico te recuerden esta naturalidad».[14]

¿Cómo se evita esta falsa «naturalidad»? La mejor manera es tener conciencia siempre de que en el espectáculo no hay ningún momento en el que los actores no estén siendo observados. «Los actores no han de actuar entre ellos, por una naturalidad mal entendida, como si no hubiera allí ningún tercero.» El teatro es un lugar eminentemente público, en él no se trata de estar como en la vida real, entre las cuatro paredes de la intimidad, y en el escenario no hay que hacer como si se diera esta cuarta pared, algo que aún exigía Diderot. El teatro, dice Goethe, no puede disimular que se dirige siempre a aquel ominoso tercero. Este rasgo ostentativo ha de penetrar la actuación entera en el escenario. La vida no es espiada aquí como a través de una mirilla, sino que es representada. Es cierto que las personas actúan y hablan entre sí, pero siempre ante testigos. No se abandonan, sino que se muestran. Son representantes. Desde el prisma de la vida ordinaria en el teatro se habla demasiado, y es precisamente innatural la manera en que allí los protagonistas «se dejan ir con cierta amplitud».[15] Esto ciertamente contradice a la verdad de la naturaleza, pero es lo que exige la verdad del arte. El escenario hace explícito lo que con frecuencia en la vida real permanece implícito. En cualquier caso, la dramaturgia de Weimar exige esa explicitación.

Naturalismo y naturalidad tergiversada son un peligro para el arte. Otro peligro es lo desnaturalizado. En el primer caso tenemos demasiada poca forma y en el segundo hay demasiada forma. Goethe y Schiller consideraban como un ejemplo espantoso de desnaturalización la tragedia francesa clásica, contra la que en tiempos había luchado Lessing. Por eso la admiración de Schiller fue tanto mayor cuando, poco antes de su traslado a Weimar, Goethe inició la traducción del *Mahoma* de Voltaire, una de las piezas que pasaban por ser un modelo de la tragedia clásica. El 30 de enero de 1800 tuvo lugar el estreno, con ocasión del aniversario del nacimiento del duque. Goethe rogó a Schiller que cooperara en los preparativos. Ése fue el primer cometido de Schiller en Weimar, que para fastidio suyo lo distrajo del trabajo en su *María Estuardo*.

Goethe no se había entregado de forma completamente voluntaria a la traducción de Voltaire. Lo había hecho por deseo del duque. Hasta ahora éste había dejado a Goethe campar por sus respetos en el teatro cortesano; pero ahora el duque quería imponer su gusto también en este terreno. Desde el asunto del ateísmo en torno a Fichte ya no estaba enteramente de acuerdo con la *ligereza* de Goethe en cuestiones de espíritu y cultura; desde su punto de vista Goethe hacía demasiadas concesiones a las y sólo en esto concordaba con la dura crítica de la religión de Voltaire.

En la elaboración de *Mahoma* eliminó la retórica abundante en palabras. Suavizó también algunas cosas y, sin embargo, también en la traducción Mahoma siguió siendo una figura sombría. Pero, en Goethe, Mahoma no es como en Voltaire un taimado impostor y delincuente, sino que es un demonio, o sea, un genio oscuro. Es cierto que declara con cinismo: «Utilicemos tranquilamente la ilusión de la tierra; / me siento destinado a ser su señor»,[21] pero Goethe resalta como su auténtico motivo el amor a Palmira. Para ganarla, Mahoma arroja pueblos enteros a la perdición: «De todo me consuela el amor, sólo él; / él es mi retribución, el único fin del trabajo». La aspiración al poder y la religión no interesan a Goethe tanto como un amor apasionado, que, como en el caso de Mahoma, pasa también por encima de cadáveres.

En la traducción y elaboración Goethe buscó el consejo de Schiller. ¿Cómo se usan los alejandrinos, la medida del verso de la tragedia clásica francesa?, pregunta Goethe. Responde Schiller:

> La propiedad del alejandrino de dividirse en dos hemistiquios, y la naturaleza de la rima, la de hacer una tonadilla mediante dos alejandrinos, no sólo determinan todo el lenguaje, sino que determinan también todo el espíritu interno de estas piezas, los caracteres, las actitudes, la conducta de las personas. Con ello todo se pone bajo la regla de la oposición [...]. El entendimiento y todo sentimiento de cualquier pensamiento son forzados a entrar en esta forma, como si se tratara del lecho de Procusto [...]. Temo, por tanto, que en esta fuente encontraremos poco de nuevo para nuestro teatro alemán, de no ser algo así como las meras materias.[22]

Goethe disuelve la forma de verso de los alejandrinos y la sustituye por el verso suelto, que es menos rígido. También ablanda el zancajoso diálogo y en general intenta dar a la forma de hablar de las personas cierto calor y flexibilidad.

Al final, Goethe quedó satisfecho con su trabajo, y sobre todo lo tuvo por útil para imponer la dramaturgia de Weimar. En *Los Propileos* escribía: «La necesidad de alejar mediante la versificación nuestro teatro clásico del sainete y del drama se siente cada vez más». Schiller, leemos también allí, con *Wallenstein* puso un principio brillante. Se puede construir sobre esa base. Mediante estos esfuerzos «la aversión que se apoderaba de algunos hasta ahora (...) cuando se les ofrecía algo rítmico», puede «por fin curarse de forma radical». Los actores se verán obligados a «memorizar literalmente, a una declamación comedida, a una acción contenida».[23]

En la corte estaban encantados de la actividad traductora de Goethe, que fue celebrada como ninguna de sus propias obras dramáticas. Goethe leyó en voz alta en varias veladas, a las que estaba invitada casi toda la nobleza cortesana. La nobleza celebró de este modo la revivificación de la clásica supremacía francesa de la cultura. Las dos lecturas de *Mahoma* en aquel ilustre círculo tenían un carácter demostrativo y podían considerarse como parte de la restauración cortesana, lo mismo que el despido de Fichte poco tiempo antes o la prohibición del teatro de aficionados burgueses en Jena.

El éxito de la obra en el escenario no fue precisamente tan radiante. El público burgués murmuraba. Jean Paul escribió a Jacobi: «Nos han ofrecido el *Mahoma* de Voltaire-Goethe, y nos ha enojado y torturado a Herder, a mí y a otros a causa de todos los defectos del escenario gálico (...). Además se apoderó de mí el rencor contra el gran mundo, que se adhería y adhiere al frío y cruel ceremonial escénico de los galos, ajeno a la poesía, pues ese gran mundo actúa con una semejanza asombrosa».[24]

Schiller, a quien Goethe había pedido un prólogo, aportó un poema introductorio: «A Goethe, cuando llevó a escena el *Mahoma* de Voltaire». Comienza con la referencia a la paradoja de que precisamente Goethe, «que nos conduce de las falsas coacciones de las normas a la verdad y a la naturaleza», celebre su nueva obra en el «altar destruido del sentimiento póstumo de las musas».[25] Luego vuelven a pronunciarse por extenso los anatemas contra este «sentimiento póstumo de las musas», donde «esclavos doblegan sus rodillas» y «reinan déspotas», para llegar finalmente al siguiente punto: el teatro francés no ha de ser ningún «modelo», pero es apropiado para purificar la «escena profanada» por el naturalismo. El verdadero escenario se equipara «a la barca de Caronte, / que sólo sombras e ídolos puede llevar, / y si a la vida ruda hace por acercarse, / la ligera nave podría llegarse a derribar, / pues ella sólo es capaz de captar espíritus fugaces. / La apariencia nunca la realidad alcanza, / y si vence la naturaleza, el arte se marcha». Schiller se encuentra, pues, de nuevo con Goethe en la misma barca, en la de la dramaturgia de Weimar. Goethe está contento en cierto modo, aunque no permitió que el poema se recitara en la representación solemne ante la sociedad cortesana, dada la condena férrea de la tragedia francesa que contiene.

Cuando en enero de 1800 Schiller comienza a traducir en verso la tragedia *Macbeth*, de Shakespeare, su proyecto se presenta como una respuesta a *Mahoma*. A la desnaturalización clasicista de Voltaire sigue la naturaleza incrementada de Shakespeare. Goethe se muestra contento y afirma: «Deseo ver también el final de su *Macbeth* y aumentar así luego el placer de la vida mediante una comunicación amistosa».[26] Goethe alaba y ayuda con su mejor conocimiento del inglés. En otras partes no se piensa tan favorablemente sobre el propósito de Schiller. August Wilhelm Schlegel se burla: «Sólo poco inglés conozco ciertamente, / y a Shakespeare no lo entiendo claramente». Pero lo cierto es que, si al principio las traducciones de Shakespeare hechas por Schlegel no tuvieron repercusión, la versión de Schiller desplazó todas las precedentes. El estreno en Weimar tuvo lugar el 14 de mayo de 1800, con un éxito incomparablemente superior al de *Mahoma*.

En el primer año que siguió al traslado de Schiller a Weimar, los dos utilizan su nueva vecindad para visitarse con frecuencia. Y con mayor intensidad todavía participan ambos en los recíprocos sucesos y preocupaciones de cada día, bien se trate de que el tejado de la casa de Schiller es defectuoso y Goethe, como director de la comisión arquitectónica del castillo, puede asesorar técnicamente, bien de que Goethe quiere inaugurar su nuevo carruaje con Schiller, o bien de que los niños han de vacunarse contra la viruela. Tales asuntos se comentan de forma usual. Cuando Goethe obtiene un nuevo telescopio, el amigo es invitado con estas palabras: «Hubo un tiempo en que la luna sólo quería ser sentida, ahora se quiere verla».[27]

La amistad abarca también lo cotidiano, y por eso llama la atención con tanta más fuerza el hecho de que Goethe a veces adopte un tono sorprendentemente oficial, como si Schiller estuviera colocado en el teatro y recibiera instrucciones de servicio. La *Ifigenia en Táuride* ha de ser representada por Gluck. De momento Goethe está en Jena y desearía verse libre de la dirección de los ensayos. Ruega a Schiller que asuma él la dirección. Cuando Schiller resalta su escasa «competencia» en música y ópera, Goethe insiste en que ha de «rogarle encarecidamente (...) que tome en sus manos la ejecución de *Ifigenia*».[28] Se da también el caso de que Goethe envía una invitación formulada así: «Tenga a bien venir a mi casa hoy por la noche, con este frío tan intenso».[29]

Schiller no acepta todas las invitaciones, a veces pide recibir en su propia casa y describe su cansancio al subir las escaleras de la casa en el Frauenplan. Los ataques de la enfermedad de Schiller no tienen fin. A mediados de febrero se debate con una fiebre nerviosa, que lo incapacita para trabajar durante cuatro semanas. Goethe lo visita a menudo, y le lleva hierbas medicinales y buenos consejos. Después de cierto tiempo, también él se muestra enfermizo. Y cuando insiste en este tema, Schiller responde con suave ironía: «Lamento su indisposición».[30] Y Goethe replica: «Ya que por una vez me he decidido a estar enfermo [...] desearía que usted perteneciera de nuevo a los sanos, a fin de que pronto me alegrara con su visita».[31]

Tras una larga interrupción, en la primavera de 1799 Schiller reemprende la redacción de *María Estuardo*. A mediados de mayo Goethe le proporciona una estancia en el castillo de Ettersburg, para que pueda trabajar sin que nadie le moleste. De momento Schiller emprende largos paseos por el bosque, y, cuando finalmente comienza a escribir, llegan las visitas. Incluso el duque está a la puerta y se informa acerca del trabajo en la obra sobre la reina escocesa. Inicialmente sentía curiosidad, ahora está preocupado. Escribe a Goethe que, según le han contado, en *María Estuardo* aparece en escena una auténtica comunión o cena eucarística.[32] Y, desde su punto de vista, eso es indecoroso. Pide a Goethe que hable a la conciencia del amigo. «A pesar de que estamos ante un hombre honrado en lo demás, por desgracia, usando la terminología de Schlegel, la desvergüenza divina o la divinidad desvergonzada se ha convertido de tal manera en el tono habitual, que podemos esperar algunas excrecencias poéticas.»

Fue Herder el primero en protestar contra lo que calificó de «profanación». Por exigencia del duque, que olfateaba aquí inmundicias jacobinas, Goethe tuvo que actuar nuevamente de oficio frente a Schiller. Dos días antes del estreno le escribe:

> La audaz idea de introducir una comunión en el teatro es ya de dominio público y me han inducido a rogarle que evite esta función. Puedo confesar ahora que yo mismo estaba desazonado por este asunto y, puesto que de antemano se alzan ya protestas, ello no es aconsejable bajo un doble aspecto. ¿Podría darme a conocer el acto quinto?, ¿le sería posible visitarme esta mañana después de las diez?[33]

Probablemente Schiller borró la escena de la eucaristía para la representación en Weimar, pero la conservó en la redacción impresa. Y también intentó introducirla en la representación de Berlín. Pero también allí el intendente Iffland hubo de capitular ante la autoridad eclesiástica. No sabemos si esta escena desagradó realmente a Goethe, o si éste siguió simplemente la indicación del duque. Sabemos, en cambio, que le desagradó otra escena causante también de indignación, pues se manifestó drásticamente sobre el asunto. Se trata de la escena donde las dos reinas, María e Isabel, se encienden en una dura disputa. En conversación con terceros desaprobó que dos reinas se lancen la una contra la otra «como verduleras o putas en pelea».

Como ya sucediera en *Wallenstein,* Goethe fue el primer lector de *María Estuardo* y se acreditó de nuevo como perspicaz consejero. Después de *Wallenstein,* Goethe había aconsejado un tema histórico, pues Schiller es en este campo un maestro indiscutible. Evidentemente Goethe pensaba esto de cara a su teatro. Pero Schiller tomó primero en consideración elegir una materia «de libre fantasía, pues estoy muy harto desde hace tiempo de soldados, héroes y soberanos».[34] Pero un mes más tarde se decidió otra vez por «héroes y soberanos»; su elección había recaído en María Estuardo, un antiguo propósito de la época en la que escribía *Don Carlos*. Goethe contestó inmediatamente enviándole un libro sobre el tema. Cuando Schiller, a diferencia de otras ocasiones, a las pocas semanas anunció el comienzo del escrito, Goethe le felicitó: «Por más que es procedente reflexionar adecuadamente sobre su plan en conjunto, sin embargo, una ejecución simultánea con la invención tiene grandes ventajas, que no han de pasar inadvertidas».[35]

Schiller relata regularmente desde su taller, con la claridad meridiana de siempre, las reflexiones y observaciones que se producen en la progresiva elaboración de la obra. Una vez responde Goethe, casi intimidado: «Para no estar completamente ocioso he despejado mi cámara oscura».[36] Goethe ve cómo su amigo progresa rápidamente en su pieza, y con ello se fortalece en él el sentimiento de estar sentado de momento en terreno seco. Espera que, participando en el trabajo de Schiller, pueda sacar a flote de nuevo su barco.

Schiller adelantaba tanto porque, según escribió a Körner, había aprendido su oficio en *Wallenstein*. La idea decisiva de su concepción se le ocurrió pronto, e inmediatamente la comunicó a Goethe. Quería servirse del «método de Eurípides», es decir, tenía en su cabeza el drama analítico, donde la catástrofe ha empezado ya cuando se desarrolla su prehistoria. El 26 de abril de 1799 escribe a Goethe que ha encontrado un camino consistente en «empezar la tragedia con la condenación»[37] y utilizar la exposición a la vez como peripecia. Sin duda Schiller se sentía incitado a contraponer otro tipo de mujeres a las dulces mujeres de Goethe: la seductora y enérgica María y la todavía más enérgica reina Isabel. María Estuardo, reina de Escocia, puede plantear aspiraciones legítimas al trono inglés, lo cual conducirá a una enemistad acérrima con Isabel, la reina de Inglaterra. El tiempo de gobierno de María en Escocia empezó con escándalo y alboroto: parece que ha inducido a su amante a asesinar a su marido. María huyó a Inglaterra, donde fue hecha prisionera por incitación de Isabel. Acusada de asesinar a su marido, aunque no condenada, permaneció sin embargo en prisión. Sólo cuando se creyó que se le podía acusar de conjuración contra la corona inglesa, fue condenada a muerte. Isabel, después de algunas vacilaciones, firmó la sentencia, que fue ejecutada sin demora el 18 de febrero de 1587. Ésta es la base histórica. Los motivos trágicos que ofrece quedaron inmediatamente claros para Schiller. Escribe a Goethe: «Se me han ofrecido inmediatamente un par de motivos trágicos y me han transmitido gran fe en esta materia, que sin género de dudas tiene muchos aspectos agradecidos».[38] María es alcanzada por una culpa antigua y al mismo tiempo es castigada por una conjuración, una acción que –según la interpretación de Schiller– no ha cometido. Ciertamente Isabel tiene el derecho de defender su corona, pero se sirve de medios discutibles, y en consecuencia también ella actúa por motivos impuros, a saber, por vanidad ofendida y envidia frente a su adversaria. Se mezclan dos caracteres: una comienza como culpable y se purifica, la otra primero actúa irreprochablemente y luego se enreda en la culpa.

Schiller no se decidió por un multicolor cuaderno de imágenes dramáticas sobre la vida y muerte de María Estuardo, sino que, a semejanza de *Wallenstein*, limita ingeniosamente las masas de materia por la concentración en los últimos días antes de la ejecución de María. La «catástrofe» ha sucedido ya, se ha dictado la sentencia de culpabilidad, María está condenada a muerte; sólo la reina vacila todavía en firmar la sentencia y hacerla ejecutar. María es consciente de la culpa y está arrepentida en lo que se refiere a su pasado. Pero en lo tocante al presente, a la acusación de conjura, se siente inocente. Todavía no está dispuesta a que caiga sobre ella la sentencia injusta para expiar la otra culpa; todavía lucha por su vida. Cada paso que emprende a favor de su salvación, la conduce más cerca de su ocaso. El 18 de junio de 1799 Schiller escribe a Goethe que la «cualidad trágica» de la materia consiste en que «la catástrofe se ve inmediatamente en las primeras escenas y, en cuanto la acción de la obra parece alejarse de allí, se acerca más y más a ella».[39] Esta cruel ironía del destino fascina a Schiller.

El ocaso de María se acelera por el encuentro personal, inventado por Schiller, entre las reinas, aquella escena que Goethe desaprobaba. Aquí Schiller enlaza con maestría los motivos personales y los políticos. María sabe envolver en un forro político su odio personal, por cuanto impugna la legitimidad de Isabel y así se eleva sobre su contrincante, no sólo como mujer, sino también como la reina auténticamente legítima. De igual manera Isabel, por detrás de la razón de Estado, esconde su envidia sexual frente a la rival que tiene más éxito como mujer: «Se acabó, Lady María, ya no me seducirás a ninguno más».[40] Lo político y lo personal se mezclan y fortalecen la dinámica de la enemistad, que empuja a una catástrofe. Pero María se encaminará a la muerte transformada interiormente. En el encuentro con Isabel se ha consumido su odio. En las sombras de la muerte María, que ahora ya no lucha por su vida, se familiarizará consigo en una forma completamente nueva.

> La separación de la vida no es paulatina,
> el cambio entre lo temporal y lo eterno,
> tiene que suceder de golpe, en un momento,
> y a mi Lady Dios concedió en ese momento
> rechazar las metas terrestres con alma decidida,
> para aprehender lo celeste de fe henchida.[41]

La cercana muerte libera en María fuerzas que le hacen triunfar moralmente sobre Isabel.

María, cuya condición católica era antes tan sólo una dimensión política, descubre al final sus vínculos religiosos. Pide la confesión y la eucaristía, que se le conceden (en el escenario). Ésa era la escena que producía escándalo. La teatralización de lo sagrado muestra en qué medida Schiller se ha desligado de la religión institucional. Schiller, con la representación de la católica María y de la eucaristía, no se había convertido a la devoción religiosa, como tampoco lo hizo Goethe cuando asumió en *Wilhelm Meis-*

ter las *Confesiones de un alma bella.* Ambos quieren representar un acto de libertad interna y de desasimiento, que se expresa en una forma religiosa. En cuanto María asume su culpa real con corazón creyente, en cuanto hace penitencia por su culpa, por una culpa que no ha cometido, el espectador ha de descubrir en ello el triunfo de su libertad interna. Y por eso también la eucaristía se transforma en un juego donde hay un sentido distinto del tradicional. Lo celebrado es ese misterio de la libertad. María, liberada de la pasión, entra en el mundo del silencio, de la quietud y de la claridad; logra desasirse, se hace casi serenidad desprendida. También ella se convierte finalmente en «alma bella». Sólo en ese medio reviste interés la religión para Goethe, como sucede en Schiller.

Ni Goethe ni Schiller eran hombres religiosos en el sentido de una ortodoxia eclesiástica, ni protestante ni católica. No creían en el Dios de la Biblia, ni en la acción redentora de la muerte de Cristo como sacrificio, ni en la resurrección del cuerpo y del alma, ni en la creación divina del mundo y el juicio final, ni en el cielo y el infierno, ni en los sacramentos administrados por la Iglesia. Las religiones eran para ellos formas de expresión del espíritu creador del hombre, un acopio inagotable de imágenes y motivos. Eso es lo que los unía en lo tocante a la religión. Pero había también diferencias entre ellos.

Para Schiller el santuario era la libertad: «Pero el disfrute supremo es la libertad del ánimo en el juego vivo de todas sus fuerzas».[42] En cambio, para Goethe el santuario era la unión universal del ser. Desde esa base recomendaba para *Wallenstein* el motivo astrológico, porque cualquier fe es «soportable e indiferente»[43] con tal de que descanse en el «sentimiento oscuro de un tremendo todo del mundo». Schiller se siente tan afectado por esta fórmula, que responde de inmediato: «Hay un auténtico don de Dios en un amigo sabio y cuidadoso, lo he vuelto a experimentar en esta ocasión».[44]

Siempre que Goethe se queja de la falta de producción o de una disminución de las ganas de producir, o de que lo «zarandean» de aquí para allá las múltiples tareas oficiales, Schiller responde con su *ceterum censeo,* con su opinión de que ha de regresar a su *Fausto*. Ya era así al principio de esta amistad, cuando aún confiaba en poder publicar extractos en *Las Horas,* por ejemplo, el 29 de noviembre de 1794, cuando escribió que lo conocido por él de *Fausto* le producía el efecto del «Torso de Hércules»[45] y le delataba la «plenitud del genio». Entonces Goethe había contestado: «Si en el futuro puedo capacitarme un poco para esto, sin duda se deberá a su participación»,[46] e incluso había tomado en consideración imprimir algunas escenas que mientras tanto había escrito de nuevo, meta a la que no llegó. Año y medio más tarde, poco antes de que Goethe partiera en su planeado tercer viaje a Italia, que luego terminó en Suiza por las turbulencias políticas, había atado otra vez el «paquete de *Fausto*» y había pedido consejo al amigo, que éste le dio el 23 de junio de 1797. Es posible que precisamente la referencia de Schiller a la filosofía desanimara al vacilante Goethe. Pues antes de dejar nuevamente el manuscrito afirmó que éste «permanecería» siempre como «fragmento».[47] En la primavera de 1798 hizo copiar el manuscrito y ordenó las partes terminadas según un nuevo esquema. Cuando Schiller se decidió por la versificación de *Wallenstein,* también Goethe comenzó a poner en rima las partes en prosa del *Fausto,* puesto que, tal como escribió a Schiller el 5 de mayo de 1798, «la idea irradia como a través de una flor de belleza, pero queda mitigado el efecto inmediato de la enorme materia».[48] Luego dejó aparcado una vez más el manuscrito, pero leía ávidamente fuentes sobre magia, brujería, alquimia y un *Espejo de costumbres de pueblos extranjeros.* Todo era una preparación para «La Noche de Walpurgis». En la primavera de 1800, cuando Goethe vuelve a quejarse otra vez por la dispersión y falta de temple poético, Schiller escoge otro camino para llevarlo de nuevo a *Fausto*. Recomienda al editor Cotta que se compense de las pérdidas por la escasa venta de *Los Propíleos* asegurándose los derechos del *Fausto* de Goethe. En cualquier caso, sugiere, habría que atraer a Goethe con altos honorarios. «Evidentemente, espera obtener grandes beneficios, pues sabe que en Alemania esta obra es esperada con impaciencia. Estoy persuadido de que usted, mediante brillantes ofertas, puede hacer que él termine la obra este verano.»[49]

Cotta siguió el consejo y ofreció unos honorarios elevados, asunto que Goethe puso inmediatamente en conocimiento de Schiller. El 11 de abril de 1800 escribe: «He recibido una carta de él sobre *Fausto,* que probablemente usted ha aconsejado. He de darle las gracias por esto. Pues realmente con este incentivo he emprendido y pensado hoy la obra».[50] Siguió una fase de trabajo intenso, que se interrumpió en enero de 1801 por la grave enfermedad de Goethe, luego continuó durante dos o tres meses, y seguidamente se estancó durante algunos años.

En vida de Schiller, y a pesar de los frecuentes ruegos y exhortaciones del amigo, no siguió trabajando en *Fausto*. Se apoderó de él un miedo insuperable, como si hubiera percibido la enfermedad de 1801, que lo llevó al borde de la muerte, como un castigo por su andar errando en «el vaho y la niebla»,[51] tal como caracterizó en una ocasión ante Schiller sus esfuerzos con *Fausto*.

En el verano de 1800 Goethe estaba todavía en el buen camino. Había ejecutado algunas escenas de «La noche de Walpurgis» y luego había trabajado en el acto de «Elena». Éste armonizaba mejor con el periodo de *Los Propileos*. Casi triunfante le decía a Schiller: «Mi Elena ha entrado realmente en escena».[52] Se trata de aquella escena de la segunda parte del *Fausto* que conduce al mundo de la antigua Esparta. La Elena secuestrada por Paris vuelve de Troya liberada. Su esposo Menelao la ha enviado con anticipación para tomar posesión nuevamente del palacio. Pero en las murallas abandonadas no encuentra a sus sirvientes y ayudantes, sino solamente a Forquias, un ser de horrible fealdad, comparable a la cabeza de las Gorgonas o de Medusa. Estaba previsto que también Fausto entrara en este escenario a la búsqueda de la belleza perfecta. Pero Goethe no llega tan lejos. Se queda atascado en el terrible «nacimiento nocturno». Escribe a Schiller: «Ahora me atrae tanto lo bello en la situación de mi heroína, que me siento atribulado si he de comenzar transformándolo en una caricatura».[53] Se refiere con ello no sólo a la esfera diabólica de Forquias, detrás de la cual se esconde Mefistófeles, sino en general al problema de la unión de las dos esferas, la clásica antigua y la propiamente fáustica, la consumada en la forma y la del «vaho y la niebla», carente de forma. Schiller, que advierte nuevas vacilaciones en Goethe, se da prisa en la respuesta, pues ya al día siguiente escribe:

> No se deje perturbar por el pensamiento de que, cuando vienen las bellas figuras y situaciones es lástima barbarizarlas. Ese caso se le podría presentar con frecuencia en la segunda parte del *Fausto*, y podría ser bueno de una vez por todas hacer que su conciencia poética callara sobre esto (...). Es una ventaja muy importante ir con conciencia de lo puro a lo impuro, en lugar de buscar un salto de lo impuro a lo puro, tal como sucede entre nosotros, los restantes bárbaros. Por tanto, en su *Fausto* tiene usted que afirmar por doquier su derecho del más fuerte.[54]

Este juego de palabras gustó tanto a Goethe, que más tarde lo empleó algunas veces, especialmente cuando las preguntas por la continuación del *Fausto* le resultaban molestas. Antes de que Goethe interrumpiera en la primavera de 1801 también esta fase del *Fausto*, esbozó todavía un «aviso» con el que al final de la pieza pensaba dar expresión enfáticamente a su derecho del más fuerte a lo fragmentario.

> Recomendemos la pieza
> a las mejores cabezas.
>
> Prudente el alemán ante juicio se sienta.
> Repetir pretendo:
> Sólo el aplauso, sólo él da peso.
> Es posible encontrar algo de mejor quilate.
> La vida humana es una poesía semejante:
> Tiene un principio, tiene un final,
> Pero no es un acontecer total.[55]

13

Goethe está ahora enredado en grandes negocios, en concreto tiene que sanear la finca adquirida en Oberrossla, y a Schiller se le escapa un hondo suspiro. En su carta a Goethe del 24 de julio de 1799, le dice: «Si volvemos a estar juntos, eso dará a mi existencia un arrojo completamente distinto, pues usted sabe empujarme hacia fuera y hacia las anchuras; cuando estoy solo, me hundo en mí mismo».[1] Schiller se queja frecuentemente de que tiene demasiado poco mundo, de modo que Goethe ha de llevarlo al mundo. Y con éste sucede lo contrario. Se queja constantemente de que las exigencias del mundo lo hacen «andar de un lugar a otro». El resultado: «Tengo que elevar otros dos pies el muro que ya he trazado en torno a mi existencia».[2]

La vida retirada de Schiller, condicionada también por la enfermedad, trae consigo que se pierda algunos acontecimientos de su entorno, y a la inversa, Goethe se ve envuelto en tales eventos, a veces contra su voluntad. Por ejemplo, las querellas en casa de August Wilhelm Schlegel. En torno a 1800 se produce allí un asunto romántico bastante especial, del que Schiller apenas tendrá noticia.

Hemos hablado ya de las desavenencias de Schiller con los hermanos Schlegel. Lo que acontecía entre aquellos «talentos forzados», según la expresión que le gustaba a Goethe para referirse a esta primera generación de románticos, apenas encuentra ningún eco en el intercambio epistolar entre Goethe y Schiller, por más que el primero participara en esos asuntos. Como sabía con qué alergia reaccionaba Schiller ante el círculo romántico, Goethe era parco en comentarios sobre este tema. Recientemente, el 19 de julio de 1799, Schiller se había indignado con la novela *Lucinda*, de Friedrich Schlegel. Decía que era un producto «nebuloso»,³ sin forma y fragmentario, que el autor sustituía la falta de poesía por una mezcla fatal de «ingenio» y «amor», y que confundía la audacia con la «impertinencia». En conjunto, el producto le parecía insoportable. ¿Qué opinaba Goethe de esto? Éste mantiene sus reservas. Puede ser «un libro admirable», responde, «todo el mundo lo lee, todo el mundo mira de reojo hacia él y no se sabe lo que en rigor contiene. Si alguna vez cae en mis manos, le echaré una ojeada».⁴

Goethe no le contó a su amigo nada sobre su actuación como consejero en la revista *Athenäum*, que Schiller rechazaba por su «manera impertinente y unilateral».⁵ En el otoño de 1799, cuando ellos, los Schlegel, Novalis, Tieck, Schelling, Steffens, seguían unidos antes de la gran desavenencia, había que decidir si se publicaba en *Athenäum* el ensayo de Novalis *La cristiandad o Europa*, un texto que resultaba provocativo por su tendencia catolizante y glorificadora de la Edad Media. Hubo una fuerte disputa acerca de este tema, y como no llegaban a ningún acuerdo, Goethe fue llamado como juez. Éste, con cauta diplomacia, recomendó no publicar el texto, porque podría ofrecer al público pretextos para la calumnia. También había que contar con que al duque le disgustaba tanto el ateísmo proclamado públicamente como la santurronería extravagante, calificativo que de seguro le merecería el ensayo. Goethe, pues, quería preservar a los románticos de una locura y ahorrarse enfados a sí mismo. La disputa del ateísmo en torno a Fichte seguía aún viva en el recuerdo. Nada de todo ello aparece en las cartas de Goethe a Schiller.

Medio año más tarde, los vínculos amistosos de este círculo se habían roto. Karoline, la esposa de August Wilhelm y figura central del grupo, se enamoró de Schelling, doce años más joven que ella. Se produjeron fuertes tensiones. De una parte estaban Friedrich Schlegel y su compañera de vida, Dorothea Veit, que odiaba de corazón a Karoline por su papel dominante. Atrajeron hacia ellos a Novalis, Tieck y Schleiermacher. En el otro flanco se hallaban Schelling, Karoline y la hija que ésta tenía de su primer matrimonio, la cortejada Auguste, de dieciséis años, que también estaba un poco enamorada de Schelling. En medio se encontraba August Wilhelm Schlegel, que carecía de la suficiente pasión para tener celos, e intentaba más bien hacer de mediador. En Jena corrían las habladurías y se confirmaban los prejuicios sobre todos aquellos alocados en casa de los Schlegel. La historia creció hasta convertirse en escándalo cuando Karoline, en mayo de 1800, después de superar una grave enfermedad, partió con Schelling y con su hija a disfrutar de las aguas termales en Bad Bocklet junto a Kissingen. Allí, Auguste enfermó y murió a los pocos días. En Jena circularon rumores de que Schelling había provocado la muerte de Auguste con sus remedios de aficionado, inspirados en la filosofía de la naturaleza. También se contaba que Karoline había metido a su hija en el lecho de Schelling para así poder estar cerca del filósofo, mucho más joven que ella. Superada por tales rumores, y desmoronada, Karoline no se atrevió a volver a Jena durante un tiempo. También se apartó de su amado, a quien escribió: «Te saludo como una madre; ahora eres hermano de mi criatura, te doy esta santa bendición».[6] Schelling, hundido en la depresión, se debatió con la idea del suicidio. Karoline, que se había retirado a Braunschweig, le recomendó que buscara la ayuda de Goethe: «Él te ama paternalmente, yo te amo maternalmente, ¡qué padres tan admirables tienes!».[7]

Lo cierto es que había surgido un vínculo estrecho entre Goethe y Schelling. Fue Schiller el que en 1796 hizo que su paisano más joven conociera a Goethe con ocasión de su visita. A Goethe le había impresionado aquel vigoroso y altivo joven. En 1798 lo recomendó a su colega ministerial Voigt con estas palabras: «Es una cabeza muy clara, enérgica y organizada según la más reciente moda; y no he podido notar en él ninguna huella de sesgo *sansculottista;* más bien, me parece una persona moderada en todos los sentidos, y formada. Estoy persuadido de que nos honrará y será útil para la academia».[8] Schelling fue llamado a la Universidad de Jena. Tenía veinticuatro años y gozaba ya de fama filosófica. Su repercusión en la cátedra fue colosal. Uno de sus oyentes, Heinrich Steffens, lo describió así: «Tenía un aspecto juvenil, pero se mostraba con mucha determinación, incluso terquedad; sus pómulos eran anchos y las sienes aparecían separadas; la frente era alta, la cara mostraba un recogimiento lleno de energía, la nariz se hallaba un poco arrojada hacia delante, en los grandes ojos claros había un poder que mandaba espiritualmente».[9]

Schelling pasaba por alumno de Fichte, y se daba por hecho que pronto superaría a su maestro. La filosofía de Fichte sólo daba vigencia a la naturaleza como material para acciones morales prácticas, como resistencia, como el gran no yo. Por su parte, Schelling se dispuso a desarrollar una filosofía en la que la naturaleza fuera entendida como una fuerza creadora. Uno de los principios fundamentales de Schelling queda formulado así: el espíritu es naturaleza inconsciente, y la naturaleza es espíritu inconsciente. Este pensamiento resultaba simpático a Goethe, y éste se procuró inmediatamente los primeros escritos de Schelling, los abrió, cortó los pliegos e incluso leyó fragmentos.

Inicialmente mantuvo las distancias, como tantas otras veces, frente a los filósofos. En una carta a Schiller resume las impresiones de su lectura con la observación de que no podrán satisfacerle ni la filosofía de la naturaleza, que «quiere dirigirla de arriba hacia abajo»,[10] ni los investigadores usuales de la naturaleza, «que quieren dirigirla desde abajo hacia arriba». «Yo, por lo menos, encuentro mi salvación solamente en la intuición, que se halla en el centro.»

Pero esta reserva pronto desapareció. Advierte en Schelling algo familiar: una aspiración a lo intuitivo y la intención de descubrir en la naturaleza no sólo leyes mecánicas, sino también una potencia creadora. Schiller no salía de su sorpresa cuando se hizo evidente que Goethe se unía cada vez más íntimamente con Schelling y que sus manifestaciones sobre éste permitían reconocer una admiración apenas disimulada por la ironía; por ejemplo, cuando Goethe describe cómo Niethammer le explica en Jena la filosofía de Schelling y, con una ironía que no pasaba de ser ligera, lo ponía en una misma serie junto con Kant y Fichte: «Hay que hacer lo posible para entrar en el nuevo siglo con este tercer prodigio».[11] Hacia la misma época, Goethe le escribe a Schelling:

> Desde que me alejé de la forma tradicional de investigación de la naturaleza y, remitido a mí mismo como una mónada, me balanceé en las regiones espirituales de la ciencia, pocas veces he notado un tirón aquí o allá; en cambio, siento una inclinación decidida hacia su doctrina. Deseo una unión completa, que espero conseguir a través del estudio de sus escritos y más todavía a través del contacto personal con usted.[12]

Por tanto, Karoline no carece de razón cuando intenta levantar el ánimo del desolado Schelling afirmando que Goethe «te quiere». Quizá lo que éste sentía no era precisamente amor, pero sí una alta estima unida con una fuerte simpatía personal por el joven filósofo, que en ese momento atravesaba una grave crisis. En cualquier caso, Goethe no encontró importuno el que Karoline le pidiera auxilio por ese motivo:

> Oblíguele a dirigir una mirada clara y firme a sí mismo. Ejercerá un efecto beneficioso en él a través de cualquier gesto, pues, por más que parezca tan cerrado y rígido, créame que todo su ser se abrirá interiormente ante usted si se dirige a él [...]. Si me permite expresar un deseo especial, le rogaría que estas Navidades lo saque usted de su soledad y lo invite a estar en su cercanía.[13]

Y así sucede. Goethe va a Jena en busca de Schelling con su equipaje y lo trae a Weimar el 26 de diciembre de 1800, donde permanece como huésped en la casa del Frauenplan hasta el 4 de enero. Pasaron la Nochevieja junto a Schiller, metidos en serias conversaciones.

Tres días más tarde Goethe sufre una grave erisipela. Se le va la luz de los ojos y por un tiempo pierde la conciencia. Su vida corre peligro. Pero supera la crisis y hacia finales de mes ya recibe visitas y escribe cartas. Entre aquellos que, junto con Schiller, recibieron una señal de vida se hallaba Schelling. El 1 de febrero Goethe le escribe:

> Por desgracia, cuando nos despedimos, la enfermedad se había apoderado de mí con bastante fuerza y poco después perdí la concien-

cia de mi estado. Y ya durante su estancia aquí noté que perdía el uso completo de mis fuerzas mentales.[14]

Schiller, que percibe claramente el acercamiento entre Goethe y Schelling, lamenta ahora haber tenido con éste, en años anteriores, un contacto tan superficial. Ahora, en marzo de 1801, busca la conversación con Schelling, pero el éxito no es satisfactorio. Schelling, para sorpresa de Schiller, había atribuido demasiada conciencia al proceso de creación artística. Schiller escribe a Goethe:

> Pero temo que estos señores idealistas, debido a sus ideas, toman escasa noticia de la experiencia, y en realidad, incluso en la experiencia, el poeta también comienza con lo inconsciente; y en verdad ha de considerarse dichoso si, a través de la conciencia clara de sus operaciones, vuelve a encontrar sin mermas en el trabajo consumado la primera idea total de su obra, concebida al principio de forma oscura.[15]

Esta observación muestra que Schiller, ahora estrechamente vinculado a la praxis artística, reacciona casi con alergia a los vuelos de altura teóricos de «estos señores idealistas». Quizá también está en juego cierto grado de celos por el acercamiento de Schelling a Goethe. Éste responde agudizando incluso la tesis de Schiller: «Creo que todo lo que hace el genio como genio sucede inconscientemente».[16] Pero evita con cuidado tomar posición contra Schelling. Escribe: «Ésta es mi profesión de fe, que por lo demás no implica mayores pretensiones».

También en lo restante Goethe evitó dejarse arrastrar a posiciones que no eran las suyas. No se dejó influir por rumores y disputas. Cuidaba sus vínculos con Schelling, con Karoline, con August Wilhelm Schlegel y también con Friedrich Schlegel. Facilitó y aceleró el proceso de separación entre Karoline y August Wilhelm Schlegel, concluido en 1803. En este año se disuelve definitivamente el círculo romántico de Jena, en el que Goethe había participado y que Schiller había intentado ignorar.

En el año 1801 pudo percibirse un alejamiento transitorio entre Goethe y Schiller. No fue nada dramático. Goethe estaba inquieto y debilitado después de superar la grave enfermedad. No aguantaba en Weimar, necesitaba otros lugares, otros estímulos. La amistad con Schiller seguía siendo tan importante para él como antes, pero inevitablemente se había revestido también de rasgos cotidianos, consuetudinarios. Y no hemos de olvidar que mientras Schiller pasaba por una fase sumamente productiva, Goethe no adelantaba con sus trabajos. No tenía envidia de su amigo, pero el contraste entre el empuje de Schiller y las propias vacilaciones no era fácil de soportar. En suma, en el año 1801 no estaban juntos tan frecuentemente como antes.

Goethe era llamado una y otra vez a su finca de Oberrossla, donde había dificultades con los arrendatarios. A lo largo de marzo, Schiller se retiró a Jena, para terminar *Juana de Orleáns* en la tranquilidad de su casita del jardín. A su regreso, Goethe partió enseguida al balneario de Pyrmont. Permaneció casi tres meses allí y en la cercana ciudad de Gotinga. Durante este tiempo se intercambiaron pocas cartas. Todo había sido muy distinto durante el viaje de Goethe a Suiza cuatro años antes. Goethe escribe desde Gotinga excusándose: «Por desgracia mis archivos parecen no hincharse tanto en este viaje como en el que realicé a Suiza; entonces estaba iniciándome con mis fuerzas en el mundo, ahora me daré por satisfecho si las restablezco en él». Y cuando Goethe volvió a Weimar, Schiller estaba en Dresde, hospedado en casa de su amigo Körner. Por tanto, los amigos estuvieron separados durante casi la mitad del año 1801. Y en consecuencia, en esta ocasión Goethe no tomó parte tan activa en la nueva obra de Schiller. Cuando éste le envió su *Juana de Orleáns,* respondió con sorprendida admiración: «Está bien así [...], y quedémonos con que no tengo nada que pueda compararse».[17]

Schiller, en diálogo con Schelling, había acuñado el concepto de «idea total oscura» al comienzo del trabajo en una obra. No puede averiguarse exactamente cuál era esta «idea total oscura» que lo atrajo a la materia de *Juana.* Tal vez lo ignorase el propio autor. Por lo menos no se manifestó al respecto ante Goethe. Pero está claro que el tema le atrajo enigmáticamente más que en ninguna de las piezas anteriores. Está en juego un singular magnetismo. Schiller se siente auténticamente encantado con la legendaria historia de Juana de Orleáns, la muchacha de diecisiete años procedente de una familia de labradores de Lorena. En 1429, durante la guerra de los Cien Años entre Inglaterra y Francia, esta muchacha apareció súbitamente en el campamento francés con la conciencia de tener una misión divina, se precipitó de victoria en victoria a la cabeza de las tropas, liberó la ciudad de Orleáns, expulsó a los ingleses de extensas regiones del país y condujo al delfín a Reims para su coronación. Y finalmente, cuando el rey la dejó en la estacada, continuó la lucha por su propia cuenta, con una pequeña grey de fieles, fue herida y cayó cautiva de los ingleses, que la sometieron a un proceso de brujería que terminó con su condena. Fue quemada el 30 de mayo de 1431.

También en esta ocasión Schiller elaboró cuidadosamente el material histórico, asesorándose con actas procesales y otros documentos. Sin embargo, a diferencia de lo que transmiten las fuentes, según las cuales Juana no mató a ningún guerrero, Schiller la convierte en una tierna, pero salvaje amazona, que afirma acerca de sí misma: «De la muerte es presa quien la doncella encuentra».[18] Goethe, a quien tampoco gustará más *Pentesilea*, de Kleist, encontró en esta obra demasiado teatro de la crueldad.

El segundo cambio llamativo que Schiller emprende es más grave todavía. Juana no es quemada, sino que rompe sus cadenas y se arroja a la batalla, que gracias a su intervención termina victoriosamente. Pero ella misma cae herida y muere con una visión del reino celeste ante sus ojos. En una carta a Goethe del 3 de abril de 1801, Schiller describe así la diferencia entre la primera aclamación y esta segunda exaltación: «Auguro que mi último acto tendrá mucho de bueno, explica el primero, y así la serpiente se muerde la cola. Puesto que mi heroína está allí entregada a sí misma solamente y se encuentra abandonada por los dioses en la desdicha, muestra de esa manera su autonomía y las exigencias de su carácter».[19] Y para Schiller todo se centra en esto. ¿Qué es lo que hace interiormente libre? ¿Es la fe o la propia libertad, la gracia o el propio mérito? Schiller pone en escena a una Juana que demuestra su verdadera grandeza sólo después de su sonambulismo celestial y de precipitarse en la humanidad ordinaria. Juana es elevada dos veces por encima de lo ordinario, primero por una obsesión sagrada, un entusiasmo desde fuera y desde arriba, y luego por un entusiasmo que proviene de ella misma. Esta doble elevación, la primera externa, y la segunda interna, pudo haber sido la «idea total oscura» de la pieza.

En ninguna de sus obras Schiller se apoyó en Shakespeare tanto como en *Juana de Orleáns*. Despliega un abanico de imágenes con cambio rápido de escenarios, colorido local, maneras de hablar diferentes, escenas de masas, música. Schiller mismo calificaba este espectáculo de «romántico», pues entonces pasaba por romántico todo lo relacionado con lo maravilloso, lo medieval y la cristiandad católica. También encajaban con ello los elementos lírico-musicales del estilo, que acercaban la pieza a una ópera, con escenas de canto, arias y recitativos. Precisamente esto le gustaba extraordinariamente a Goethe. Incluso los románticos de Jena y Berlín, que habían descubierto para sí la Edad Media y el mundo católico, creyeron por un momento que Schiller se había puesto de su lado.

Pero al duque le molestó precisamente esta cercanía al tema romántico. Había contado con una burlona *La Pucelle*, al estilo de Voltaire. Otro motivo de enfado, y quizás el más decisivo, fue que la actriz prevista para desempeñar el papel principal era Karoline Jagemann, y el duque temía que, en el papel de muchacha, su favorita produjera un efecto involuntariamente cómico sobre el escenario. En consecuencia, declaró que no deseaba la representación de la pieza en Weimar. Goethe tuvo que volver a defender los intereses de su serenísima ante el amigo. Aunque Schiller tuviera la satisfacción de comprobar que otros teatros de Alemania se disputaban la obra, le decepcionó el rechazo de Weimar. Quedó en él un descontento, y fue un acierto que Goethe se apresurase a partir hacia el balneario.

Schiller aprovechó la ausencia de Goethe para volver a visitar finalmente al antiguo amigo Körner, al que no veía desde 1796. Le parecía que, a causa de la amistad con Goethe, había descuidado un poco a este fiel camarada. Por tanto, se presentaba la ocasión para reparar la situación. Schiller, que primero había prometido una visita para el año siguiente, cambió de idea y anunció su llegada para principios de agosto de 1801. Körner se alegra mucho. «El pensamiento de que vienes a visitarnos ahora nos produce júbilo»,[20] escribe, y anuncia que albergará a los huéspedes en la casita ajardinada en Weinberg junto a Loschwitz, cerca de Dresde, que era el lugar preferido de Schiller. En tiempos los amigos habían pasado allí horas encantadoras, con vino y canciones. Y ése era también el lugar donde Schiller había compuesto la oda «A la alegría»: «Recibid un abrazo, millones, / este beso para el mundo entero».[21]

Después de celebrar a principios de agosto un reencuentro con Wilhelm von Humboldt, que había vuelto de su viaje de cuatro años al extranjero, los Schiller, acompañados por su cuñada Karoline, partieron hacia Dresde. Körner preparó cuidadosamente la casa de Weinberg, disponiéndola tal como Schiller la había dejado años atrás. Schiller se encontró familiarmente de inmediato en el círculo del amigo Körner. Se complacían en sus recuerdos compartidos, y aquél le preguntó por su vida con Goethe. Se dio cuenta ahora de que la amistad con Goethe no sólo era un evento «feliz», sino también un acontecimiento público en el que participaba el mundo cultivado, y presintió que este suceso había de hacer época. Körner, consciente de su propio valor y a la vez modesto, le aseguró que para él no era ofensivo en absoluto que alguien de mayor categoría le disputara la compañía de Schiller. Pero éste no aceptaba que ése fuera el caso. De esa manera se peleaban amistosamente y se daban al vino. Y de nuevo, como antaño, Schiller arrojó un vaso por su espalda para reconciliarse con los dioses envidiosos.

Esta convivencia de seis semanas con Körner se cerró con la asistencia a la primera representación de *Juana de Orleáns* en Leipzig el 17 de septiembre de 1801, que significó un triunfo superior a todos los obtenidos con anterioridad. Hasta ese momento, ningún poeta había sido celebrado así en Alemania. El célebre actor Heinrich Anschütz asistió como joven estudiante a este suceso memorable y lo describió en sus memorias con estas palabras:

> Entre transportes de alegría afluían ancianos y jóvenes al teatro. Los más fuertes conseguían los mejores puestos en el patio, que entonces era solamente un lugar para estar de pie; y, gracias a Dios, yo me hallaba entre los más fuertes y dichosos. Se abre la puerta de un palco y una figura alta y delgada aparece en la balaustrada. La exclamación «¡Es él, es Schiller» recorre los espacios, y la masa ondea como un campo de trigo movido por el viento para ver al adorado [...]. El público apenas puede apartar de él la mirada para seguir el preludio y el primer acto. Irrumpe la heroína para plantar la bandera de la victoria en Orleáns, baja el telón y un grito bacántico de júbilo recorre la casa. La orquesta tiene que secundar aquello con trompetas y timbales, y ahora se levanta la emocionante figura, para inclinarse agradecido ante el espacio de los espectadores con una visible emoción interior. De nuevo estalla el júbilo, y sólo la caída del telón [...] pone fin al alboroto.[22]

Se cuenta que no terminó aquí el alboroto en torno a Schiller. También en la ciudad, dondequiera que Schiller se mostraba, aplaudían grupos de hombres y los padres levantaban a sus niños tan alto como podían para enseñarles a este prodigio que escribía poemas.

En este entusiasmo se mezclaban los primeros sentimientos patrióticos, que poco después estallarían poderosamente en las guerras antinapoleónicas de liberación. *La doncella de Orleáns* era entendida no sólo como un mágico juego romántico, sino que además se percibía en ella un mensaje político. Se veía en Juana de Arco la mística militante del renacimiento nacional de Francia. ¿No sería muy necesaria en Alemania una parecida figura carismática? Schiller había presentado en el escenario el hechizo de una política de la redención. «Volará una paloma blanca, / y como águila audaz, / a estos buitres acometerá, / que la patria desgarran.»[23] Juana es también una hermana de Guillermo Tell. Ella lucha por los «señores nativos»;[24] quiere poner en el trono a un rey que «lleve a los siervos a la libertad, que ponga alegremente las ciudades en torno a su trono». El destino político de Francia en el siglo XV recordaba en ciertos aspectos la situación política en Alemania. Francia entonces no estaba realmente unida como nación, se encontraba astillada en centros de poder y oprimida por el dominio extranjero de los ingleses. La situación de Alemania en el año 1801 no era mejor. Al norte de la línea del Rin ciertamente reinaba la paz desde 1795; Prusia y algunos otros países adoptaban un comportamiento neutral y gozaban de cierta tranquilidad en una Europa revuelta. Pero en el sur imperaba la guerra. Hacía tiempo que las tropas francesas ya no esgrimían entusiasmo revolucionario, sino que difundían el horror y saqueaban las regiones. Los padres de Schiller lo experimentaron amargamente: en dos ocasiones tuvieron que huir de las tropas que merodeaban. *Juana de Orleáns* tuvo un éxito enorme en los teatros porque el público pudo dar rienda suelta a sentimientos patrióticos en un escenario francés contra la dominación francesa. Y sobre todo esto se entronizaba la figura monumental de Napoleón. Schiller describe la fantástica elección y elevación de la «doncella» en un momento en que Europa contiene el aliento ante la meteórica carrera de Napoleón. Para el público alemán, el general corso era más que una realidad política, y ya en vida se había convertido en un mito. No sólo desató pasiones políticas; tocó además el núcleo psíquico del mundo de la época. Esto vale para la admiración que se le rindió y para el odio que se le opuso. Unos veían en él la encarnación del espíritu del mundo, otros lo consideraban como un antiespíritu, como un engendro del diablo. Pero todos recibían la intuición viva de un poder que no estaba santificado por la tradición y el origen, sino que se debía a una indomable voluntad carismática. Goethe escribía el 9 de marzo de 1802 a Schiller: «Habrá que ver si la personalidad de Bonaparte nos sigue alegrando con esta gloriosa y dominante aparición».[25] Más tarde, en conversación con Eckermann, llamará a Napoleón un «ilustrador contra su voluntad», que por su poder «demoníaco» saca a la luz del día muchas cosas que de otro modo permanecerían ocultas. Napoleón, dice, «ha hecho que cada uno prestara atención a sí mismo».

Esto puede decirse también de Schiller. Si no hubiera asistido a la ascensión de Napoleón, no habría llegado a la idea de llevar a escena la toma del poder por parte de una inspirada muchacha campesina.

En la carta a Schiller que alude a la «personalidad de Bonaparte», Goethe, estimulado por la lectura de una obra histórica sobre Luis XVI, esboza su imagen grandiosa de la revolución:

> En conjunto es el aspecto tremendo de arroyos y torrentes que, por necesidad natural, se precipitan desde muchas alturas y muchos valles, chocan entre ellos y, finalmente, producen el crecimiento de un gran río y una inundación, en la que perece quien la ha previsto y quien no la ha sospechado. En esta monstruosa experiencia no se ve otra cosa que naturaleza y nada de lo que a los filósofos tanto les gusta llamar libertad.[26]

Cuando Goethe escribe estas palabras, y sin haberle comunicado nada a Schiller, trabaja en una obra dedicada a una heroína completamente distinta: *La hija natural*. Su intención era escribir una trilogía, pero el proyecto se quedó en la primera y única pieza, que en la primavera de 1802 estaba ya casi terminada, luego quedó atascada durante un año, fue concluida a mediados de marzo de 1803 y el 2 de abril se representó por primera vez en el teatro de Weimar con escaso éxito, todavía con el título de *Eugenia*.

Juana es llevada por su vocación prodigiosa y por su propia inspiración a colocarse al lado del rey; en cambio Eugenia, configurada igualmente de acuerdo con un prototipo histórico, el de la hija natural del príncipe Bourbon-Conti, nacida en 1762, sufre el destino inverso: cae socialmente por una intriga cortesana, en la que se muestra la corrupción de la nobleza en vísperas de la Revolución. Como hija ilegítima de la casa ducal, es privada de sus derechos y de su rango, y, según la versión de Goethe, aprende a renunciar. Se le impone la decisión de pasar su vida en un aislamiento y amargura estéril, aunque con conciencia orgullosa de su alto nacimiento, o bien aceptar la mano ofrecida de un burgués y dejar que éste la conserve escondida como puro talismán. Ella escoge la vida burguesa de incógnito y conserva así su genuino rango y dignidad, al principio de forma puramente interior, pero con fuerza de irradiación hacia fuera, de modo que surge la esperanza de que puede nacer un nuevo orden externo desde el hombre interiormente ordenado. Pero hasta que llegue ese momento hay que resistir, conservarse y esperar el milagro que viene de dentro. «Pues si acontece un milagro en el mundo, sucede a través de corazones fieles y amantes.»[27] Esto podría decirse también de la Juana de Schiller, pero del «prodigio» de su corazón surge la acción, el activismo. Ésa es la manera de Schiller. En cambio, la Eugenia de Goethe se otorga y guarda silencio: «Te prometo el más profundo silencio».[28]

Ciertamente, a primera vista son intrigas y maquinaciones las que dañan a Eugenia, pero, tal como escribe Goethe a Schiller en una carta del 9 de marzo de 1802, detrás de tales conmociones políticas se esconde una catástrofe natural: «El crecimiento de un gran río y una inundación».[29] Querer dar otro curso al acontecer carece de perspectiva. Pero quizás es posible protegerse. La hija natural puede conservar su naturaleza buena. Pero esta naturaleza sólo es buena si recibe forma humana. Lo humano es naturaleza incrementada, formada. Y de ahí la solemne simetría de un lenguaje en verso altamente estilizado y en general la primorosa organización de la pieza, la elaborada composición de motivos y símbolos, que dan al conjunto un algo estatuario, un nuevo esbozo formal frente al caos de la revolución y corrupción.

La hija natural está elaborada completamente desde el espíritu de la antinaturalista dramaturgia de Weimar, que Goethe y Schiller habían desarrollado en los años anteriores. Lo mismo que Eugenia en el ocaso del antiguo orden conserva lo mejor del mismo como actitud, así también, en paralelismo con ello, la forma rigurosa de este drama pone el ideal clasicista del arte, forjado según el modelo de la Antigüedad, frente a la «marea de lodo» (Goethe) de lo trivial (el partido de Kotzebue) y la salvaje excentricidad (el partido romántico). Pero ¿por qué Goethe había construido semejante misterio a la hora de trabajar en esta obra, también frente a Schiller, con quien podía sentirse unido en el asunto? En la pieza misma encontramos la posible respuesta, concretamente allí donde el consejero de justicia declara a Eugenia:

> La paz mora sólo en la casa
> donde el marido gobierna,
> pues vanamente allí fuera
> buscarás en tierras lejanas.
> A la inquieta rivalidad
> a la detracción enconada,
> al fugaz anhelo parcial,
> es inmune esta valla sagrada.[30]

Ni que decir tiene que Schiller no pertenece a ese mundo de la rivalidad del exterior, pero a través de él, lo mismo que a través de cualquier extraño, penetra algo exterior en la «valla sagrada», aunque sólo sea el «anhelo parcial» perseguido en común. El recinto creador tiene que permanecer perfectamente protegido, también frente a otras aspiraciones comunes. Goethe protege la obra incluso contra toda reflexión que tienda a disponerla pensando en el escenario. Es una ostra cerrada, un «talismán», cuya fuerza prodigiosa se utiliza, pero no se muestra. Schiller respeta la extraordinaria reserva de Goethe, y por eso en el intercambio epistolar apenas se toca este tema. Sólo en una carta a Humboldt se manifiesta Schiller más extensamente. Escribe que demasiado discurso y poca acción no resultan teatrales; pero que «es realmente admirable el alto simbolismo con que él ha tratado la materia, de tal modo que aniquila todo lo material, y todo es solamente miembro de un conjunto ideal. Es enteramente arte».[31]

La hija natural, estrenada el 2 de abril de 1803 con el título de *Eugenia,* no gozó de ningún éxito en el escenario. La destreza producía admiración, pero la gente se mantenía alejada. Madame de Staël, que prolongó la visita en Weimar para asistir a una representación el 23 de abril de 1803, experimentó solamente un *noble ennoui* (un noble aburrimiento).

La hija natural significó para Goethe un asilo contra las turbulencias de la historia y contra aspiraciones «parciales» de todo tipo. Y no fue ninguna casualidad que Goethe escribiera esta pieza en el año 1802, cuando la disputa de facciones en torno a él llegó a su punto culminante. La había atizado August von Kotzebue.

August von Kotzebue era entonces el autor teatral de más éxito en Alemania. También Goethe hizo que sus obras se representaran con frecuencia, pues el público las apreciaba. A él no le entusiasmaban, le parecían engendros de un naturalismo plano, contra el cual él y Schiller habían salido al campo de batalla años atrás.

Kotzebue había vuelto a Weimar tras un viaje a Rusia repleto de aventuras. En el paso fronterizo lo detuvieron como espía y lo deportaron a Siberia occidental; poco después fue puesto en libertad y enviado a San Petersburgo gracias a la intervención del zar. Recibió en recompensa por la injusticia sufrida una pensión honorífica y una finca. Kotzebue era un autor popular también en Rusia. Y ahora regresaba enriquecido. Se habló mucho de él. August Wilhelm Schlegel se burlaba en los siguientes términos:

> Nosotros abandonados, te hubieras ido,
> ganancias miserables habrías tenido.
> Shakespeare, Goethe y Schiller juegan
> con un mundo de sentimientos inhumanos,
> y de los yámbicos en su necesidad tensa
> que nosotros hasta la muerte odiamos,
> sólo nos salvas tú,
> Kotzebue, Kotzebue.[32]

Kotzebue adquirió una casa en Weimar y, puesto que no era invitado a las tertulias de Goethe, fundó su propio conciliábulo, que era muy frecuentado, pues en él había un ambiente más relajado y divertido que en el de Goethe, y también la mesa era más abundante. A Goethe le molestaba el éxito social de Kotzebue. Cuando hizo que se representara su obra *El provinciano*, eliminó los pasajes en los que adivinaba una difamación de los Schlegel, a los que él protegía. Seguidamente, Kotzebue prohibió la representación de sus obras en el teatro de Weimar, lo cual motivó que Böttiger hiciera la observación burlona de que había que contar con una terrible «sequía y carestía» en el teatro de Weimar.[33] Cuando Goethe llevó a escena dos obras sin éxito, *Ion*, de

August Wilhelm Schlegel (en enero de 1802) y *Alarcos,* de Friedrich Schlegel (en mayo de 1802), se sospechó que lo único que pretendía con ello era irritar al antirromántico partido de Kotzebue. En la representación de *Alarcos* se produjo un escándalo. Al final, la tragedia terminó en medio de carcajadas; Goethe se dio la vuelta desde su elevada butaca en platea mientras, lleno de ira contra el público, clamaba encolerizado: «¡No se rían!». Para Goethe y los suyos estaba claro: sólo podía tratarse de una conjura procedente del círculo de Kotzebue, que en esta época buscaba el favor de Schiller con la intención clara de abrir una brecha entre él y Goethe.

Entonces comenzaron las comparaciones entre los dos grandes, y se planteó la pregunta de cuál de los dos héroes del espíritu era el más fuerte. Se formaron partidos a favor de uno y otro. Schiller se sentía incómodo en esta situación. La fama lo dejaba perplejo, aun cuando la disfrutara. El actor Anton Genast había observado su manera de aparecer:

> Viejos y jóvenes se entusiasmaban mucho más por él que por Goethe. Pero qué distinta era la manera de moverse en sociedad del uno y del otro. A Schiller la variopinta multitud le daba formalmente miedo, y las manifestaciones de honra, que Goethe aceptaba como algo obvio, lo desazonaban y lo hacían pusilánime; por eso buscaba los caminos solitarios, para escapar a los continuos saludos; pero cuando la gente oía que Schiller había ido en una determinada dirección, no vacilaban en seguir el camino en el que podían encontrarse con él. Caminaba normalmente con la cabeza inclinada a través de las masas, dando cordialmente las gracias a todo el que lo saludaba. De qué manera tan diferente se movía Goethe entre este público [...], orgulloso como un rey, con la cabeza levantada, inclinándola condescendientemente cuando alguien lo saludaba.[34]

Al exaltar de este modo a Schiller, Kotzebue quería dar en la cresta al orgulloso Goethe, su enemigo íntimo. Para este fin, planeó una fiesta fastuosa el día de la onomástica de Schiller, el 5 de marzo de 1802. En una sala del Ayuntamiento, solemnemente engalanada, quería representar algunas escenas de los dramas de Schiller; después, se recitaría «La canción de la campana». Al final, él mismo tenía la intención de aparecer como maestro fundidor de campanas y romper una campana de cartón, bajo la cual aparecería el busto de Schiller; a su alrededor danzaría un corro de doncellas ataviadas con ondeantes vestidos blancos; al final el busto tenía que ser coronado con laurel. El número era motivo de conversación en la ciudad de Weimar antes de que tuviera lugar, y lo fue tanto más cuando finalmente no se llevó a cabo. Todo se había ensayado cuidadosamente; pero la víspera de la fiesta el administrador de la biblioteca se negó a entregar el busto de Schiller, argumentando que un busto de yeso nunca había vuelto ileso de ninguna fiesta. Y sucedieron cosas peores. Cuando los obreros quisieron abrir el escenario en la sala de la fiesta, encontraron el Ayuntamiento cerrado. El alcalde declaró que con «comienzos tan tumultuosos nadie estaba en condiciones de garantizar los daños que podían temerse».[35] Se corrió el rumor de que Goethe había intervenido en el asunto, un dato que no ha podido ser comprobado. Pudo tratarse de un celo anticipativo del alcalde. En cualquier caso, algunas de las señoras que pretendían brillar en aquella fiesta abandonaron indignadas la «tertulia de los miércoles» de Goethe. Todo el asunto fue muy desagradable para Schiller y, tal como confesó a Goethe, quería hacerse pasar por enfermo en el día ominoso. Goethe mismo se había retirado a tiempo a Jena, desde donde siguió los acontecimientos con cierto humor. Cuando todo quedó atrás, Schiller le escribió: «He salido mejor parado del 5 de marzo que César del 15 [...]. Espero que a su regreso encuentre usted los ánimos aplacados».[36]

Pero no estaban completamente aplacados. Quedaban ofensas, envidias, animadversiones y complacencias en el mal ajeno. Se examinaba con mayor atención que antes la aparición de grietas en el lazo de amistad de los dioscuros. Sabedor de este estado de ánimo, Goethe anota en sus *Cuadernos diarios y anuales*, con malévola satisfacción: «Pero todo lo que me he propuesto con Schiller [...], siguió indeteniblemente su curso».[37]

Sin embargo, el asunto dejó alguna huella en ambos. Dado que Kotzebue retiró sus piezas del teatro de Weimar, Goethe tuvo que afrontar preocupaciones para hacerse con un repertorio que tuviera buena acogida en el público. Ése era el trasfondo de una inusitada y áspera misiva que dirige a Schiller. Tras el listado de los insatisfactorios ingresos del teatro, Goethe, que en sus propias obras apenas se preocupa del éxito de público, se suelta con una sorprendente crítica a Schiller: «Se me ha vuelto a despertar vivamente mi antiguo deseo en relación con las producciones poéticas, a saber: que usted tuviera la posibilidad de trabajar concentrado inmediatamente desde el principio, para que ofreciera más producciones y, permítame que le diga, más eficientes teatralmente».[38]

Schiller está consternado. ¿Ha olvidado Goethe el éxito que ha cosechado en el gran público con sus obras, el más reciente con *Juana de Orleáns*? Sin esperar más, contesta ya al día siguiente, comenzando con un tono diplomático:

> Le doy la razón por completo en que debería concentrarme más en el efecto dramático de mis piezas. Esto es ya una exigencia poética, sin tomar en consideración el teatro y el público, pero sólo puedo esforzarme en ello en la medida en que es una exigencia poética. Si alguna vez consigo una buena obra teatral, sólo puedo hacerlo por caminos poéticos, pues un efecto hacia fuera, como lo consiguen a veces también un talento vulgar y una mera habilidad, no puedo proponérmelo como fin, ni podría conseguirlo aunque lo quisiera. Por tanto, aquí se habla tan sólo de la tarea suprema misma, y sólo el arte consumado podrá superar mi tendencia individual hacia dentro, si es que ha de superarse.[39]

Se mantienen las visitas recíprocas, pero ya no tienen lugar con tanta frecuencia. En dos importantes lecturas de *La novia de Mesina*, Goethe no está presente: una vez el 4 de febrero de 1803, en una sociedad muy oficial en casa del duque de Meiningen, donde Schiller no hizo que fuera invitado Goethe; y una semana más tarde, en casa de la duquesa en Weimar, donde también faltaba Goethe. Más adelante, Schiller descarga el enojo acumulado ante Wilhelm von Humboldt:

Debo quejarme de que Goethe no pone coto a su callejear y, como lo hace todo alternativamente, no se concentra en nada con energía. Ahora se ha convertido cabalmente en un monje y vive en una mera contemplación, que sin duda no está cerrada, pero no es productiva hacia el exterior. Desde hace tres meses, sin estar enfermo, no ha dejado su casa y ni siquiera su habitación [...]. Con frecuencia me siento impulsado a buscarme en el mundo otro lugar para residir y actuar; si fuera posible, me iría.[40]

14

Si a veces un Goethe malhumorado echa de menos en las piezas de Schiller el efecto teatral, lo cierto es que los grandes éxitos que éste obtiene ante el público deberían abrirle los ojos. Incluso *La novia de Mesina,* una pieza primorosa, pero extensa, es respetada en su estreno. El hijo del profesor Schütz, el poderoso editor de la *Revista de Libros,* de Jena, después de la representación el 19 de marzo de 1803 lanza un «viva» a Schiller, una acción indecorosa en presencia de la familia ducal. El duque da instrucciones a Goethe para que el infractor sea amonestado a través del comandante de la plaza. Goethe reprendió de inmediato al padre, al que no podía soportar. Éste se enojó en tal medida, que pocos meses más tarde aceptó una lucrativa oferta para continuar publicando la revista en la ciudad de Halle, en Prusia. Esto significaba una grave pérdida para Jena, que Goethe intentó compensar mediante una refundación de la revista con el nombre ligeramente cambiado: *Revista Literaria de Jena.*

En otros lugares, por ejemplo en Berlín, la policía no sancionó los numerosos «vivas» durante las representaciones de *La novia de Mesina.* En Lauchstädt se vivió una noche memorable el 3 de julio de 1803. Habían acudido numerosos estudiantes de Halle y Jena. Schiller, que a pesar de un grave ataque de reumatismo se atrevió a viajar a Lauchstädt, fue saludado con júbilo. Luego, durante la representación, estalló una tormenta de verano. Relampagueaba y retumbaban los truenos, y una lluvia torrencial tamborileaba con ruido ensordecedor en el ligero techo de madera del teatro. Apenas se entendía una palabra y la acción tenía que descifrarse a partir de los gestos y de la mímica. En la escena final, que conjuraba el fatalismo del destino, hubo un estallido ensordecedor de truenos. El público, encogido, se protegió como pudo del agua con capotes, chaquetas y pañuelos. Schiller fue llamado a escena Y cuando llegó, completamente empapado, cesó la tormenta.

La obra gustó tan poco como el oscuro cielo bajo el cual tenía lugar la representación. Los aplausos sólo demuestran que a Schiller se le perdonaban algunas cosas, aunque no agradaran. Henriette von Hebel escribió a una amiga: «Se ve claramente que escribe para sí mismo, y piensa poco en el público». El tema de la tragedia se cifra en que dos hermanos están enamorados de la misma mujer, sin saber que es su hermana; ambos mueren porque uno mata al otro y al final se suicida. Goethe dice de esta tragedia que reviste una cruel perfección. Es una alabanza, pero también la confesión de que en el futuro no quiere involucrarse en asuntos como ése.

Tras esta obra, que se administró al público como una rigurosa medicina, Schiller se entregó a un nuevo trabajo. Ahora tira de otro registro y quiere probar hasta qué punto se puede llegar con el populismo sin ceder en lo más mínimo en la voluntad artística. El 12 de septiembre de 1803 escribe a Körner: «Si los dioses me son propicios para ejecutar lo que tengo en mi cabeza, saldrá a la luz una cosa poderosa, que estremecerá los escenarios de Alemania».[1] Esta «cosa poderosa» era *Guillermo Tell*. Schiller había recibido la idea de Goethe.

Por lo menos, así lo cuenta más tarde éste en las conversaciones con Eckermann. Dice que la «espléndida y grandiosa naturaleza» que rodeaba el lago de los Cuatro Cantones le estimuló tanto en su viaje a Suiza en 1797, que quería convertir su vivencia en una creación poética. Y para dar mayor encanto y vida a esta representación del paisaje, quiso poblarlo con importantes figuras humanas. Y entonces se le ocurrió *Tell*.

> Hablé con Schiller de todo esto, y en su alma mis paisajes y mis figuras activas configuraron un drama. Y puesto que yo tenía que hacer otras cosas y la ejecución de mi propósito se desplazaba

cada vez más, cedí mi objeto completamente a Schiller, que luego escribió su poema, digno de admiración.[2]

El proceso que le llevó a esta «cesión» fue un poco más complicado. Schiller había llegado al tema de *Guillermo Tell* no sólo a través de Goethe. En la segunda mitad del siglo XVIII se habían escrito una serie de dramas sobre ese personaje. El tema era popular, gracias también a la *Historia de la Confederación Helvética*, de Johannes von Müller. Después de la lectura de este libro, Charlotte escribió a su amigo el 25 de marzo de 1789: «La historia de hombres libres es, sin duda, doblemente interesante, pues luchan con más calor por su constitución. Y así dejan impreso su propio sello».[3] Schiller no siguió en ese momento el impulso de su futura esposa, pues se hallaba ocupado todavía con los héroes de las tierras bajas, escribiendo precisamente la historia de los Países Bajos, y no quería entrar todavía en el linaje fuerte de las montañas, al que atribuía una «fuerza» sorprendente, pero, en rigor, no una «grandeza»[4] humana. Por tanto, algunos años antes de que Goethe le escribiera sobre el tema de *Guillermo Tell*, Schiller ya había examinado la idea de si se podía emprender algo con la materia. Y la había rechazado. La indicación de Charlotte no había sido suficiente. Prendió de forma completamente diferente lo que Goethe le escribió el 14 de octubre de 1797 sobre el asunto de aquella obra:

> ¿Y qué dirá usted si le confío que [...] ha despuntado también una materia poética que me infunde mucha confianza? Estoy casi persuadido de que la fábula de Tell podrá tratarse épicamente y, si logro conseguir mi propósito, se daría el caso singular de que la leyenda, a través de la poesía, alcanzara su verdad perfecta.[5]

En el instante en que Goethe se acerca a este asunto, Schiller descubre las posibilidades poéticas que laten en él. El 30 de octubre él responde:

> La idea de *Guillermo Tell* es muy afortunada; de la notable estrechez de la materia dada surgirá toda una vida ingeniosa [...]. Y a

la vez, partiendo de esta bella materia, se dilata la mirada al género humano, lo mismo que entre las altas montañas se abre la mirada a la lejanía libre.⁶

Después, durante un tiempo apenas se habla del asunto en la correspondencia entre Goethe y Schiller. En el verano de 1798, Goethe cuenta que él sigue pensando en el tema épico de Tell. A partir de ese momento, no se vuelve a hablar del tema. De ahí que resulte tanto más sorprendente la manera en que, el 10 de marzo de 1802, Schiller comunica a su amigo los nuevos planes de trabajo. «Un interés más poderoso que el de *Warbek*» –antes se había ocupado de este proyecto teatral– «me ha invadido desde hace ya seis semanas y me atrae con una fuerza e intimidad como no había sentido desde hace mucho tiempo [...]. Sé que me encuentro en el camino recto.»⁷ Se refiere aquí a *Tell*, pero no lo menciona, y sobre todo: Schiller trabaja ya en la obra y Goethe todavía no sabe nada de ello, de modo que ésta es la primera carta en que se le da a conocer el tema a manera de insinuación. Por tanto, supuesto que Goethe «cediera» la materia, esto tuvo que suceder en todo caso en un momento en que Schiller, sin que ambos se pusieran previamente de acuerdo, se había decidido por *Tell*.

Seis días después de esta carta a Goethe, Schiller cuenta al editor Cotta otra historia sobre el nacimiento de *Tell*. El 16 de marzo de 1802 escribe:

> He escuchado con tanta frecuencia el falso rumor de que estoy preparando un *Guillermo Tell*, que finalmente he centrado mi atención en este objeto y ahora estudio el *Chronicon Helveticum*, de Tschudi. Éste me ha atraído tanto, que pienso con toda seriedad elaborar un *Guillermo Tell*, y el resultado será una pieza con la que aspiramos a lucirnos.⁸

Comoquiera que sea, Schiller estaba entusiasmado y Goethe, según escribe en los *Cuadernos diarios y anuales,* «dejó de lado» su *Tell* épico «en aras del *Tell* dramático de Schiller».⁹ Desde febrero de 1802, Schiller se ocupa de los trabajos preliminares, los interrumpe por unos meses para terminar *La novia de Mesina*, vuelve de nuevo a *Tell* en la primavera de 1803 e inicia la redacción definitiva en agosto de 1803. El 9 de noviembre escribe a Goethe: «Aquí estoy también muy laborioso, pues no me distraigo por nada y ni siquiera asisto a alguna comedia. Si me mantengo en este calor, puedo terminar hacia marzo».[10] Y es cierto que la escritura adelanta con fluidez. Vive con intensidad en su *Tell*, según escribe a Iffland. Preferiría viajar a Suiza y visitar los escenarios originales, pero renuncia a ello por motivos de salud, y también porque tiene el sentimiento de que su imaginación y el relato del viaje que Goethe ha hecho lo familiarizan suficientemente con el genio del lugar.

En la época en que escribe *Guillermo Tell* se restablece la relación estrecha con Goethe. Ambos vuelven a encontrarse con tanta frecuencia como antes. Goethe participa vivamente en el nacimiento de la obra, y Schiller busca su consejo. La colaboración es tan estrecha como otrora en *Wallenstein*. Schiller envía el primer acto a Goethe, y éste responde: «Es evidente que esto no es un acto primero, sino toda una obra y, por cierto, una obra eximia, y le deseo éxito de corazón». Todo lo que Goethe recibe como lectura, lo encuentra «digno de alabanza y elogio».[11] Cuando transcurre un tiempo sin noticias sobre los avances de *Tell*, Goethe escribe con impaciencia: «Deseo oír que los héroes suizos se han comportado con valentía contra su mal».[12]

En la época en que Schiller escribe el drama sobre los héroes suizos de la libertad, Suiza está en vías de perder la libertad externa y en parte también la interna. En 1799 Napoleón había ocupado el país, había saqueado el tesoro del Estado en Berna, eliminado la antigua constitución cantonal e implantado un gobierno sumiso. Los cantones originarios, que ya en tiempos de Guillermo Tell habían luchado honrosamente, también esta vez resistieron tenazmente contra el dominio francés. El orgullo herido de la Confederación Helvética encontraba satisfacción en el recuerdo de la historia heroica de la liberación frente a los Habsburgo y el Imperio. Y así, el mito de Tell reconquistó la popularidad, no sólo en Suiza, sino también en Alemania, donde comenzaba a moverse el afán de libertad contra la invasión francesa.

Este movimiento, que culminará un decenio más tarde en las guerras de liberación antinapoleónicas, combinaba la idea de la libertad con las tradiciones locales.

También el *Guillermo Tell* de Schiller es conservador y revolucionario a la vez; este espíritu es el que conjuran las famosas frases en la escena de Rütli:

> ¿No ha de tener límites la tiranía,
> cuando el oprimido no encuentra lugar
> donde amparo de la justicia alcanzar?
> Cuando el peso es insoportable cada día,
> al cielo extiende sus brazos y manos,
> y con el fondo del ánimo consolado,
> sus derechos eternos a la tierra baja,
> los derechos eternos que arriba anclan;
> y como las inquebrantables estrellas,
> vuelve el viejo orden de la naturaleza.[13]

En «La entrada del nuevo siglo», compuesta dos años antes de empezar *Guillermo Tell*, leemos:

> Es vano que en mapas de toda latitud
> busques los territorios de la felicidad
> el eterno jardín verde de la libertad,
> donde crece la flor de la bella juventud.[14]

Es digno de notarse que, entretanto, Schiller ha abandonado la visión de un hombre nuevo que, gracias a la formación estética, se hace capaz de libertad. Es posible otro punto de vista. Al elaborar el mito de Guillermo Tell, no sólo asume de Goethe una materia poética, sino que se acerca también a su realismo y a su aversión contra toda confección de proyectos históricos. Descubre fuerzas revolucionarias no en el futuro, sino en el pasado. La libertad florece y prospera en el mundo de las montañas suizas. Quizá se encuentre allí un «jardín eternamente verde» de la libertad. En cualquier caso, puede mostrar que la verdadera revolución es conservadora, que no se debe a la búsqueda de un hombre nuevo, sino a la defensa del buen orden antiguo, que surgen cosas grandes cuando lo acreditado se defiende contra una mala innovación. Tell defiende una antigua libertad, que una nueva tiranía quiere robarle. Es un nativo que actúa en defensa propia y un ejemplo de que el origen puede tener futuro.

El drama de Schiller está dispuesto cíclicamente. Una comunidad autóctona, libre, se defiende contra una tiranía externa, y en la lucha refunda su alianza, que antes era natural. La nueva alianza pactada y roborada es el resultado de una acción histórica. La historia natural de la libertad se transforma en política. La comunidad, expulsada de su idilio natural, es arrastrada a la historia, donde impugna a los tiranos y los vence, antes de que al final, enriquecida con algunas experiencias, vuelva al idilio del principio. Se trata de un proceso circular que, a partir de la quietud natural, conduce a los tumultos de la historia y que regresa a su punto de origen. ¿Quién actúa? Sin duda el «pueblo», pero actúa sobre todo Tell, que pertenece a él y, sin embargo, se mantiene aparte. De este modo, manteniéndose aparte y a la vez sobresaliendo, puede encarnar tanto mejor el espíritu del pueblo. «El fuerte es más poderoso en solitario»,[15] son las palabras con las que Tell argumenta su negativa a participar en la alianza de Rütli. Cuando mata al tirano, ante todo actúa en defensa propia, sin obedecer a ningún mandato externo y por responsabilidad propia. Pero precisamente así desata la acción de la liberación colectiva. El que actúa en defensa propia preserva a la política de ser demasiado política y de dispersarse y retardarse en cálculos estratégicos.

El movimiento cíclico de los confederados, desde el idilio hasta la historia y otra vez atrás, se repite en Tell. También él, después de su acción, de esta excursión horrible a la historia, regresa al idilio. Ciertamente arde todavía el mismo fuego en el hogar, la mujer y los hijos esperan al padre, se ha conservado el mundo patriarcal, pero ya no es el mismo. Con el asesinato del tirano, ha perdido su inocencia. Schiller pone el máximo empeño en alejar de Tell toda sombra. Por eso, en la última escena, introduce como oscura figura de contraste al parricida del emperador. Se trata del duque Juan de Suabia, que en 1308 asesinó a su tío, el rey Alberto I. Frente a él Tell puede presentarse como figura luminosa y justificar la pureza de sus motivos, como si hubiera que eliminar cualquier duda:

> ¡Desdichado! ¿Puedes mezclar el afán de honra con la sangrienta culpa, con la legítima defensa de un padre? ¿Has defendido la cabeza amada de los hijos? ¿Has protegido el santuario del hogar? ¿Has alejado de los tuyos lo más terrible, lo último? Elevo al cielo mis manos puras, te maldigo a ti y tu acción. Yo he vengado la naturaleza sagrada que tú has deshonrado. Nada comparto contigo, tú has asesinado, yo he defendido lo más precioso.[16]

Con esta contraposición, Tell se purifica completamente de toda sospecha de motivos bajos. Tell puede mostrarse como un asesino de tiranos en la tradición republicana de un Bruto y a la vez como un san Jorge, que vence al dragón. Y además, con su «noble simplicidad» es también un «noble salvaje», pero no de los mares del Sur, donde el rusonianismo europeo lo suponía, sino de las montañas suizas; es un «noble salvaje» que involuntariamente se convierte en revolucionario conservador. No tenía que quedar la menor duda acerca de la «sencilla dignidad varonil» del protagonista. Pero a Goethe sí le quedaron dudas. Manifestó más tarde que era «impropio» que un asesino tachara a otro de asesino. Probablemente, Goethe se había imaginado a su *Tell* más contradictorio y oscuro en algunas cosas. No obstante, se mostró muy satisfecho con la obra tal como la vio representar en el teatro de Weimar el 17 de marzo de 1804. Estaba orgulloso de que el estreno se produjera en Weimar y no en Berlín, que lo había solicitado ardientemente.

Goethe se alegró del gran éxito del amigo, pero volvió a quejarse de los enredos en los que él mismo se veía envuelto, y que lo apartaban de sus trabajos literarios. En ese momento, le agobia la laboriosa refundación de la *Revista Literaria de Jena*. El 13 de diciembre de 1803 escribe a Schiller:

> ¡Qué cosas produce usted en su soledad, según su propio deseo y voluntad! Yo remo en un elemento extraño, es más, me atrevo a

decir que tan sólo chapoteo, perdiéndome hacia fuera y sin la más mínima satisfacción desde dentro o hacia dentro. Pero como, según aprendo cada vez más claramente en Polignoto y Homero, hemos de representarnos el infierno en la tierra, me atrevo a decir que también así podemos describir una forma de vida.[17]

Este descontento estaba motivado por otro acontecimiento. Había sido anunciada la visita de Madame de Staël, y el duque había hecho que Goethe, residente provisional en Jena por culpa de la *Revista Literaria de Jena,* acudiera a Weimar para rendir los debidos honores a la gran dama.

El 14 de diciembre de 1803, Germaine de Staël había llegado con su séquito a la pequeña ciudad nevada, mecida en su sueño invernal. Estaba profundamente impresionada, pues por el camino había visto y experimentado algunas cosas que correspondían a su imagen de la Alemania romántica. Allí estaban los valles de Turingia, en los que se escondían pequeñas ciudades medievales, donde los jóvenes, envueltos en abrigos negros, que contrastaban fuertemente con la nieve, cantaban canciones navideñas bajo las ventanas guarnecidas por el hielo e iluminadas por una luz amarilla. Le había embelesado la música popular de Alemania, llena de vida. En Gotha compró una armónica y se ejercitó durante todo un día. En la primera ocasión de que dispuso en Weimar, sacó su instrumento y a continuación comenzó a tocarlo, para admiración de la sociedad palaciega. Aquella mujer interpretando la armónica, tocada con un alto turbante que envolvía su cabeza y ataviada con un vestido que exhibía un escote pronunciado y unos pesados colgantes de adorno produjo una enorme impresión. Madame sorprendió a Weimar con semejante naturalidad refinada, y, sobre todo, con su elocuencia extraordinaria. «Hay que ser todo oídos para poderla seguir»,[18] relata Schiller, a quien inicialmente le tocó la tarea de representar ante ella al Weimar intelectual, pues Goethe vacilaba acerca de si venir o no desde Jena.

«La inteligencia encarnada es llamada a las armas para recibirme», cuenta Germaine a su padre refiriéndose al día de su llegada. Pensaba que era lo que correspondía. Como hija famosa de un padre famoso, a saber, Jacques Necker, el último ministro francés de finanzas antes de la Revolución, desempeñaba en la escena europea la función de gran dama de la sociedad y de la literatura, a semejanza de su enemigo íntimo, Napoleón, que con una autoritaria decisión personal la había expulsado de París. Esta dama corpulenta, que necesitaba espacio a su alrededor, era una embajadora de la elegante inteligencia francesa y acaparó la atención de todo Weimar durante semanas enteras, pues suponía con razón que allí estaba la capital secreta de la cultura alemana. Lo mismo que su antípoda Napoleón, tenía en alta estima el *Werther* de Goethe y quería conocer a su autor. También tenía noticias de Schiller. Ella apenas hablaba alemán, cosa que no consideraba necesaria, pues ante ella todos sacaban a relucir sus conocimientos de francés. Tenía un espíritu centelleante y, cuando preguntaba algo, con frecuencia prefería dar ella misma la respuesta.

Madame de Staël estaba impresionada por el aspecto exterior de Schiller, por la manera de comportarse de aquel hombre alto, que producía el efecto de ser una persona decidida. Al principio creyó que era un general. Y realmente Schiller se acreditó como un luchador hábil cuando desplegó ante ella una crítica aguda del drama clásico francés. Ella aceptó sus palabras, pero rogó que, en el banquete, tuviera la oportunidad de recitar pasajes de las escenas principales de *Fedra*, de Racine. «¿No es hermoso?», preguntó luego a Schiller; y éste, replegando armas, respondió en su francés con acento de Suabia: «Es hermoso, Madame». Desde ese momento, ella ya no lo dejó en paz. Le alteraba los nervios «su naturaleza razonante y ajena por completo a la poesía».[19] El 21 de diciembre de 1803, escribe a Goethe:

> Su bello entendimiento posee una capacidad genial para elevarse. Ella quiere explicarlo todo, verlo, medirlo; no establece nada oscuro, inaccesible, y aquella zona que no puede iluminar con su antorcha no existe para ella. Por eso tiene un miedo horrible a la filosofía ideal, que a su juicio conduce a la mística y a la superstición, y ése es el aire sofocante donde ella perece. No tiene ningún sentido para eso que llamamos poesía.[20]

Mientras Schiller representaba al Weimar intelectual, Goethe brillaba por su ausencia. Permaneció en Jena todavía por algún tiempo. Finalmente, en la noche de Navidad recibió a Madame en el Frauenplan. Germaine se había imaginado un poco diferente al autor de *Werther*, tal vez como al fogoso Chateaubriand en su juventud, y ahora de pronto, tal como ella escribe, se encuentra con un hombre bajo y corpulento, «cuya fisiognomía no llama especialmente la atención, con una persona que quisiera comportarse como hombre de mundo, pero no lo logra enteramente».[21] Además, anota ella, duerme con su ama de llaves. Todo eso no habla a su favor. En la conversación ambos cruzan las espadas. Si ella critica un ataque contra el gusto en una obra de Goethe, él responde: «El público se acostumbrará a esto»;[22] y si ella pone sobre el tapete los suicidios que *Werther* ha provocado, responde: «Cuando hago algo que me parece correcto, no me preocupo de las consecuencias». Cuando ella compara el arte alemán en verso con un suelo lleno de baches, Goethe compara los alejandrinos franceses con una tenia. Era su forma de pelearse, aunque se guardaban un mutuo respeto. Madame de Staël solía aparecer de visita en casa de Goethe, quien siempre procuraba que en estas ocasiones también estuviera presente Schiller. Si primero se sorprendió, luego quedó admirada ante el gesto altivo de Goethe y Schiller frente al público. En Francia, decía Madame de Staël, el público educa a sus autores, en Alemania sucedía lo contrario.

Madame de Staël era fascinante, pero también llegaba a provocar cansancio, así que los anfitriones se alegraron cuando ella partió por fin a principios de marzo de 1804. El 5 de marzo Schiller le escribe a Goethe: «Después de la partida de nuestra amiga me siento como si hubiese superado una gran enfermedad».[23] Por su parte, ella había encontrado lo que buscaba: aplauso y nuevas ideas, pero, tal como le confesaba a su padre, no sentía una «auténtica alegría». «Amor, París o poder, eso sería una alegría. Yo necesitaba una de estas tres cosas, una que fuera acicate para mi corazón, mi espíritu, o mi energía. Todo lo demás sólo me produce un placer metafísico.»[24]

La visita de Madame de Staël a Weimar coincidió con la muerte de Herder el 18 de diciembre de 1803. En tiempos, Schiller lo había venerado como a un ser de rango superior. En algunas conversaciones dejaba divagar sus recuerdos; Abel había hablado de él en su conferencia sobre el «genio» en la Hohe Karlsschule; luego lo conoció en persona en el parque de Weimar, cuando ya era sumamente famoso, Herder había hablado de que en el instante de la producción el autor es completamente distinto del que es en la vida cotidiana. Schiller siempre había tenido en alta estima la «belleza que funde» del estilo de Herder, y había aprendido mucho, especialmente de las *Ideas sobre la filosofía de la historia de la humanidad.*

En el intercambio epistolar entre Goethe y Schiller no se habla de la muerte de Herder. Sin duda, se debía a que pocos meses antes de este fallecimiento, se había producido una ruptura irrevocable entre Goethe y Herder, el amigo de juventud y el compañero de muchos años. La relación entre ambos se había complicado en los últimos años. Herder se enfadó con el duque, que no ponía a disposición el apoyo prometido para la educación de sus hijos. Goethe se vio involucrado en este conflicto a causa de su condición oficial. Además, Herder estaba sobrecargado de trabajo y consideraba que Goethe, puesto que lo había llevado a Weimar, debería haberle evitado esta situación. Además Herder despreciaba furiosamente la literatura del momento. No comprendía que Goethe se mezclara con los románticos y así se lo reprochaba. Y se añadían no en último lugar los celos en relación con Schiller, que, según le parecía, ocupaba el puesto al lado de Goethe que en rigor le correspondía a él. Se habían acumulado, pues, distintos motivos que podían provocar un alejamiento. En los últimos años, Goethe había soportado con gesto amistoso y relajado la irritabilidad de Herder, condicionada también por la enfermedad. Lo había invitado siempre a las tertulias, especialmente cuando éstas eran de tipo oficial y representativo, pues Herder estaba muy pendiente del honor y del reconocimiento. Amaba las obras de Goethe por encima de todo. Últimamente se había manifestado en tono elogioso sobre *La hija natural,* criticando duramente la falta de comprensión del público. Goethe, agradecido, lo invitó el 18 de mayo de 1803 a una íntima conversación amistosa, como las que mantenían en los viejos tiempos. Pero algo desafortunado debió de pasar en ese encuentro. En el esbozo biográfico de Goethe sobre Herder aparecen solamente insinuaciones al respecto. Leemos allí que Herder sacó «una carta sumamente odiosa, con la que todo quedó aniquilado [...]; yo lo miré, no repliqué nada y los muchos años de nuestra convivencia me asustaron [...] en la forma más terrible».[25] Lo que Herder había dicho era probablemente lo siguiente: «Tu *Hija natural* me gusta más que tu hijo natural».[26] Eso trajo la ruptura definitiva con Herder. Goethe escribe simplemente: «No lo he vuelto a ver».[27] Se encontraron una vez más en la mesa de Anna Amalia, donde se ignoraron recíprocamente, en la medida que eso era posible en tales círculos. Pero el destino del antiguo amigo no dejó libre a Goethe. Sólo después de la muerte de Herder se le puso de manifiesto qué grandes eran los cambios que ya antes se habían producido en éste. Decía que Herder, en sus años finales, había estado enfermo de cuerpo y de espíritu. «Si hubiera vivido más tiempo», comentaba en una conversación, «habría enloquecido.»[28] En consecuencia, el asunto de Herder era de momento tabú. Por eso no hay el menor rastro en el intercambio epistolar con Schiller.

El 25 de abril de 1804, Madame de Staël, a su regreso de Berlín, visita Weimar por segunda vez. Entre sus acompañantes se encuentra August Wilhelm Schlegel, al que ella ha incluido en su séquito a cambio de 10.000 táleros anuales como asesor en asuntos literarios. Esta desagradable visita brinda a Schiller la ocasión para activar, en un plazo de cuarenta y ocho horas, su plan, largamente acariciado, de viajar a Berlín.

Años atrás, con la aparición de *Los bandidos*, ya había querido ir a Berlín, para protestar contra una representación truncada y también encontrar allí, de una forma u otra, su dicha. *Cábala y amor,* igual que otras obras suyas, había obtenido en aquella ciudad un gran éxito, y eso era una razón para viajar allí. En aquella metrópoli, que entonces contaba con doscientos mil habitantes, no había duda de que Schiller sería considerado un gran escritor. Y por fin puede llegar ahora a la ciudad de sus grandes triunfos, acompañado por Charlotte y sus dos hijos. Sobre sus motivos escribe después del regreso:

Sentía la necesidad de moverme en una ciudad grande y extraña. Es mi destino escribir para un gran público, en el que han de repercutir mis trabajos dramáticos; aquí me veo en relaciones tan estrechas, que es un milagro si puedo realizar algo destinado a un público mayor.[29]

Ya la primera recepción, el 30 de abril en las puertas de Potsdam, fue digna de notarse. El alférez de guardia, cuando reconoció a Schiller, inició de inmediato una conversación sobre sus poesías, algunas de las cuales podía recitar de memoria. Era ya medianoche, y tuvo que aguardar al final de la recitación, tieso de frío, antes de poder continuar el viaje. Schiller iba al teatro casi todas las noches, si no tenía que quedarse en casa por enfermedad. En su honor se representaron *Los bandidos*, *La novia de Mesina*, *La doncella de Orleáns* y *La muerte de Wallenstein*. Los periódicos locales informaron detalladamente sobre las actividades de Schiller en la ciudad. Fue invitado a desayunar con la familia del rey y a comer con el príncipe Louis Ferdinand. Allí hizo tanto honor al vino, que necesitó ayuda ajena para encontrar el camino de regreso al hotel. Corrieron relatos caricaturescos de esta escena. Se hace circular a Schiller por los salones literarios. Sólo Rahel Varnhagen, que pone a Goethe por encima de todo, se abstiene de invitarle, lo que no debe sorprendernos, pues el romanticismo ya ha plantado allí su cuartel general. Schiller visita también a Fichte, que se ha trasladado de Jena a Berlín, donde imparte clases particulares. El desacuerdo anterior está casi olvidado. Desde entonces Schiller le ha prestado ayuda en ciertas ocasiones, por ejemplo, para cobrar el dinero que el comprador de su casa adeudaba al filósofo.

En una de las recepciones en la corte se le hizo a Schiller una oferta notable: un sueldo de tres mil táleros –frente a los cuatrocientos que le pagaba el duque– si se instalaba en Berlín. Se le ofrece también un carruaje cortesano. Schiller se siente lisonjeado; conoce ahora su valor de mercado, pero vacila. Aunque a veces lo desconcierte el mundo estrecho de Weimar, no obstante está apegado a él. Y quisiera permanecer cerca de Goethe, pues ambos han llegado de nuevo a una colaboración estrecha y fértil, la última vez, con *Guillermo Tell*. Schiller pide consejo a Goethe acerca de la oferta. Éste lo anima a negociar con el duque la permanencia, a fin de obtener un sueldo más elevado. Cuando Schiller, siguiendo la recomendación de Goethe, insinúa al duque que, por el bien de la familia, apenas puede rechazar la oferta de Berlín, a no ser que se le eleve su sueldo de cuatrocientos táleros a mil, el duque concede el aumento salarial, pero le recomienda que no pregone el asunto, sino que siga negociando una pensión con Berlín. Le sugiere que ofrezca a los de Berlín permanecer allí por un tiempo limitado, a cambio de una buena cantidad de dinero, pero que siga en Weimar. Sería francamente hermoso, escribe el duque a Voigt, que en el caso de Schiller «se pudiera estafar a los de Berlín con una pensión copiosa».[30] Schiller hizo a los berlineses la oferta sugerida por el duque, pero éstos no entraron en el juego. La última carta de Schiller sobre este asunto es despachada por Beyne, el jefe del gabinete civil de Prusia, con esta anotación: «*Ad acta* hasta que se tercie una ocasión». Pero la ocasión no se presentará.

Por su parte, Goethe había hecho su aportación para retener a Schiller en Weimar. Había propuesto al duque que diera entrada a Schiller en la nobleza hereditaria del imperio. Y esto sucedió en el otoño de 1802. Schiller mismo no se había esforzado especialmente por este asunto, pues una elevación de estamento suponía también mayores gastos. Mas por amor a su mujer, que deseaba ser readmitida oficialmente en la corte, aceptó con gusto la propuesta. «Lolo está ahora de lleno en su elemento», escribe Schiller a Humboldt, «pues mueve a sus anchas la cola de su vestido en la corte.»[31] Con esta distinción, el duque quería además burlar a otra persona. Herder, a espaldas del duque, había conseguido un título de nobleza otorgado por el príncipe elector de Baviera, y esto irritó tanto al duque, que no reconoció en la corte el título de Herder. Para fastidiar a éste, hizo que Schiller obtuviera una «irrefutable» carta de nobleza. Esto amargó a Herder durante los últimos meses de su vida. Schiller se tomó el asunto con cierto humor. Escribió al consejero privado Voigt, que había llevado las negociaciones ante la corte de Viena con habilidad diplomática: «Evidentemente, no es pequeña tarea sacar del curso de mi vida algo que merezca tenerse por mérito ante el emperador y el imperio, y usted lo ha hecho de forma eximia, agarrándose en definitiva a la rama de la lengua alemana». Pero Goethe tomó el asunto por la parte seria, pues concedía su importancia al rango, el título y las formas. A partir de entonces, incluso en los diarios firma Schiller con el título de «consejero áulico Von Schiller». Goethe veía con agrado que aquél fuera alabado y celebrado. No le tenía envidia, y su lealtad era grande.

Defendía a Schiller incluso cuando quizá no habría sido necesario. El satírico Falk cuenta la historia de cómo en 1804 fue expulsado del país por iniciativa de Goethe. Falk había compuesto unos versos como parodia a la canción del caballero de *El campamento de Wallenstein,* de Schiller, versos destinados a una obra para títeres que había de representarse en el Ayuntamiento de Weimar. En ellos son celebrados los actores, en lugar de los soldados, con estas palabras:

> Arriba, arriba, camaradas
> al tablero, al tablero vamos,
> al mundo que al teatro llevamos.
> Tiene el hombre cosas valoradas
> todavía en su condición de actor;
> allí aún la libertad pesa,
> sin otro que por él interceda,
> sólo le sopla el apuntador,
> que en el agujero deletrea.[32]

Según Falk, estos versos molestaron a Goethe en tal medida, que se empeñó en la expulsión del malhechor. Simplemente, no era tolerable burlarse de Schiller.

Tras el regreso de Berlín, Schiller se pone de nuevo manos a la obra sin demora, ciertamente agotado todavía por el viaje, pero también alentado por las vivencias berlinesas. No ha tomado todavía la decisión definitiva acerca del nuevo proyecto, se propone desenterrar antiguos esbozos. Llama la atención que, a medida que se aproxima al final de su vida, sus planes son cada vez más audaces, llenos de rasgos monstruosos, como si, con orgullosa conciencia de su fuerza configuradora, quisiera demostrar que ninguna masa de materia puede intimidarlo, que él es capaz de forzar lo monstruoso de la vida a entrar en la forma moldeada. Tenía ante sus ojos las «piezas marítimas», en las que, según anota, pueden representarse «Europa, la India, el comercio, los viajes marítimos, por mar y tierra, lo salvaje y la cultura, el arte y la naturaleza».[33] Tenía además otro proyecto de trabajo encima de su mesa, que llevaba el título de *La policía*. Aquí lo que le atrae es «el gran océano opresor de los hombres». Quiere mirar hacia los abismos y laberintos de la gran ciudad desde la atalaya de un despacho de policía, donde está instalado D'Argenson, el legendario jefe de policía de Luis XIV. «El hombre», leemos en un esbozo preparatorio, «es visto y tratado siempre por el jefe de policía como una salvaje especie animal.»[34]

Al final Schiller, en lugar de abordar la lejanía de ultramar o el océano de los hombres, se decide por otra inmensidad: la monstruosa anchura de las tierras orientales y la historia del falso zar Demetrio. *Demetrio* pone de manifiesto que Schiller, en el conjunto de su obra, se había propuesto ensanchar el espacio. Estuvo en Italia con *Fiesko*, en España con *Don Carlos*, en Inglaterra con *María Estuardo*, en Francia con *La doncella de Orleáns*, en Bohemia con *Wallenstein*, en Suiza con *Guillermo Tell*, en China con la redacción de Turandot y, si Schiller hubiese realizado sus «piezas marítimas», habría incluido casi todo el mundo de ultramar. Sus ansias de hacerse con el mundo sacaron a la luz estos países e historias. La obra de Schiller parece una vuelta al mundo. Y ahora aborda el tema de *Demetrio*, ambientada en la gigantesca región euroasiática. Pero lo que propiamente le fascina en esta última e inacabada obra, es el motivo del poder de la fe en uno mismo. Schiller lo formuló así: «La aspiración a un objetivo grande y monstruoso, el paso de la nada al trono y al poder ilimitado [...]. El efecto de la fe en sí mismo y de la fe de otros. Demetrio se tiene por el zar, y con ello, llega a serlo».[35] Esto vale para el tiempo en que la fe en sí mismo alienta y eleva a Demetrio. Pero ¿qué pasa si esta fe desaparece y el falso

Demetrio sigue desempeñando su papel? Entonces se convierte en impostor. En el caso de Demetrio, se convierte en un impostor violento.

¿Qué fascina a Schiller en la figura del impostor? Es lo mismo que induce a Thomas Mann, también en los últimos años de su vida, a escribir una novela sobre el impostor Felix Krull: la delicada unión entre arte y estafa. El artista, ¿no es también un impostor que pone la apariencia en lugar del ser, que hace creer algo a la gente? Ciertamente, Demetrio no tiene ninguna conexión directa con la esfera artística, pero, como alguien que representa a un zar ante los demás, es decir, como lo que no es, pertenece como el artista a la gran familia de los ilusionistas, que sólo mientras creen en sí mismos están en condiciones de embelesar a los demás. He aquí la confesión de Schiller acerca de sí mismo como artista en su última obra, dedicada al impostor Demetrio, el falso zar. El poeta sólo puede cerrar el círculo mágico de su obra si él, a pesar de su fría y reflexiva actividad artística, queda hechizado bajo el efecto de la propia creación. El mago ha de poder hechizarse también a sí mismo, al menos por un tiempo.

Es sorprendente que mientras Schiller, en sus últimas semanas de vida, escribe *Demetrio,* Goethe trabaja en un tema emparentado. Traduce el genial diálogo narrativo de Diderot *El sobrino de Rameau.* Este personaje experimenta, al igual que Demetrio, los altibajos de la fe en sí mismo y las recaídas en las dudas. También el sobrino de Rameau, un parásito, una cabeza ingeniosa, un cínico, un entusiasta, finge algo ante la gente. Es también un impostor de la familia de los ilusionistas, y esto, sobre todo, como un compositor que duda de su talento y que por ello está a punto de enloquecer. «Y así estaba y estoy muy disgustado de ser un mediocre.»[36] Finge algo ante el público de los bulevares; su pantomima, por ejemplo, es tan penetrante, que uno cree escuchar la música que aquélla representa. El mundo, dice él, quiere ser engañado. Es cuestión solamente de entender bien su negocio, esta confusión de apariencia y ser. La narración, cuando Goethe la tradujo, aún no había aparecido en Francia, donde no se conocía su existencia. Se produjo así el infrecuente caso de que una traducción aparezca antes que el original. Y fue Schiller el que ganó a Goethe para la traducción.

El cuñado de Schiller, Wilhelm von Wolzogen, que en la primavera de 1804 estaba en misión diplomática en San Petersburgo, había encontrado allí un manuscrito de Diderot no publicado todavía, que estaba en posesión de Klinger, en el pasado poeta del *Sturm und Drang* y entonces general ruso. Schiller había recibido el manuscrito para inspeccionarlo; despertó la curiosidad del editor Göschen y conquistó a Goethe para que lo tradujera; éste, por su parte, afirmó que aquel diálogo narrativo era una «perla». La traducción de *El sobrino de Rameau* y las anotaciones de Goethe a este respecto son el último tema de diálogo entre los dos amigos, que había comenzado con el «feliz acontecimiento» del verano de 1794 y terminó con la muerte de Schiller.

Durante los últimos meses, los embates de la enfermedad de Schiller se hicieron cada vez más agudos. Quizá precisamente por eso Goethe aprovisionaba de trabajo al amigo. No sólo le entrega el texto de Diderot para que lo corrija, sino que le ruega además que estudie un compendio de su *Teoría de los colores* y emita su juicio sobre él. Goethe actuaba frente a su amigo de acuerdo con el principio de que la muerte no puede tener ningún poder sobre la vida, mientras ésta continúa. Y la vida es actividad. Pero presentía que iba a perder pronto al amigo. Heinrich Voss, el hijo del traductor de Homero, que también entraba y salía en casa de Goethe, narra sobre este aspecto la siguiente historia breve:

> En la mañana del último día de Año Nuevo que Schiller conoció, Goethe le escribe una tarjeta de felicitación. Pero cuando la relee antes de enviarla, descubre con espanto que involuntariamente ha escrito: «El último día de año nuevo», en lugar de «renovado», o «retornado», o algo semejante. Lleno de espanto rompe la tarjeta y escribe una nueva. Cuando llega a la ominosa línea, tiene que esforzarse para no volver a escribir algo sobre el «último día de Año Nuevo». Se apodera de él un presentimiento. Ese mismo día visita a la señora Von Stein, le narra lo acontecido y le dice que

presiente que dentro del año en curso morirá o bien él, o bien Schiller.[37]

El 8 de febrero de 1805 Goethe enferma de gravedad. Es una erisipela facial, que repercute en los ojos. Cuando Schiller se entera, llora y pocos días más tarde sufre un intenso ataque de fiebre, del que en abril se recupera por completo. Posa ante el pintor Tischbein para un retrato y compra un caballo por consejo del médico, que le prescribe movimiento. Schiller se alegra del primer paseo a caballo en la primavera incipiente. Goethe le había escrito animándolo: «Lo cierto es que me va muy bien siempre y cuando cabalgue diariamente».[38]

Goethe y Schiller se encuentran por última vez el 1 de mayo, de camino al teatro. Intercambian solamente unas pocas palabras, y luego Goethe se da la vuelta, pues se siente mal. El tormento de Schiller durará nueve días todavía. También Goethe está enfermo. En la última carta, del 27 de abril de 1805, envía una sinopsis esquemática sobre la *Teoría de los colores* y anotaciones acerca de *El sobrino de Rameau*. Schiller lee ambos textos. Dos días más tarde, muere en la noche del 9 de mayo.

Apenas una hora más tarde, la noticia del fallecimiento llega a la casa del Frauenplan. Meyer es el primero en recibirla, pero no tiene el valor de transmitirla a Goethe. Se va sin despedirse. Goethe está tranquilo; nota que se le esconde algo, pero quizás esto no fuera contrario a su voluntad. «Lo noto», dijo, «Schiller tiene que estar muy enfermo.» Christiane, que está enterada, murmura tan sólo algo acerca de un largo desmayo de Schiller. Por la noche, finge dormir para no inquietar a Goethe. Por la mañana, según cuenta Voss, él le pregunta:

«¿No es cierto que ayer por la noche Schiller estaba muy enfermo?» El énfasis que pone en el «muy» produce un efecto tan intenso en Christiane, que ella no puede resistir más. En lugar de responderle, comienza a emitir fuertes sollozos. «¿Ha muerto?», pregunta Goethe con firmeza. «Usted mismo lo ha dicho», responde ella. «Ha muerto», repite Goethe, y se cubre los ojos con las manos.[39]

Goethe no acudió al entierro de Schiller, el 11 de mayo. Estaba enfermo, y además, no podía soportar la muerte. Escribió a Zelter tres semanas más tarde: «Pensé que me perdía a mí mismo, y lo cierto es que pierdo a un amigo, y con él, la mitad de mi existencia».[40]

Epílogo
Segunda carrera de Schiller en el espíritu de Goethe

Tras la muerte de Schiller, Goethe pasó un tiempo escondido en su casa. No quería ver a nadie. Sólo tenían acceso a él los que convivían en la vivienda y unos pocos leales. Casi nunca iba a la parte anterior de la residencia, se quedaba casi siempre en los espacios posteriores, en su habitación y en el cuarto de trabajo contiguo. Su primer propósito fue una especie de ceremonia de despedida: quería terminar el fragmento del *Demetrio* de Schiller. Había comentado con los amigos el plan de la obra, la tenía «viva» ante los ojos, tal como escribía en los *Cuadernos diarios y anuales*. Se arrogaba la capacidad «de conservar los pensamientos, las persuasiones y las intenciones» de Schiller en todos sus detalles «como resistencia a la muerte»[1] y de transmitirlos a la posteridad, para que el puesto destacado que Schiller había conquistado en el teatro alemán «no se perdiera enteramente».

Goethe se pone manos a la obra, pero fracasa. Acerca de los motivos no da ninguna razón exacta. Y lo que veinte años más tarde, en los *Cuadernos diarios y anuales,* escribe como aproximación a este asunto sigue siendo enigmático y oscuro:

Creía compensar su pérdida en la medida en que yo continuaba su existencia [...]. Sin embargo, ahora se oponen algunos obstáculos a la ejecución del proyecto. Estos obstáculos quizá podrían superarse con circunspección y prudencia, pero no hacen sino incrementarse a causa de mi apasionado ímpetu y mi confusión; con terquedad y precipitación renuncié al propósito, y aún hoy me es imposible pensar en el estado en el que me sentía entonces. Lo cierto era que me habían arrebatado a Schiller, el contacto con él ahora resultaba imposible. Estaba prohibido a mi imaginación artística ocuparse del catafalco [...]; ésta se dio la vuelta y siguió al cadáver en la fosa, que lo había encerrado sin pompas; él comenzó a descomponérseme; se apoderó de mí un dolor insoportable [...]. Mis diarios no dicen nada de aquella época; las hojas blancas aluden a mi vaciedad.²

Estas observaciones oscuras dieron ocasión, más tarde, a especulaciones salvajes; incluso se divulgó el rumor de que Goethe, masón, sabía que la logia había ordenado la muerte de Schiller; ese rumor fue puesto en circulación por Mathilde Ludendorf y todavía hoy reaparece aquí y allá. Se decía que había que eliminar a Schiller como enemigo de la masonería. No merece más comentarios esta fantasía de la conjura, que sitúa a Schiller como representante del sentido germánico del derecho frente a la tendencia democrática de Occidente y lo considera víctima de maquinaciones judeo-masónicas.

Lo que se desprende de las oscuras observaciones de Goethe en los *Cuadernos diarios y anuales* es lo siguiente: veinte años después, seguía sin perdonarse su fracaso en *Demetrio*. Le habría encantado prestar al amigo difunto el último servicio amoroso de completar la obra. Pero no fue capaz de hacerlo. Tampoco hizo más que esquemas y esbozos de la coral dramática en honor del difunto el 10 de noviembre de 1805. Llevó a su conclusión solamente el «Epílogo a La campana» de Schiller, que redactó para la fiesta conmemorativa en Lauchstädt, en la que se representaron los últimos actos de *María Estuardo* y seguidamente una lectura escénica de «La campana». El Epílogo, que más tarde cambiará y ampliará Goethe en más de una ocasión, une el tono elevado con el lenguaje de la conmoción personal. Son muy patéticas las líneas:

> Entretanto su espíritu dio un paso colosal,
> a lo eterno de lo verdadero, bueno y bello,
> y detrás de él en apariencia no esencial,
> quedó lo que a todo hombre ata, el común destello.³

Es conmovedor y se inspira en un recuerdo amoroso la imagen de Goethe acerca del entusiasmo contagioso de Schiller:

> Un brillo rojo y más rojo de su mejilla sale,
> de aquella juventud que nunca se nos pierde,
> de aquel colosal valor que más pronto o más tarde,
> la resistencia de un mundo embotado vence.

En la fiesta del 10 de agosto de 1805, la artista Amalia Wolff recitó este Epílogo; más tarde contó cómo Goethe durante el ensayo, al llegar a una palabra especialmente acertada, la interrumpió, tomó su brazo, se cubrió los ojos y exclamó: «¡No puedo, no puedo olvidar a este hombre!».[4]

Poco a poco Goethe vuelve a su vida ordinaria, sale de casa, recibe de nuevo visitas, pero observa que, de forma creciente, compara las relaciones que mantiene con la gente con la que tuvo con Schiller. Lo experimentó con el primer visitante después de la muerte de Schiller, Friedrich August Wolf, especialista en filología clásica y muy apreciado por lo demás. Las diferencias con él degeneraron en algo opresivo y paralizador; no estimulante, advierte Goethe. En el caso de Schiller, añade, la cosa era completamente diferente. En aquella amistad todo era estimulante, y lo eran, especialmente, las diferencias. En los *Cuadernos diarios y anuales* leemos: «Mi tendencia real podía acercarse muy bien a la tendencia ideal de Schiller, y como ambas por separado no alcanzan su fin, en definitiva las dos se encontraban en un sentido vivo».[5]

Goethe, después de la muerte de Schiller, teme una disminución de sus fuerzas poéticas. Por suerte este estado de ánimo no se prolongó durante mucho tiempo. Un año más tarde terminará la primera parte de *Fausto,* también en memoria de Schiller, que siempre le había animado. También volvió a proponerse escribir un *Guillermo Tell*. Al lado del *Tell* dramático de su amigo, al que en tiempos había cedido la materia, quería poner un *Tell* «épico».[6] Y también quería llevar esto a cabo en recuerdo de su amigo. Pero las turbulencias del año 1806: la batalla de Jena, el saqueo de Weimar, el desmoronamiento de Prusia y el miedo por la permanencia del ducado lo impidieron.

En el invierno de 1807-1808 Goethe se enamora de Minna Herzlieb, la hija adoptiva del editor Frommann, de Jena. En competencia con Zacharias Werner, que también quería conquistar a Minna, compuso sonetos a la joven. Es digno de notarse que Goethe, retrospectivamente, pone en juego el recuerdo de Schiller también en este enredo amoroso. En los pasajes no publicados de los *Cuadernos diarios y anuales* leemos:

> Desde la muerte de Schiller, era la primera vez que gozaba tranquilamente de la compañía de amigos comunicativos en Jena. La amabilidad de los presentes excitó la añoranza del finado, y la pérdida que volvía a sentir exigía sustitución. La costumbre, la inclinación, la amistad crecieron hasta convertirse en amor y pasión, que, como todo lo absoluto que entra en el mundo condicionado, amenazaba a muchos con tornarse perniciosa.[7]

Este galanteo, que aspiraba a compensar la pérdida de Schiller, duró solamente un invierno. Fue más persistente otra repercusión de la muerte de Schiller. El sentimiento de que con la muerte del amigo ha llegado a su fin una época de la vida, hace que Goethe comience a ver su vida desde una perspectiva histórica. «Desde la gran laguna que se ha producido en mi existencia por la muerte de Schiller», escribe el 4 de abril de 1806 al pintor Philipp Hackert, amigo desde los tiempos del viaje a Italia, «estoy vivamente abocado a la memoria del pasado, y en cierta manera siento apasionadamente qué deber tenemos de conservar en el recuerdo lo que ha desaparecido para siempre.»[8] Se insinúa el periodo autobiográfico de la producción de Goethe. En esta carta le ruega explícitamente a Philipp Hackert una «autobiografía», sobre todo del viaje a Italia, que él se propone utilizar para su propia autobiografía. La redacción de *Poesía y verdad* comienza el año 1809, cuando la muerte de su madre acaba de producir un desgarro en su vida, y cuando tras el saqueo de Weimar, su casa está a punto de ser destruida, y con ello, corren peligro los manuscritos y documentos allí conservados. La drástica y patente amenaza contra la tradición, cuando «el mundo» ardía «por los cuatro costados»[9] y Europa comenzaba a revestirse de «otra forma», junto con la vivencia de cesura a raíz de la muerte de Schiller, movieron a Goethe a ocuparse de su obra autobiográfica. Este trabajo lo acompañará hasta el final de su vida. Tras la aparición de los tres primeros tomos de *Poesía y verdad* (1811, 1813 y 1814), que abordaban los años de Frankfurt, redactó los *Cuadernos diarios y anuales,* que están dedicados a la época posterior de su vida.

Durante este trabajo emprende en mayo de 1823 la tarea de examinar y ordenar su correspondencia con Schiller. Es entonces cuando hace la siguiente manifestación a Eckermann:

> Trataré [...] estos años tardíos más bien como anales; en ellos no puede aparecer tanto mi vida como mi actividad. En general, la época más importante de un individuo es la de su desarrollo, que en mi caso concluye con los extensos tomos de *Verdad y poesía*. Más tarde, comienza el conflicto con el mundo, y éste sólo tiene interés en la medida en que de allí surge algo.[10]

Si cifraba tanto interés en publicar el intercambio epistolar con Schiller, sin duda se debía a que lo veía como un documento de aquella «actividad» de la que tantas cosas «habían surgido».

En el verano de 1824, Goethe estaba a punto de terminar la edición de aquella correspondencia. Las cartas estaban recogidas, revisadas y ordenadas; algunos nombres aparecían cifrados y unas pocas cosas habían sido omitidas. Con alegría anticipada espera la pronta publicación. «Cuando aparezca», escribe el 24 de agosto de 1824 a Zelter, «dará a los clarividentes la idea de un estado y de unas relaciones que no se repetirán con facilidad.»[11] Y unos meses después escribe más enfáticamente todavía: «Será un gran don ofrecido a los alemanes y, me atrevo a decir, también a los hombres en general. Aparecen allí dos amigos tales que siempre se hacen crecer el uno al otro en cuanto llevan aliento a su pecho en el momento adecuado. Me veo de maravilla, pues experimento lo que fui alguna vez».[12] Sin embargo, aún pasa un tiempo hasta que pueden aparecer las cartas. Se producen difíciles negociaciones con los herederos de Schiller, que quieren participar adecuadamente en los beneficios de la edición. Goethe había ofrecido la mitad de las ganancias, renunciando a cobrar por su propio trabajo como editor, que consideraba con toda naturalidad un servicio al amigo. Después de largas y penosas negociaciones, la edición apareció por fin en Cotta, en seis tomos en octavo, en 1828 y 1829.

Entre la generación intelectual más joven, que esperaba el final del periodo artístico ligado a los nombres de Goethe y Schiller, la obra tiene poco éxito. Börne, por ejemplo, ve a Goethe y Schiller en sus cartas caminando en los «exorbitados caminos de la egolatría»,[13] cautivos de sus intereses estéticos e indiferentes frente a las exigencias políticas del día. Schiller, añade Börne, por desgracia se subordinó a Goethe en perjuicio suyo. Grabbe sospecha que Goethe publicó las cartas solamente para dejarse iluminar de nuevo ante el gran público por el sol de los homenajes de Schiller. Al igual que Börne, también Grabbe está más bien de parte de Schiller, al que tiene por el poeta más importante, y en consecuencia lamenta «las caricias eternas»[14] que Schiller cree que ha de hacer al señor Von Goethe por su genio superior, prescindiendo de todas las relaciones de estamento.

August Wilhelm Schlegel, entretanto casi olvidado, tenía otras razones para su enfado. Le enojaba que Goethe no hubiera borrado las manifestaciones críticas y hasta malvadas vertidas sobre él y su hermano. En una carta a Ludwig Tieck, el amigo de los días del romanticismo, le dice en tono burlón y de superioridad: «Con frecuencia me he reído, y con frecuencia he sentido compasión por ambos, especialmente por el enfermo búho real Schiller».[15] Pero en realidad, el asunto es algo más serio: «Era de algún modo nuevo para mí el odio irreconciliable que él lanzaba no sólo contra Friedrich, sino también contra mí». Profundamente ofendido, se propone publicar las cartas respetuosas que había recibido de Schiller y Goethe para documentar la doblez de ambos. Pero al final renuncia a ello y busca auxilio en la burla. Hace circular entre los amigos y conocidos versos como los siguientes:

> Que por la prosperidad del mundo en aras,
> espíritus nobles se maceraran,
> cosa es que jamás ojos alcanzaran.
> ¡Público!, no te dejes contrariar,
> también tú su tormento has de gozar.[16]

Cuando Goethe tiene conocimiento del enfado de Schlegel y de sus invectivas, advierte el 20 de octubre de 1831 a Zelter que Schiller tenía razón para estar enojado contra los hermanos Schlegel:

> Hay que alegrarse de que August Schlegel viva tanto tiempo y pueda expresar de nuevo aquellas discordias. Es imposible que la envidia de ver aflorar tantos talentos, y el disgusto de haber tenido tan malos resultados como joven esposo, permitan que el interior de este hombre bueno llegue a la benevolencia.[17]

Cuando el intercambio epistolar con Zelter fue publicado dos años después de la muerte de Goethe, el pobre August Wilhelm Schlegel tuvo que leer también esas observaciones ofensivas.

Y asimismo entre los amigos y admiradores de los dioscuros había irritación, por cuanto a veces aparecían en las cartas de ambos con pinceladas bastante desfavorables. Por ejemplo, Alexander von Humboldt se molestó cuando leyó que Schiller había incluido despectivamente su colaboración en *Las Horas* entre la «chatarra»,[18] con la que no veía la posibilidad de impresionar al público.

Por tanto, el eco entre los lectores fue variado. La época en la que Goethe y Schiller habían puesto su sello había quedado atrás, pero todavía no se había alejado tanto que pudiera reaparecer como algo precioso. Lo que predominaba era o una delimitación polémica, o una veneración de los héroes ligeramente aburrida. Goethe se sentía desengañado en sus altas expectativas iniciales, y escribió resignado a Zelter: «En rigor, querido amigo, he dado a la imprenta la correspondencia de Schiller sólo para viejos mochuelos como tú».[19] Hubo de transcurrir cierto tiempo hasta que se descubriera de nuevo la importancia del pasado y las cartas fueran acogidas tal como Goethe había deseado, como un don «que se ofrece a los alemanes y, me atrevo a decir, a los hombres en general».[20]

En el año 1823, es decir, cuando Goethe emprendió la edición de la correspondencia, comenzó también la colaboración con Eckermann. Como ahora Goethe se sumerge de nuevo en las antiguas cartas, habla frecuente y extensamente de Schiller. En estas conversaciones, se diseña con claridad la segunda carrera de Schiller en el espíritu de Goethe.

El 18 de de enero de 1825, por la noche, Goethe, Riemer y Eckermann se sientan juntos. El legajo de cartas está ante Goethe. Lee a sus acompañantes fragmentos en voz alta. Interrumpe la lectura, sirve vino a sus huéspedes y encarga una pequeña cena, pero él no se mueve lo más mínimo y se complace en los recuerdos. «El recuerdo de Schiller», escribe Eckermann, «estaba tan vivo para él, que las conversaciones [...] no tenían otro tema.»[21]

Narra la manera en que la personalidad de Schiller se mostraba ya en su apariencia externa. Describe su elevada estatura, los acusados rasgos faciales, los andares, los gestos, que eran altivos y ampulosos. Pero, añade, los ojos miraban con dulzura. Su perfil espiritual era como su exterior: altivo y a la vez tierno. Y Eckermann incluso consta en Schiller un «sentido para la crueldad».[22] La motivación meditada, continúa, no era su peculiaridad; más bien, le atraía lo rápido, repentino, súbito. Era impaciente para «el desarrollo silencioso desde el interior». Su talento, dice Goethe, «era más de salto rápido».* La fuerza de la decisión pertenece a la libertad, que para Schiller era lo más primordial. Goethe dice que Schiller fue muy lejos con la idea de la libertad, hasta el agotamiento de sus fuerzas físicas, «e incluso me atrevería a decir que esta idea lo mató».[23] Pero también eso forma parte de la verdad, pues precisamente con esta energía y esta desconsideración hacia su persona, Schiller poseía «una singular grandeza. Cada ocho días era un ser diferente y más perfecto; cada vez que yo

---

* Goethe usa el término *desultorisch,* procedente del latín: *desultor* y *desultorius.* Se aplicaba al que en las carreras saltaba de un caballo a otro *(N del T).*

lo veía de nuevo, lo encontraba más adelantado en lectura, erudición, sabiduría y juicio».²⁴ Y ¡qué bellas y claras eran sus cartas! «Conservo su última carta», dice Goethe, «como una reliquia entre mis tesoros.» Se levanta, busca la carta y se la lee a Eckermann.

Goethe habla una y otra vez de la «grandeza» de su difunto amigo. «Schiller podía hacer lo que quisiera, pero no podía hacer nada que no superara siempre en mucho lo mejor de esta gente de hoy en día; es más, cuando Schiller se cortaba las uñas, mostraba más grandeza que estos señores.»²⁵ Así se manifestaba en 1827. Dos años más tarde Schiller ha vuelto a crecer en los recuerdos de Goethe:

> Schiller aparece en [...] la posesión absoluta de su naturaleza elevada; es tan grande ante su mesita de té como lo habría sido en el consejo de Estado. Nada le molesta, nada le restringe, nada tira hacia abajo el vuelo de sus pensamientos; los grandes puntos de vista que viven en él, siempre salen libremente hacia fuera sin contemplaciones ni reparos. Era un hombre cabal, y así habría que ser. En cambio, nosotros nos sentimos siempre condicionados [...], paralizados por mil consideraciones, no llegamos a soltar libremente lo que podría haber de grande en nuestra naturaleza. Nosotros somos los esclavos de los objetos.²⁶

En Schiller, la fuerza de su voluntad de forma también podía ser fuente de infortunios. Goethe tiene observaciones al respecto. Comentando la reelaboración de *Egmont* que hizo Schiller, aseguraba que ésta había sido muy dura, según sus ideas preconcebidas. Podría suceder, pues, que Schiller, aunque no fuera «esclavo de los objetos», sin embargo, a veces perdiera de vista «el debido aprecio a los objetos».²⁷ Pero Goethe sabía afirmarse bien, en todo caso lo deja entrever en estos elogios a la grandeza de Schiller. Ante Eckermann, concede importancia a la constatación de que él hizo representar de nuevo *Egmont* según su redacción original.

Tuvo que ser en esa época cuando Schiller alcanzó tales alturas en el espíritu de Goethe, que éste, en el *Fausto II*, glorificó al amigo en la imagen de Heracles. «¿No quieres mencionar nada de Heracles?»,[28] pregunta Fausto a Quirón en la clásica noche de Walpurgis, y éste responde:

> ¡Ay, ay!, no excites mi añoranza [...],
> vi allí que ante mis ojos estaba aquello
> que los hombres como divino alaban,
> y que él era un rey nato así entiendo.

Fausto asiente:

> por más que los escultores llamaran a su puerta,
> nunca llegó a mostrarse con semejante grandeza.

Tal vez Goethe recordaba que Schiller planeó alguna vez un gran poema sobre Hércules, que penetra en el Olimpo, se une a Hebe y así ata lo divino a lo humano. Schiller había hablado de estos planes a Wilhelm von Humboldt en una carta que también Goethe pudo leer. Allí se dice:

> Piense, querido amigo, la satisfacción de una representación poética en la que todo lo mortal se ha disuelto, y todo se hace pura luz, pura libertad, pura capacidad, sin ver ninguna sombra, ningún límite, nada de todo eso. Siento un auténtico mareo cuando pienso en esta tarea y en la posibilidad de resolverla.[29]

Sin duda, Goethe pensó en esta ascensión al cielo de Schiller cuando esbozó el retrato hercúleo de su amigo.

En los últimos años de su vida, Goethe pasó de lleno a glorificar la imagen de Schiller. Conservó como un «santuario» todo lo que le recordaba a él, no sólo su última carta. Cuando su nuera Ottilie dijo una vez que se aburría con la lectura de Schiller, Goethe volvió la cabeza y replicó: «Vuestras mentes son demasiado pequeñas y terrestres para él». En una de sus últimas misivas a Zelter habló Goethe de la tendencia innata en Schiller a «ser como Cristo». «No tocaba nada ordinario sin ennoblecerlo.»[30]

Pero, si tocamos con los pies en el suelo, hemos de decir acerca de la amistad con Schiller lo que Goethe formuló en una ocasión de este modo:

> Fue una dicha para mí [...] tener a Schiller. Pues, por diferentes que fueran las respectivas naturalezas, nuestras direcciones iban hacia un punto común, que hizo tan íntima nuestra relación, a saber, que en el fondo ninguno podía vivir sin el otro.[31]

Pertenece a la historia posterior de su amistad el singular episodio en torno al cráneo de Schiller, que Albrecht Schöne reconstruyó con detalle en el año 2002. Lo cierto es que el cráneo en cuestión no perteneció a Schiller, como sabemos hoy en día gracias a los análisis de ADN.

Schiller fue inhumado el 11 de mayo de 1805, alrededor de la medianoche, en el cementerio de Weimar, en el llamado panteón de la caja, un lugar de reposo para los miembros de los estamentos superiores que no poseían ningún sepulcro familiar. Veintiún años después, la cripta se había quedado sin espacio para nuevas inhumaciones. Se abrió la losa funeraria. El 15 de marzo de 1826 se revuelve un caos de moho y putrefacción, sin llegar a saber con certeza cuáles son los restos de Schiller. Karl Leberecht Schwabe, alcalde de Weimar, tomando como orientación la mascarilla funeraria de Schiller, continuó la búsqueda y creyó resolver el problema. ¡Tenía que ser el cráneo de mayor tamaño! Puesto que no se había decidido todavía lo que había de hacerse con los huesos restantes, Schwabe conservó en su casa la calavera, que a partir de ese momento se consideró que correspondía a Schiller. El duque quiso que el cráneo quedara depositado en la biblioteca ducal, bajo el famoso busto de Schiller que había hecho Dannecker. El cráneo fue llevado allí en un acto solemne el 17 de septiembre de 1826. Goethe no asistió a la ceremonia. Como siempre en tales ocasiones, se encontraba «indispuesto». El breve discurso que había redactado, lo pronunció en su nombre su hijo August, quien, fiel a su cometido, declaró que la muerte de Schiller «produjo un desgarro en la vida de mi padre».[32] Una semana más tarde, el 24 de septiembre de 1826, Goethe hace que el cráneo sea llevado a su casa y lo guarda en su biblioteca. Permanece allí casi un año. El 29 de agosto de 1827, el rey Luis de Baviera manifiesta el deseo de ver el cráneo en su visita a Weimar; y por este motivo Goethe tiene que devolverlo rápidamente a la biblioteca ducal. El 16 de diciembre de 1827 el cráneo (junto con algunos otros huesos) es trasladado al panteón ducal.

Por tanto, Goethe custodió durante un año el cráneo de Schiller (por lo menos lo que se tenía por tal) en su entorno inmediato. Lo mostraba solamente a unos pocos escogidos. Entre ellos, Wilhelm von Humboldt, quien escribió a su mujer que en aquella ocasión Goethe había hablado de su propia muerte con impresionante tranquilidad y serenidad.

En este momento, cuando Goethe hace trasladar el cráneo de Schiller a su biblioteca, redacta, sin ponerle título, un poema en estancias, y al que Eckermann, como editor de las obras póstumas, titulará, basándose en una conversación con Goethe, «Meditación ante el cráneo de Schiller». La poesía comienza con la descripción del revoltijo de huesos en el «tétrico osario».[33] Aquí yacen juntos los que otrora posiblemente se odiaron y se golpearon entre sí. Cuando los huesos y el cráneo han sido sacados a la luz del día, nadie puede «amar la estéril envoltura, por noble y glorioso que sea el núcleo que conserva». Comienza, pues, con una consideración melancólica. Pero entonces se produce un inesperado cambio repentino. El observador se siente afectado de manera muy especial por uno de estos restos mortales. Se encuentra como si un «sentido sagrado» quisiera revelarle algo:

> Cuando yo en presencia de esa mezcla me encontraba,
> una figura de gloria incalculable me hizo advertir,
> que del espacio en el moho frío y estrecho confín
> yo con sensación de libertad y calidez me recreaba,
> como si de la muerte una fuente de vida brotara;
> ¡qué encanto de misterio la forma me llegó a transmitir.

No se habla de ningún cráneo. La expresión es evitada cuidadosamente. Y, sin embargo, todo apunta hacia él:

> ¡Vasija secreta, de oráculos fuente!
> ¿Cómo seré digno en mis manos de tenerte?,
> sustrayéndote con piedad del moho
> a ti, que eres mi supremo tesoro.

Lo mismo que en una concha creemos escuchar el murmullo del mar, de igual manera el observador, cuando mira esta «figura», o «vasija», es decir, este cráneo, es arrebatado hacia otro mar. Es aquel «mar» que «en su oleaje chorrea figuras superiores». Para el que medita, alborea la entera historia de la naturaleza con sus infinitas metamorfosis y series de formas. Este cráneo yace ante él como arrastrado a la orilla de esta gran historia. Es este cráneo único, el de Schiller, aquel al que, cobijándolo y sosteniéndolo en la mano, le arranca el mensaje:

> ¿Qué más puede el hombre en la vida ganar?
> ¿No basta con que le revele el Dios-naturaleza
> cómo puede lo rígido al espíritu pasar,
> cómo el producto del espíritu firme se conserva?

El Dios-naturaleza vive y teje a la luz del sol. Y cuando también lo «firme» se disuelve y «pasa», lo que «engendra el espíritu» se conserva con firmeza. Y para Goethe lo que el espíritu engendra no es sino aquella segunda naturaleza en la que la primera se encumbra en un hombre que vive en plena posesión de sus posibilidades creadoras, pues, tal como escribió Goethe en un texto sobre Winckelmann en el mismo año de la muerte de Schiller: «En cuanto el hombre es puesto en la cumbre de la naturaleza, se ve de nuevo a sí mismo como una naturaleza entera, que ha de producir otra vez una cumbre».[34] Schiller ya se había convertido en el acontecimiento de una cumbre semejante.

Con este poema, escrito poco antes de su muerte, Goethe emplazó al amigo muerto en la constelación de su teología de la naturaleza.

Apéndices

Bibliografía*

FUENTES

Goethe MA Johann Wolfgang Goethe, *Sämtliche Werke nach Epochen seines Schaffens. Münchener Ausgabe* [Obras completas según la época de su producción. Edición de Múnich], 21 de 23 tomos, edición de Karl Richter, con la colaboración de Herbert G. Göpfer, Norbert Miller, Gerhard Sauder y Edith Zehm, Múnich-Viena, 1985-1998.

Goethe WA *Goethes Werke* [Obras de Goethe], 143 tomos en 4 secciones, edición por encargo de la gran duquesa Sophie de Sajonia. Edición de Weimar, Weimar, 1887-1919.

Schiller Friedrich Schiller, *Sämtliche werke* [Obras completas], 5 vols., edición de Peter-André Alt, Norbert Meier y Wolfgang Riedel, Múnich y Viena 2004.

Schiller NA *Schillers Werke. Nationalausgabe* [Obras de Schiller. Edición Nacional], edición de Julius Petersen, Liselotte Blumenthal, Benno von Wiese y Norbert Oellers, Weimar, 1943 y sigs.

Schiller DKV Friedrich Schiller, *Werke und Briefe* [Obras y cartas], 12 vols., Frankfurt del Meno, 1988-2002.

Goethe Briefe Johann Wolfgang von Goethe, *Briefe* [Cartas], 4 vols., edición de Karl Robert Mandelkow, con la colaboración de Bodo Morawe, Múnich, 1988.

Briefe an Goethe *Briefe an Goethe* [Cartas a Goethe], 2 vols., edición de Karl Robert Mandelkow, Múnich, 1988.

Goethe DKV II Johann Wolfgang Goethe, *Briefe, Tagebücher und Gespräche* [Cartas, diarios y conversaciones], 12 vols., Frankfurt del Meno, 1991-1999.

* Traducimos entre corchetes los títulos no publicados en español e incluimos entre paréntesis los títulos mencionados en esta bibliografía publicados en lengua española. Al final de este apartado, figura una selección de la bibliografía en lengua española de las obras de Goethe y de Schiller. *(N. del E.)*

Schiller Briefe	Friedrich Schiller, *Briefe* [Cartas], edición de Gerhard Fricke, Múnich, 1955.
Schiller / Körner	*Briefwechsel zwischen Schiller und Körner* [Correspondencia antre Schiller y Körner], 4 vols., edición de Ludwig Geiger, Stuttgart, Berlín, 1892.
Schiller / Lotte	*Briefwechsel zwischen Schiller und Lotte, 1788-1805* [Correspondencia entre Schiller y Lotte, 1788-1805], 3 vols., edición de Wilhelm Fielitz, Stuttgart, Berlín, 1905.
Schiller / Humboldt	*Der Briefwechsel zwischen Friedrich Schiller und Wilhelm von Humboldt* [La correspondencia entre Friedrich Schiller y Wilhelm von Humboldt], edición de Siegfreid Seidel, 2 vols., Berlín, 1962.
Die Horen.	*Eine Monatsschrift, herausgegeben von Schiller,* [*Las Horas.* Una publicación mensual, editada por Schiller], Tubinga, 1795 y sigs., reimpresión Weimar 2000.
Petersen	*Schillers Gespräche. Berichte seiner Zeitgenossen über ihn* [Conversaciones de Schiller. Relatos de sus coetáneos sobre él], edición de Julius Petersen, Leizig, 1911.
Biedermann, Goethe	*Goethes Gespräche. Biedermannsche Ausgabe* [Conversaciones de Goethe. Edición de Biedermann], 5 vols., edición de Wolfgang Herwig, Zúrich, 1965-1987.
Biedermann, Schiller	*Schillers Gespräche* [Conversaciones de Schiller], edición de Freiherr von Biedermann, Múnich, 1961.
Bode	*Goethe in vertraulichen Briefen seiner Zeitgenossen. Zusammengestellt von Wilhelm Bode* [Goethe en cartas confidenciales de sus coetáneos. Reunidas por Wilhelm Bode], 3 vols., Berlín, 1979.
Borherdt	*Schiller und die Romantik. Briefe und Dokumente* [Schiller y el romanticismo. Cartas y documentos], edición de Hans Heinrich Borherdt, Stuttgart, 1948.
Böttiger	Karl August Böttiger, *Literarische Zustände und Zeitgenossen. Begegnungen und Gespräche im klassischen Weimar* [Situaciones literarias y coetáneos. Encuentros y conversaciones en el Weimar clásico], edición de Klaus Gerlach y René Sternke, Berlín, 1998.

BIBLIOGRAFÍA CITADA

Jakob Friedrich Abel, *Rede über das Genie* [Conversación sobre el genio], Marbach, sin año de publicación.

Peter-André Alt, *Schiller. Leben-Werk-Zeit* [Schiller. Vida-obra-tiempo], 2 vols., Múnich, 2000.

Karl Berger, *Schiller. Sein Leben und sein Werk* [Schiller. Su vida y su obra], 2 vols., Múnich, 1924.

Nicholas Boyle, *Goethe. Der Dichter und seiner Zeit* [Goethe. El poeta y su tiempo], 2 vols., Múnich, 1999.

Bernard von Brentano, *August Wilhelm Schlegel. Geschichte eines romantischen Geistes* [August Wilhelm Schlegel. Historia de un espíritu romántico], Frankfurt del Meno, 1986.

Reinhard Buchwald, *Schiller* [Schiller], 2 vols., Wiesbaden, 1956.

Siegfried Damm, *Christiane und Goethe. Eine Recherche* [Christiane y Goethe. Una investigación], Frankfurt del Meno, 1998.

Michael von Engelhardt, *Der plutonische Faust. Eine motivgeschichtliche Studie zur Arbeit an Mythos in der Faust Tradition* [El Fausto plutónico. Un estudio relativo a la historia del tema como trabajo sobre el mito en la tradición del Fausto], Frankfurt del Meno, 1992.

Jean Christopher Herold, *Madame de Staël. Dichterin und Geliebte* [Madame de Staël. Poeta y querida], Múnich, 1982.

Friedrich Hölderlin, *Sämtliche Werke und Briefe* [Obras y cartas completas], 3 vols., edición de Michael Knaupp, Múnich, 1992-1993.

Wilhelm von Humboldt, *Werke* [Obras], 5 vols., edición de Andreas Flitner y Klaus Giel, Darmstadt, 1979.

Immanuel Kant, *Werke* [Obras], 12 vols., edición de Wilhelm Weischedel, Wiesbaden, 1957.

Caroline. Das leben der Caroline Michaelis-Böhmer-Schlegel-Schelling, 1763-1809 [Caroline. La vida de Caroline Michaelis-Böhmer-Schlegel-Schelling, 1763-1809], edición de Eckart Klessmann, Múnich, 1979.

Friedrich Gottlieb Klopstock: Ausgewählte Werke [Friedrich Gottlieb Klopstock: obras selectas], 2 vols., edición de Karl August Schleiden, epílogo de Friedrich Georg Jünger, Múnich y Viena, 1981.

Wolffgang Leppmann, *Goethe und die Deutschen* [Goethe y los alemanes], Stuttgart, 1962; *Vom Nachruhm eines Dichters* [Sobre la fama póstuma de un poeta], Stuttgart, 1962.

Rolf Michaelis, *Die Horen. Geschichte einer Zeitschrift. Spplementband zum Nachdruck der Zeitschrift [Las Horas. Historia de una revista. Tomo suplementario para la reimpresión de la revista], Weimar, 2000.

Michel de Montaigne, *Essais. Ubersetzung Hans Stilett*, Frankfurt del Meno, 1998 (trad. esp.: *Ensayos completos,* Acantilado, Barcelona, 2006).

Karl Philipp Moritz, *Werke in zwei Bänden* [Obras en dos tomos], edición de Heide Holmer y Albert Meier, Frankfurt del Meno, 1999.

Novalis. *Werke, Tagebücher und Briefe Friedrich von Hardenberg* [Obras, diarios y cartas de Friedrich von Hardenberg], 3 vols., edición de Hans-Joachim Mähl und Richard Samuel. Comentario de Hans Jürgen Balmes, Múnich, 1978-1987.

Die ästhetische Prügeley. Streitschriften der antiromantischen Bewegung [La gresca estética. Escritos de disputa del movimiento antirromántico], edición de Rainer Schmitz, Gotinga, 1992.

Helmut Koopmann (ed.), *Schiller Handbuch* [Manual de Schiller], Stuttgart, 1998.

Friedrich Schlegel, *Dichtungen und Aufsätze* [Poesías y artículos], edición de Wolfdietrich Rasch, Múnich.

Friedrich Schlegel, *Kritische Schriften* [Escritos críticos], edición de Wolfdietrich Rasch, Múnich, 1964.
Albrecht Schöne, *Schillers Schädel* [El cráneo de Schiller], Múnich, 2002.
Gerhard Schulz, *Die deutsche Literatur zwischen Französischer Revolution und Restauration* [La literatura alemana entre la Revolución Francesa y la Restauración], Múnich, 1983.
Andreas Streicher, *Schillers Flucht* [La huida de Schiller], Stuttgart, 1959.
Karheinz Wagner, *Herzog Karl Eugen von Württemberg. Modernisierer zwischen Absolutismus und Aufklärung* [El duque Karl Eugen de Württemberg. Modernizador entre absolutismo e ilustración], Múnich, 2001.

BIBLIOGRAFÍA COMPLEMENTARIA

Goethe und die Romantik. Briefe und Erläuterungen [Goethe y el romanticismo. Cartas y aclaraciones], edición de Carl Schüddekopf y Oskar Walzel, 2 vols., Weimar, 1898 (reimpresión: Leipzig, 1984).
Ehe in Briefen. Der Briefwechsel zwischen Goethe und Christiane Vulpius, 1792-1816 [El matrimonio de Goethe en cartas. La correspondencia entre Goethe y Christiane Vulpius, 1792-1816], edición de Hans Gerhard Gräf, Frankfurt del Meno, 1989.
Mit Goethe auf Reisen. Schilderungen, Berichte, Beobachtungen, 1770-1831 [De viaje con Goethe. Descripciones, relatos, observaciones], edición de Jost Perfahl, Múnich, 1993.
Wills du staunen, Flegel? Anektoten von Goethe. Gesammelt und herausgegeben von Thomas Wieke [¿Quieres admirarte, jovenzuelo? Anécdotas de Goethe, recogidas y editadas por Thoma Wieke], Berlín, 1999.
Goethe und die Religion. Aus seinen Werken, Briefen, Tagebüchern und Gesprächen zusammengestellt von Hans-Joachim Skimm [Goethe y la religión. Material recogido de sus obras, cartas, diarios y conversaciones por Hans-Joachim Skimm], Frankfurt del Meno, 2000.
Goethe, unser Zeitgenosse [Goethe, nuestro coetáneo], edición de Siegfried Unseld, Frankfurt del Meno, 1998.
Goethe über die Deutschen [Goethe sobre los alemanes], edición de Hans-J. Weitz, Frankfurt del Meno, 1982.
Goethe aus der Nähe. Texte von Zeitgenossen [Goethe desde cerca. Textos de coetáneos], seleccionados y comentados por Eckart Klessmann, Darmstadt, 1995.
Reichardt, J.F., *J.W. Goethe Briefwechsel* [Correspondencia de J.W. Goethe], edición y notas de Volkmar Braunbehrens, Gabriele Busch-Salmen, Walter Salmen, Weimar, 2002.
Treffliche Wirkungen. Anekdoten von und über Goethe [Golpes acertados. Anécdotas de Goethe y sobre Goethe], edición de Anita y Walter Dietze, 2 vols., Múnich, 1987.
Barner, Wilfried, et al. (eds.), *Unser Commercium. Goethes und Schillers Literaturpolitik* [Nuestro comercio. La política literaria de Goethe y Schiller], Stuttgart, 1984.

Bertaux, Pierre, *Gar schöne Spiele spiel' ich mit dir. Zu Goethes Spieltrieb* [¡Qué juegos tan bonitos juego yo contigo! Sobre el impulso de juego de Goethe], Frankfurt del Meno, 1986.

Biedrzynski, Effi, *Goethes Weimar. Das Lexikon der Personen und Schauplätze* [El Weimar de Goethe. Diccionario de personajes y escenarios], Zúrich, 1993.

Bienert, Michael, *Schiller in Berlin oder das rege Leben einer grossen Stadt* [Schiller en Berlín o la vida agitada de una gran ciudad], Marbach, 2004.

Blumenberg, Hans, *Goethe zum Beispiel* [Goethe, por ejemplo], Frankfurt del Meno, 1999.

Bode, Wilhelm, *Goethes Schweizer Reisen* [Los viajes de Goethe a Suiza], Leipzig, 1922.

—, *Der weimarische Musenhof* [La corte de las musas en Weimar], Berlín, 1920.

Böhler, Michael, «Die Freundschaft von Schiller und Goethe als literatursoziologisches Paradigma» [La amistad de Schiller y Goethe como paradigma sociológico de la literatura], en: *Internationales Archiv für Sozialgeschichte der Deutschen Literatur*, 5 (1980).

Bolten, Jürgen, *Friedrich Schiller. Poesie, Reflexion und gesellschaftliche Selbstdeutung* [Friedrich Schiller. Poesía, reflexión y autointerpretación social], Múnich, 1985.

Borchmeyer, Dieter, *Goethe. Der Zeitbürger*, Múnich, 1999.

Brandès, Georges, *Goethe*, Berlín, 1922.

Brandt, Helmut (ed.), *Friedrich Schiller – Angebot und Diskurs: Zugänge, Dichtung, Zeitgenossenschaft* [Oferta y discurso de Friedrich Schiller: accesos, poesía, coetáneos], Berlín y Weimar, 1987.

Bruford, Walter H., *Die gesellschaftlichen Grundlagen der Goethezeit* [Las bases sociales de la época de Goethe], Frankfurt del Meno, Berlín y Viena, 1975 (1936).

Bürger, Christa, *Goethes Eros* [El eros de Goethe], Frankfurt del Meno 2009.

Butler, E.M., *Deutsche im Banne Griechenlands* [Alemanes hechizados por Grecia], Berlín, 1948.

Cassirer, Ernst, *Goethe und die geschichtliche Welt* [Goethe y el mundo histórico], Hamburgo, 1995.

Konrady, Karl Otto, *Goethe. Leben und Werk* [Goethe. Vida y obra], Düsseldorf, 2006.

Darsow, Götz-Lothar, *Friedrich Schiller*, Stuttgart, 2000.

Drews, Jörg, *Sichtung und Klarheit. Kritische Streifzüge durch die Goethe-Ausgabe und die Goethe-Literatur der letzten fünfzehn Jahre* [Examen y claridad. Incursiones críticas en las ediciones de Goethe y en la bibliografía sobre Goethe durante los últimos quince años], Múnich, 1999.

Eissler, K.R., *Goethe. Eine psychoanalytische Studie* [Goethe. Un estudio psicoanalítico], dos tomos, Frankfurt del Meno, 1986.

Fikentscher, Hennig, *Zur Ermordung Friedrich Schillers. Der heutige Stand der Forschung über Friedrich Schillers sterbliche Reste und die Ursachen seines Todes* [Sobre el asesinato de Friedrich Schiller. El estado actual de la investigación acerca de los restos mortales de Friedrich Schiller y las causas de su muerte], Viöl / Nordfriesland, 2000.

Fischer, Kuno, *Schiller als Philosoph* [Schiller como filósofo], Heidelberg, 1891.
Friedenthal, Richard, *Goethe. Sein Leben und seine Zeit* [Goethe. Su vida y su tiempo], Múnich, 1963.
Goethe-Handbuch in vier Bänden [El manual de Goethe en cuatro tomos], edición de Bernd Witte et al., Stuttgart – Weimar 2004.
Gerhard, Melitta, «Wahrheit und Dichtung in der Überlieferung des Zusammentreffens von Goethe und Schiller im Jahr, 1794» [Verdad y poesía en la tradición del encuentro entre Goethe y Schiller en el año 1794], en: *Jahrbuch der Freien Deutschen Hochstifts*, 1974.
Graham, Ilse, *«"Zweiheit im Einklang". Der Briefwechsel zwischen Schiller und Goethe»* [«Duplicidad en la concordia». El intercambio epistolar entre Schiller y Goethe], en: *Goethe-Jahrbuch*, 95 (1978).
Grimm, Hermann, *Goethe. Vorlesungen* [Goethe. Lecciones], 2 vols., Winterbach, 1989 (1876).
Günzel, Klaus, *«Viele Gäste wünsch ich heut' mir zu menienn Tische!» Goethes Besucher im Haus am Frauenplan* [«Espero tener hoy muchos huéspedes en mi mesa». Visitas a Goethe en la casa del Frauenplan], Weimar, 1999.
Gundolf, Friedrich, *Goethe,* Berlín, 1930.
Guthke, Karl S., *Schillers Dramen. Idealismus und Skepsis* [Los dramas de Schiller. Idealismo y escepticismo], Tubinga y Basilea, 1994.
Habermas, Jürgen, «Exkurs zu Schillers Briefen über die ästhetische Erziehung des Menschen», en: *Der philosophische Diskurs der Moderne. Zwölf Vorlesungen,* Frankfurt del Meno, 1988 (trad. esp.: *El discurso filosófico de la modernidad: doce lecciones,* trad. de M. Jiménez Redondo, Taurus, Madrid, 1989).
Henrich, Dieter, «Der Begriff der Schönheit in Schillers Ästhetik» [El concepto de belleza en la estética de Schiller], en: *Zeitschrift für philosophische Forschung,* II (1957).
Hettner, Hermann, *Literaturgeschichte in Goethezeit* [Historia de la literatura en la época de Goethe], Múnich, 1970 (1876), edición de Johannes Anderegg.
Hinderer, Walter, *Von der Idee des Menschen. Über Friedrich Schiller* [Sobre la idea del hombre. Acerca de Friedrich Schiller], Würzburg, 1998.
Jolles, Matthis, *Dichtkunst und Lebenskunst: Studien zum Problem der Sprache bei Friedrich Schiller* [Arte poético y arte de vida: estudios sobre el problema del lenguaje en Friedrich Schiller], Bonn, 1980.
Karthaus, Ulrich, «Friedrich Schiller», en: Karl Corinto (ed.), *Genie und Geld. Vom Auskommen deutscher Schriftsetller,* [Genio y dinero], Nördlingen, 1987.
Kemper, Dirk, *Ineffabile. Goethe und die Individualitätsproblematik der Moderne* [Inefable. Goethe y el problema de la individualidad de la época moderna], Múnich, 2004.
Kiene, Hansjoachim, *Schiller Lotte. Portrait einer Frau in ihrer Welt* [La Lotte de Schiller. Retrato de una mujer en su mundo], Frankfurt del Meno, 1996.
Kindermann, Heinz, *Das Goethebild des 20. Jahrhunderts* [La imagen de Goethe en el siglo XX], Darmstadt, 1962.
Knobloch, Jochen Klaus y Koopman, Helmut (eds.), *Schiller heute* [Schiller hoy], Tubinga, 1996.

Koopmann, Helmut, *Goethe und Frau von Stein. Geschichte einer Liebe* [Goethe y la señora Von Stein. Historia de un amor], Múnich, 2003.
Korff, H.A., *Geist der Goethezeit* [Espíritu de la época de Goethe], 4 vols., Darmstadt, 1966.
Krippendorf, Ekkehart, *Politik gegen den Zeitgeist* [Política contra el espíritu de la época], Frankfurt del Meno, 1999.
Lindner, Jutta, *Schillers Dramen. Bauprinzip und Wirkungsstrategie* [Los dramas de Schiller. Principio de su construcción y estrategia de sus efectos], Bonn, 1989.
Lukacs, Georg, *Goethe und seine Zeit* [Goethe y su época], Berlín, 1950.
Lyncker, Carl W.H. Freiherr von, *Ich diene am Weimarer Hof. Aufzeichnungen aus der Goethezeit* [Yo presto mis servicios en la corte de Weimar. Notas de la época de Goethe], Weimar, 1997.
Mann, Golo, «Schiller als Historiker» [Schiller como historiador], en: *Jahrbuch der Deutschen Schillergesellschaft*, 20 (1976).
Mann, Thomas, *Versuch über Schiller* [Ensayo sobre Schiller], Frankfurt del Meno, 1955.
Marcuse, Herbert, «Die ästhetische Dimension», en: *Triebstruktur und Gesellschaft*, Frankfurt del Meno, 1995 (trad.esp.: *La dimensión estética*, trad. de José Francisco Ivars, Editorial Materiales, Barcelona, 1978).
Meyer, Hans, *Das unglückliche Bewusstsein. Zur deutschen Literaturgeschichte von Lessing bis Heine* [La conciencia infeliz. Sobre la historia de la literatura alemana desde Lessing hasta Heine], Frankfurt del Meno, 1986.
–, *Goethe*, edición de Inge Jens, Frankfurt del Meno, 1999.
–, *Versuch über Schiller* [Ensayo sobre Schiller], Frankfurt del Meno, 1987.
Meyer, Richard M., *Goethe*, Berlín, 1913.
Merseburger, Peter, *Mythos Weimar. Zwischen Geist und Macht* [El mito de Weimar. Entre el espíritu y el poder], Stuttgart, 1998.
Miller, Norbert, *Der Wanderer. Goethe in Italien* [El viajero. Goethe en Italia], Múnich, 2002.
Möbius, P.J., *Über das pathologische bei Goethe. (1898) Mit einem Essay von Bernd Nitzschke. Nachdruck München o. J.* [Sobre lo patológico en Goethe. (1898) Con un ensayo de Bernd Nitzschke. Reimpresión en Múnich, sin año de publicación].
Müller, Burkhard, *Der König hat geweint. Schiller und das Drama der Weltgeschichte* [El rey ha llorado. Schiller y el drama de la historia universal], Springe, 2004.
Oellers, Norbert, *Friedrich Schiller. Zur Modernität eines Klassikers* [Friedrich Schiller. Sobre la modernidad de un clásico], edición de Michael Hofmann, Frankfurt del Meno, 1996.
– y Robert Steegers, *Treffpunkt Weimar. Literatur und Leben zur Zeit Goethes* [Punto de encuentro Weimar. Literatura y vida en el tiempo de Goethe], Stuttgart, 1999.
Osten, Manfred, «*Alles veloziferisch*». *Goethes Entdeckung der Langsamkeit* [Todo a gran velocidad. Goethe descubre el ritmo lento], Frankfurt del Meno, 2003.

Pleticha, Heinrich (ed.), *Das Klassische Weimar. Texte und Zeugnisse* [El Weimar clásico. Textos y testimonios], Múnich, 1983.
Rehm, Walter, *Griechentum und Goethezeit. Geschichte eines Glaubens* [Grecia y la época de Goethe. Historia de una fe], Leipzig, 1936.
Riedel, Wolfgang, *Die anthropologie des jungen Schillers. Zur Ideengeschichte des jungen Schiller und der «Philosophischen Briefe»* [La antropología del joven Schiller. Sobre la historia de las ideas del joven Schiller y de las «Cartas filosóficas»], Würzburg, 1988.
Rothe, Wolfgang, *Goethe, der Pazifist. Zwischen Kriegesfurcht und Friedenshoffnung* [Goethe, el pacifista. Entre el miedo a la guerra y la esperanza de la paz], Gotinga, 1998.
Safranski, Rüdiger, *Romantik. Eine deutsche Affäre,* Múnich, 2007 (trad. esp.: *Romanticismo. Una odisea del espíritu alemán,* trad. de Raúl Gabás, Tusquets Editores, col. Tiempo de Memoria 75, Barcelona, 2009).
–, *Schiller oder Die Erfindung des Deutschen Idealismus,* Múnich, 2004 (trad. esp.: *Schiller o la invención del idealismo alemán,* trad. de Raúl Gabás, Tusquets Editores, col. Tiempo de Memoria 58, Barcelona, 2006).
– (ed.), *Schiller als Philosoph. Eine Anthologie. Ausgewählt und mit einem Essay versehen* [Schiller como filósofo. Una antología. Selección acompañada de un ensayo], Berlín, 2005.
Schmidt, Alfred, *Goethes herrlich leuchtende Natur* [La naturaleza de Goethe en su brillante esplendor], Múnich, 1984.
Schulz, Gerhard, *Exotik der Gefühle. Goethe und seine Deutschen* [Exotismo de los sentimientos. Goethe y sus alemanes], Múnich, 1998.
Simmel, Georg, *Goethe,* Leipzig, 1923.
Schöne, Albrecht, *Götterzeichen – Liebeszauber – Satanskult. Neue Einblicke in alte Goethetexte* [Signos de los dioses, hechizo del amor, culto a Satanás. Nuevo examen de antiguos textos de Goethe], Múnich, 1993.
Schulz, Karlheinz, *Goethe. Eine Biographie in 16 Kapiteln* [Goethe. Una biografía en 16 capítulos], Stuttgart, 1999.
Seibt, Gustav, *Goethe und Napoleon. Eine historische Begegnung* [Goethe y Napoleón. Un encuentro histórico], Múnich, 2008.
Sengle, Friedrich, *Das Genie und sein Fürst. Die Geschichte der Lebensgemeinschaft Goethes mit dem Herzog Karl August* [El genio y su príncipe. La historia de la comunidad de vida de Goethe con el duque Karl August], Stuttgart, 1993.
–, Die «Xenien» Goethes und Schillers als Teilstück der frühen antibürgelichen Bewegung» [Los «Epigramas» de Goethe y Schiller como una pieza que forma parte del temprano movimiento antiburgués], en: *Internationales Archiv für Sozialgeschichte der deutschen Literatur,* 8 (1983).
Spranger, Eduard, *Goethe. Seine Geistige Welt* [Goethe. Su mundo espiritual], Tubinga, 1967.
Steiger, Emil, *Goethe,* tres tomos, Zúrich y Friburgo de Brisgovia, 1957.
–, *Friedrich Schiller,* Zúrich, 1967.
Storz, Gerhard, *Der Dichter Friedrich Schiller* [El poeta Friedrich Schiller], Stuttgart, 1959.

Szondi, Peter, «Das Naive is das Sentimentalische. Zur Begriffsdialektik in Schillers Abhandlungen» [Lo ingenuo es lo sentimental. Sobre la dialéctica del concepto en los tratados de Schiller], en: *Schriften,* vol. 2, Frankfurt del Meno, 1978.
Ueding, Gerd, *Klassik und Romantik. Deutsche Literatur im Zeitalter der Französischen Revolution, 1789-1815* [Clasicismo y romanticismo. Literatura alemana en la época de la Revolución francesa, 1789-1815], Múnich, 1987.
—, *Friedrich Schiller,* Múnich, 1990.
Veil, Wolfgang H., *Schillers Krankheit. Eine Studie über das Krankheitsgeschehen in Schillers Leben und über den natürlichen Todesausgang* [La enfermedad de Schiller. Un estudio sobre el proceso de la enfermedad en la vida de Schiller y sobre el desenlace natural], Naumburgo, 1945.
Wiese, Benno von, *Schiller,* Stuttgart, 1959.
Wilson, W. Daniel, *Das Goethe-Tabu. Protest und Menschenrechte im klassischen Weimar* [El tabú de Goethe. Protesta y derechos del hombre en el Weimar clásico], Múnich, 1999.
Ziegler, Leopold, *Zwei Goethereden und ein Gespräch* [Dos discursos de Goethe y una conversación], Leipzig, 1932.
Ziolkowski, Theodor, *Verboten der Moderne. Eine Kulturgeschichte der Frühromantik* [Prohibiciones de la modernidad. Una historia de la cultura en el romanticismo temprano], Stuttgart, 2006.
—, *Das Wunderjahr in Jena* [El año prodigioso en Jena], Stuttgart, 1998.

BIBLIOGRAFÍA ESENCIAL DE GOETHE
Y SCHILLER EN LENGUA ESPAÑOLA

SCHILLER

Narraciones completas, Alba Editorial, Barcelona, 2005.
Seis poemas filosóficos y cuatro textos sobre la dramaturgia y la tragedia, Diputación Provincial de Valencia, 2005.
Poesía filosófica, Ed. Hiperión, Madrid, 2002.
Guillermo Tell, Anaya, Madrid, 1997.
Don Carlos, Cátedra, Madrid, 1996.
Lo sublime, Ágora, Málaga, 1992.
Escritos sobre estética, Tecnos, Madrid, 1991.
Escritos de filosofía de la historia, Universidad de Murcia, 1991.
Kallias. Cartas sobre la educación estética del hombre, Anthopos, Madrid, 1990.
El visionario, Icaria, Barcelona, 1986.
Sobre la gracia y la dignidad; sobre poesía ingenua y sentimental, Icaria, Barcelona, 1985.
La doncella de Orleáns. Juana de Arco. Tragedia romántica, Editorial Ramón Sopena, Barcelona, 1978.
Los bandidos, Editorial Ramón Sopena, Barcelona, 1978.
Dramas, editorial Iberia, Barcelona.

GOETHE

Las desventuras del joven Werther, Cátedra, Madrid, 2009.
Fausto, Cátedra, Madrid.
Las afinidades electivas, Alianza Editorial, Madrid, 2008.
Epigramas venecianos, Hiperión, Madrid, 2008.
Conversaciones con Eckermann, El Acantilado, Barcelona, 2005.
Escritos sobre Schiller, seguidos de una Breve antología lírica, Hiperión, Madrid, 2003.
Viaje a Italia, Ediciones B, Barcelona, 2001
Máximas y reflexiones, Edhasa, Barcelona, 1999
Escritos de Arte, Síntesis, Madrid, 1999
Elegías romanas, Galaxia Gutemberg, Barcelona, 1999
Diarios y anales, Ed. 62, Barcelona, 1986

AGRADECIMIENTO

Desde mi libro sobre *Nietzsche* en el año 2000, Kristian Wachinger ha llevado a cabo con competencia y empatía en la editorial Carl Hanser la tarea de revisión de mis libros y de seguimiento de su proceso editorial. Le quedo agradecido por la extraordinaria colaboración.

Notas

Prólogo

1. Kant VIII, 609.
2. Goethe *MA* 8.2, 119.
3. Goethe *MA* 8.2, 119.
4. Schiller/Körner 2,16.
5. Goethe *MA* 8.1, 187.
6. Goethe *MA* 8.1, 487.
7. Montaigne, 101.
8. Goethe *DKV* II, 4, 629.
9. Goethe *MA* 8.2, 52.
10. Goethe *MA* 8.1, 376.
11. Goethe *MA* 12, 307.
12. Goethe *MA* 12, 306.
13. Goethe *MA*, 8.1, 116.
14. Goethe *MA* 8.1, 376.
15. Goethe *MA* 8.1, 201.
16. Goethe *MA* 8.1, 419.
17. Goethe *MA* 20.1, 98.
18. Goethe *MA* 8.1, 1001 y sig.

Capítulo 1

1. Bode I, 250.
2. 7 de agosto de 1779, Goethe *WA* III 1, 93 y sig.
3. Biedermann, *Goethe* I, 238.
4. *Goethe Briefe* I, 321.
5. *Goethe Briefe* I, 291.
6. Wagner, 219.
7. Bode I, 249.
8. Bode I, 250.
9. Biedermann, *Schiller*, 29.
10. Leppmann, 31.

11. Böttiger, 75.
12. *Goethe Briefe* I, 645.
13. *Goethe Briefe* I, 649.
14. *Goethe Briefe* I, 215.
15. Schiller, V, 736.
16. Klopstock I, 85.
17. Schiller V, 736.
18. Conz, *Einiges über Schiller in d. Zeit f. D. Eleg. Welt*, enero 1823, 3, 20.
19. Goethe *MA* 16, 430.
20. Goethe *MA* I, 1, 231.
21. «Zum Schäkespears Tag», Goethe *MA* 1.2, 414.
22. Kant 10, 405.
23. Abel, 39.
24. Biedermann, *Schiller*, 33.
25. Schiller V, 713.
26. Goethe *MA* 1.2, 413.
27. Goethe *MA* 1.2, 205 y sig.
28. Goethe *MA* 1.2, 199.
29. Goethe *MA* 1.2, 239.
30. Goethe *MA* II, 1.2, 21.
31. Goethe *MA* 1.2, 240.
32. Buchwald I, 249.
33. Schiller I, 485.
34. Schiller I, 484.
35. Schiller V, 241 y sig.
36. Goethe *MA* 1.2, 199.
37. Schiller I, 577.
38. Goethe *MA* 1.2, 239.
39. Schiller V, 254.
40. Schiller V, 254 y sig.
41. Schiller V, 266.
42. Schiller V, 253 y sigs..
43. *Goethe Briefe* I, 435 y sig.
44. *Goethe Briefe* I, 475.
45. Schiller V, 267.
46. Schiller V, 254.
47. Schiller I, 504.
48. Schiller I, 500.
49. Schiller I, 502.
50. Schiller I, 627.
51. Schiller, 48.
52. Schiller I, 754.
53. *Goethe Briefe* I, 265.
54. Biedermann, *Schiller*, 37.
55. Streicher, 124.

Capítulo 2

1. *Goethe Briefe* I, 250.
2. Schiller I, 957.
3. Schiller *DKV* 2, 950.
4. Schiller *DKV* 2, 923.
5. Schiller *DKV* 2, 965 y sig.
6. *Schiller Briefe*, 25.
7. Schiller I, 538.
8. Schiller I, 592.
9. *Schiller Briefe*, 35.
10. *Schiller Briefe*, 35.
11. *Schiller Briefe*, 47.
12. *Schiller Briefe*, 525.
13. *Schiller Briefe*, 76.
14. Schiller/Körner I, 21.
15. Schiller/Körner I, 27.
16. Schiller/Körner I, 26.
17. Schiller I, 133.
18. Schiller/Körner, 4, 321.
19. *Goethe Briefe*, I, 264.
20. *Goethe Briefe*, I, 249
21. *Goethe Briefe*, I, 253.
22. *Goethe Briefe*, I, 665.
23. Schulz, 174.
24. *Goethe Briefe*, I, 320.
25. *Goethe Briefe*, I, 397.
26. Goethe *MA* 16, 622.
27. *Goethe Briefe*, I, 425.
28. *Goethe Briefe*, I, 514.
29. *Goethe Briefe*, I, 518.
30. Goethe *MA* 3, 1, 10.
31. *Goethe Briefe*, 2, 33.
32. *Goethe Briefe*, 2, 48.
33. Goethe *MA* 15, 159.
34. Goethe *MA* 3. 1, 81.
35. Goethe *MA* 3.1, 82.
36. Goethe *MA* 15, 49.
37. Goethe *MA* 3. 1. 61.
38. *Goethe Briefe*, 2, 29.
39. Moritz 2, 967.
40. *Goethe Briefe*, 2, 85.
41. Schiller/Körner I, 85.
42. Schiller/Körner I, 130.
43. Schiller/Körner I, 91.

44. Schiller/Körner I, 89.
45. Schiller/Körner I, 110.
46. Schiller/Körner I, 89.
47. Schiller/Körner I, 108.
48. Schiller/Körner I, 93.
49. Schiller/Körner I, 138.
50. Schiller/Körner I, 134.
51. Schiller/Körner I, 171.
52. Schiller/Körner I, 173.
53. *Goethe Briefe*, 2, 56.
54. *Goethe Briefe*, 2, 56.
55. *Goethe Briefe*, 2, 52.
56. Goethe *DKV* II, 3, 221.
57. Goethe *MA* 15, 518 y sig.
58. *Goethe Briefe*, 2, 84.
59. Goethe *MA* 3.1, 275.
60. *Goethe Briefe*, 22, 84.
61. Goethe *MA* 15, 653.
62. Boyle I, 617.

Capítulo 3

1. Petersen 1911, 141.
2. Berger I, 555.
3. Schiller/Körner I, 271.
4. Schiller/Lotte I, 125.
5. Schiller/Lotte I, 38.
6. Schiller/Körner I, 183.
7. Schiller/Körner I, 183.
8. Schiller I, 163.
9. Schiller I, 169.
10. Schiller I, 163.
11. Schiller I, 172 y sig.
12. Schiller I, 165.
13. Schiller I, 166.
14. Schiller/Lotte, I, 44.
15. Schiller/Lotte, I, 51.
16. Schiller/Lotte, I, 44.
17. *Schiller Briefe*, 170.
18. Schiller V, 943.
19. Schiller V, 943.
20. Schiller V, 942.
21. Schiller V, 941.
22. Goethe *MA* 3.1, 849.
23. Bode I, 355.

24. Goethe *MA* 12, 69.
25. Briefe, 2, 95.
26. Bode 2, 358.
27. Bode I, 358.
28. *Goethe Briefe*, 2, 124.
29. Goethe *MA* 3.2, 46.
30. *Schiller Briefe*, 170.
31. Schiller/Körner I, 254.
32. Goethe *MA* 12, 86.
33. Schiller/Körner I, 253 y sig.
34. Schiller/Körner I, 255.
35. Schiller/Körner I, 272.
36. Bode I, 379.
37. Schiller/Lotte I, 272.
38. Schiller/Körner I, 295.
39. Schiller/Körner I, 295.
40. *Goethe Briefe*, 2, 106.
41. Schiller/Lotte I, 166.
42. Schiller/Körner, 288.
43. Schiller/Lotte I, 166.
44. Schiller/Körner 2, 9.
45. Schiler/Körner 2, 16.
46. Schiller/Körner 2, 16.
47. Schiller/Körner 2, 37.
48. Schiller/Körner, 37.
49. Goethe *MA* 8.1, 187.
50. Schiller/Korner 2, 39.
51. Schiller/Lotte I, 172.
52. Schiller/Lotte I, 211.
53. Damm, 134.
54. *Goethe Briefe*, 2, 122.
55. Boyle 2, 446.

Capítulo 4

1. Schiller IV, 765.
2. Schiller IV, 767.
3. Schiller/Lotte I, 133.
4. Schiller V, 580.
5. *Goethe Briefe*, 2, 121.
6. Goethe *MA* 12, 308.
7. *Goethe Briefe*, I, 395.
8. *Goethe Briefe*, 2, 150.
9. Goethe *MA* 19, 493.
10. Goethe *MA* 9, 137.

11. Goethe *MA* 17, 860.
12. Goethe *MA* 5, 408.
13. Goethe *MA* II, 1.2, 76.
14. Goethe *MA* 12, 307.
15. Goethe III/2, 289.
16. Goethe *MA* 12, 306.
17. *Goethe Briefe*, 2, 139.
18. Boyle 2, 249.
19. Goethe *MA* 14, 385.
20. Goethe *MA* 14, 538.
21. Boyle 2, 174.
22. Goethe *DKV* II, 3, 647.
23. Goethe *DKV* II, 695.
24. Schiller/Lotte I, 133.
25. Schiller/Körner, 2,90 y sig.
26. Schiller IV, 367.
27. Schiller/Körner 2, 156.
28. Boyle 2, 123.
29. Novalis I, 509 y sigs.
30. Schiller/Körner 2 175.
31. Goethe *DKV* II, 4, 509.
32. Schiller/Körner 2, 265.
33. Schiller V, 400.
34. Schiller/Körner 3, 22.
35. Schiller V, 416.
36. Schiller V, 420 y sig.
37. Schiller V, 421.
38. Schiller V, 421.
39. Schiller V, 468.
40. Schiller V, 477.
41. Goethe *MA* 12, 86.
42. Schiller V, 457.

Capítulo 5

1. Schiller/Körner 3, 87.
2. Schiller/Körner 3, 79.
3. *Goethe Briefe*, 2, 187 y sig.
4. Schiller V, 868.
5. Bode 2, 47 y sig.
6. Schiller/Körner 3, 123.
7. Schiller V, 867.
8. Schiller V, 870 y sig.
9. *Schiller Briefe*, 324.
10. Goethe *MA,* 8.1, 11.

11. *Goethe Briefe*, 2, 148.
12. Goethe *MA* 14, 468.
13. *Goethe Briefe*, 2, 141.
14. Schiller V, 856.
15. Goethe *MA* 5, 573.
16. Schiller/Humboldt I, 110.
17. Goethe *DKV* II, 771 y sig.
18. Goethe *MA* 8.1, 11 y sig.
19. Schiller/Körner, 3, 126.
20. *Goethe Briefe*, 2, 179.
21. Goethe *MA* 12, 86 y sigs.
22. Goethe *MA* 12, 88 s.
23. Schiller/Körner, 3.133.
24. Goethe 4.2, 187.
25. Schiller/Körner 3, 137.
26. Goethe *MA,* 8.1, 12.
27. Goethe *MA* 8.1, 16.
28. Goethe *MA* 8.1, 13 y sigs.
29. Goethe *MA* 14, 581.
30. Goethe *MA* 8.1, 17.
31. Goethe *MA* 8.1, 19.
32. Goethe *MA* 8.1, 19.
33. Schiller/Körner 2, 37.
34. Goethe *MA* 8.1, 19.
35. Schiller/Körner 3, 134.
36. Goethe *MA* 8.1, 487.
37. Goethe *MA* 8.1, 19.
38. Schiller V, 620.
39. Goethe *MA* 8.1, 19 y sig.
40. Goethe *MA* 8.1, 21 y sig.
41. Schiller/Lotte 3, 86.
42. Schiller/Lotte 3, 85.
43. Goethe *MA* 19, 252.
44. Goethe *MA* 8.1, 25.
45. Goethe *MA* 8.1, 26.

Capítulo 6

1. Humboldt I, 87.
2. Goethe *MA* 8.1, 17.
3. Goethe *MA* 8.1, 17.
4. *Goethe Briefe*, 2, 176.
5. Goethe *DKV* II, 2, 83.
6. *Goethe Briefe*, I, 405.
7. *Goethe Briefe*, I, 427.

8. *Goethe Briefe*, I, 427.
9. Goethe *MA* 15, 494.
10. *Goethe Briefe*, 2, 174.
11. *Goethe Briefe*, 2, 217.
12. Schiller/Körner 3, 142.
13. Schiller/Körner 2, 16.
14. Goethe *MA* 8, 1, 17.
15. Schiller V, 594.
16. Schiller/Körner 3, 137.
17. Schiller/Körner 3, 134.
18. Schiller/Körner 3, 162.
19. Schiller/Körner 3, 138.
20. Schiller/Körner 3, 134.
21. Goethe *MA* 8.1, 45.
22. Goethe *MA* 8.1, 46 y sig.
23. Goethe *MA* 8.1, 55 y sig.
24. *Goethe Briefe*, 3, 266.
25. Schiller V, 718.
26. Schiller/Körner 2, 27.
27. Schiller V, 618.
28. Goethe *MA* 8.1, 37.
29. Goethe 5, 570.
30. Goethe *MA* 5, 190.
31. Goethe *MA* 5, 555.
32. Goethe *MA* 5, 549.
33. Goethe *MA* 5, 552.
34. *MA* 8, 1, 60.
35. Goethe *MA* 8.1, 61.
36. Goethe *MA* 8.1, 191.
37. Goetrhe *MA* 8.1, 201.
38. Goethe *MA* 5, 670.
39. *Briefe, an Goethe* I, 199.
40. 48, Schiller/Humboldt I, 2.
41. Schiller/Humboldt I, 128.
42. Bode 2, 26
43. Bode 2, 79.
44. Bode 2, 96.
45. *Briefe, an Goethe*, I, 187 y sig.
46. Goethe *MA* 8.1, 67.
47. Goethe *MA* 8.1, 85.
48. Goethe *MA* 8.1, 86.
49. Goethe *MA* 8.1, 87.
50. Goethe *MA* 8.1, 70.
51. Bode 2, 52.
52. Bode 2, 145.
53. Goethe *MA* 8.1, 222.

54. Goethe *MA* 8.1, 71.
55. Goethe *MA* 8.1, 98 y sig.
56. Goethe *MA* 8.1, 98.
57. Goethe *MA* 8.1,
58. Goethe *MA* 8.1, 116.
59. Goethe *MA* 8.1, 126 y sig.
60. Goethe *MA* 8.1, 132.
61. Goethe *MA* 8.1, 191.
62. Goethe *MA* 8.1, 187.
63. Goethe *MA* 8.1, 17.
64. Goethe *MA* 8.1, 187.
65. Goethe *MA* 8.1, 187.
66. Schiller/Körner 2, 16.
67. Goethe *MA* 9, 439.
68. Goethe *MA* 12, 97.
69. Goethe *MA* 8.1, 17.
70. Goethe *MA* 8.1, 183 y sig.
71. Goethe *MA* 8.1, 187.
72. Goethe *MA* 8.1, 198.
73. Goethe *MA* 5, 608.
74. Novalis 2, 801.
75. Novalis 2, 807.
76. *MA* 8.1, 206.
77. Goethe *MA* 8.1, 204.
78. *MA* 8.1, 213.
79. Goethe *MA* 8, I, 214.
80. Schiller/Körner 2, 37.
81. Goethe *MA* 8.1, 208.
82. Goethe *MA* 8.1, 209 y sig.
83. Goethe *MA* 5, 610.

Capítulo 7

1. Schiller/Körner 3, 123.
2. Schiller/Körner 3, 154.
3. Goethe *MA* 8.1, 40.
4. Goethe *MA* 4.1, 441.
5. Goethe *MA* 4.1, 444.
6. Goethe *MA* 4.1, 448.
7. Goethe *MA* 8.1, 33 y sig.
8. Goethe *MA* 4.1, 448.
9. Goethe *MA* 4.1, 660 y sig.
10. Goethe *MA* 8.1, 40.
11. Schiller V, 667.
12. Goethe *MA* 4.1, 452.

13. Goethe *MA* 4.1, 454.
14. Goethe *MA* 4.1, 518.
15. Goethe *MA* 8.1, 112.
16. Schiller/Humboldt I, 249.
17. Goethe *MA* 4.1, 1048.
18. Goethe *MA* 4.1, 1049.
19. Goethe *MA* 4.1, 40.
20. Goethe *MA* 4.1, 806.
21. Michaelis 50.
22. Schiller/Körner 3, 158.
23. Michaelis 6.
24. Schiller V, 875.
25. Schiller V, 577.
26. Schiller/Humboldt I, 61 y sig.
27. Goethe *DKV* II, 4, 65.
28. Goethe *MA* 8.1, 36.
29. *Schiller Briefe*, 319.
30. Goethe *MA,* 8.1, 77.
31. *Schiller Briefe,* 309.
32. Borcherdt, 210.
33. Borherdt 216.
34. Borherdt, 225.
35. Borherdt 223.
36. *Goethe Briefe,* II, 177.
37. Boyle 2, 260.
38. *Goethe Briefe,* 2, 178.
39. Goethe *MA* 17, 827.
40. Goethe *MA* 8.1, 92.
41. Schiller *DKV* 12, 35.
42. Schiller V, 679.
43. Goethe *MA* 4.1, 783.
44. Borcherdt, 224.
45. Goethe *MA* 8.1, 42.
46. Schiller/Lotte, 3, 86.
47. Goethe *MA* 8.1, 34.
48. Goethe *MA* 8.1, 36.
49. Goethe *MA* 3.2, 81.
50. Goethe *MA* 3.2, 78 y sig.
51. Goethe *MA* 3.2, 80.
52. Goethe *MA* 8.1, 75 y sig.
53. Michalis 41.
54. Goethe *MA* 8.1, 93.
55. Bode 2, 34.
56. Goethe *MA* 3.2, 450.
57. Schiller/Humboldt 1, 177.
58. Bode 2, 41

59. Michaelis, 46.
60. *Schiller-Handbuch*, 755.
61. *Schiller/Körner*, 2, 154.
62. Borcherdt, 324.
63. Borherdt, 327.
64. Borcherdt, 328.
65. Borcherdt, 329.
66. Schlegel, *Schriften*, 127.
67. Borcherdt, 388.
68. Goethe *MA* 8.1, 600.
69. Goethe *MA* 8.1, 722 y sig.
70. Goethe *MA* 8.1, 724.
71. Schiller *DKV* 12, 281.
72. Goethe und die Romantik I, XXVII.
73. Borcherdt, 497.
74. Borcherdt, 452.
75. Goethe *MA* 8.1, 600 y sig.
76. Schlegel, *Kritische Schriften*, 23.
77. *Goethe und die Romantik* I, XXXI.
78. Goethe *MA* 19, 45.
79. Goethe *MA* 20, 2, 1558.
80. Goethe *MA* 8.1, 467.
81. Goethe *MA* 8.1, 505.

Capítulo 8

1. Boyle 2, 324.
2. *Goethes Ehe in Briefen*, 125.
3. Boyle 2, 327.
4. Berger II, 374.
5. Goethe *MA* 8.1, 22.
6. Schiller/Körner 4, 155.
7. Schiller/Körner 4, 155.
8. Damm, 209.
9. *Goethes Ehe in Briefen*, 439.
10. *Goethes Ehe in Briefen*, 443.
11. Schiller/Lote 3, 163.
12. *Goethes Ehe in Briefen*, 441.
13. Humboldt, *Werke* II, 361.
14. Goethe *MA* 8.1, 173.
15. Goethe *MA* 8.1, 141.
16. Schiller *NA* 28, 90.
17. Goethe *MA* 4.2, 16 y sig.
18. Schiller V, 593.
19. Goethe *MA*, 3.2, 188.

20. Schiller I, 234.
21. Schiller *DKV* 12, 773.
22. Schiller *DKV* 12, 33.
23. Goethe *MA* I.1, 224.
24. Goethe *MA* 8.1, 145.
25. Schiller/Körner 3, 224.
26. Schiller/Humboldt 2, 20.
27. Schiller/Körner 2, 16.
28. Schiller/Körner 3, 229.
29. Goethe *MA* 4.1, 799.
30. Goethe *MA* 4.1, 777.
31. Goethe *MA* 4.1, 778.
32. Goethe *MA* 4.1, 778.
33. Goethe *MA* 4.1, 709.
34. Goethe *MA* 4.1, 803.
35. Goethe *MA* 4.1, 813.
36. Goethe *MA* 4.1, 796.
37. Goethe *MA* 4.1, 788.
38. Schiller I, 252.
39. Goethe *MA* 4.1, 1131.
40. Goethe *MA* 4.1, 1131
41. Goethe *MA* 8.1, 283.
42. Goethe *MA* 8.1, 284.
43. Goethe *MA* 8.1, 271.
44. Goethe *MA* 19, 130 y sig.
45. *Goethe Briefe*, 2, 220.
46. Goethe *MA* 11.2, 164.
47. Goethe *MA* 8.1, 342.
48. *Goethe Briefe*, 2, 284.
49. Goethe *MA* 4.1, 864.
50. Schiller I, 368.
51. Schiller I, 369.
52. Goethe *MA* 8.1, 431.
53. Schiller I, 377.
54. Schiller I, 343.
55. Schiller I, 346.
56. Goethe *MA* 8.1, 398.
57. Goethe *MA* 19, 653.
58. Goethe *MA* 4.1, 866.
59. Goethe *MA* 4.1, 871
60. Goethe *MA*, 4.1, 867.
61. Schiller I, 167 y sig.
62. Bode 2, 216.
63. Goethe *MA* 8.1, 360.
64. *Goethe Briefe*, 2, 285.

Capítulo 9

1. *Goethe Briefe*, 2, 244.
2. Schiller *DKV* 12, 300.
3. Schiller I, 234.
4. *Goethe Briefe*, 2, 252.
5. Goethe *MA* 14, 49.
6. *Goethe Briefe*, 2, 247.
7. Goethe *MA* 4.1, 629.
8. Goethe *MA* 4.1, 617.
9. Goethe *MA* 8.1, 411.
10. *Goethe Briefe* 2, 260.
11. Goethe *MA* 8.1, 306 y sig.
12. Goethe *MA* 8.1, 485.
13. *Goethe Briefe* 2, 273.
14. Goethe *MA* 8.1, 361.
15. Schiller *DKV* 12, 300 y sig.
16. Goethe *MA* 8.1, 359 y sig.
17. Goethe *MA* 8.1, 361.
18. Goethe *MA* 8.1, 363.
19. Goethe *MA* 8.1, 369.
20. Goethe *MA* 8.1, 370.
21. Hölderlin II, 655.
22. *Schiller Briefe*, 330.
23. Hölderlin II, 588.
24. Hölderlin II, 589 y sig.
25. Schiller a Hölderlin.
26. Hölderlin II, 655.
27. Goethe *MA* 8.1, 364.
28. Schiller I, 229.
29. Hölderlin III, 94.
30. Goethe *MA* 8.1, 365.
31. Goethe *MA* 8.1, 365.
32. Goethe *MA* 8.1, 366.
33. Goethe *MA* 8.1, 367.
34. Goethe *DKV* II, 4, 364.
35. Goethe *MA* 8.1, 375.
36. Goethe *MA* 8.1, 376.
37. Goethe *MA* 8.1, 381.
38. Goethe *MA* 8.1, 384.
39. Goethe *MA* 8.1, 393.
40. Goethe *MA* 8.1, 398 y sig.
41. Goethe *MA* 8.1, 423.
42. Goethe *MA* 8.1, 433.
43. Goethe *MA* 8.1, 391.

44. Goethe *MA* 8.1, 411 y sig.
45. Goethe *MA* 8.1, 384.
46. Goethe *MA* 8.1, 408.
47. Goethe *MA* 8.1, 408.
48. Goethe *MA* 8.1, 412.
49. Goethe *MA* 8.1, 424.
50. Goethe *WA* III 2, 143.
51. Goethe *DKV* II, 4, 430.
52. Goethe *MA* 8.1, 432 y sig.
53. Goethe *MA* 8, 437.
54. Goethe *MA* 3.2, 174.
55. Goethe *MA* 8.1, 432.
56. Goethe *MA* 8.1, 434 y sig.
57. Goethe *MA* 8.1, 442.
58. Goethe *MA*, 8.1, 443.

Capítulo 10

1. Schiller/Körner 3, 247.
2. Goethe *MA* 8.1, 187.
3. Goethe *MA* 8.1, 486.
4. Goethe *MA* 8.1, 487.
5. Goethe *MA* 8.1, 214.
6. Goethe *MA* 8.1, 213.
7. Goethe *MA*, 8.1, 167.
8. Goethe *MA* 8.1, 261.
9. Goethe *MA* 8.1, 261.
10. Schiller/Körner 3, 283.
11. Schiller/Körner 3, 284.
12. Schiller I, 754.
13. Schiller II, 273.
14. Schiller II, 472.
15. Goethe *MA* 8.1, 429.
16. Goethe *MA* 8.1, 278.
17. Goethe *MA* 8.1, 655.
18. Schiller II, 414 y sg.
19. Schiller II, 377.
20. Schiller II, 373.
21. Goethe *MA* 8.1 462.
22. Schiller/Körner 4, 78.
23. Goethe *MA* 8.1, 570.
24. Schiller *DKV* 12, 360.
25. Schiller, *DKV* 4, 653.
26. Schiller II, 520.
27. Goethe *MA* 8.1, 616.

28. Goethe *MA* 8.1, 691.
29. Goethe *MA* 8.1, 557.
30. Goethe *MA* 8.1, 313.
31. Schiller/Körner 4, 9.

Capítulo 11

1. Goethe *MA* 8.1, 444.
2. *MA* 4.2, 126.
3. *MA* 4.2, 128.
4. Goethe *MA* 8.1, 473.
5. Goethe *MA* 8.1, 473.
6. Boyle 2, 746.
7. Goethe *MA* 6.2, 355.
8. Goethe *MA* 6.2, 82.
9. Goethe *DKV* II, 4, 672.
10. Goethe *DKV* II, 4, 216.
11. Goethe *MA* 6. 2, 82.
12. Goethe *MA* 6.2, 86.
13. Goethe *MA* 6.2, 123.
14. Goethe *MA*, 6.2, 79.
15. Goethe *MA* 8.1, 708.
16. Goethe *MA* 8.1, 710.
17. Goethe *MA* 8.1, 711 y sig.
18. Goethe *MA* 8.1, 711y igs.
19. Goethe *MA* 6.2, 1300.
20. Goethe *MA* 6.2, 923.
21. Boyle 2, 774.
22. *Goethe Briefe* 2, 393.
23. Goethe *MA* 8.1, 677.
24. Schiller *DKV* 12, 443.
25. Goethe *MA* 8.1, 703 y sig.
26. Goethe *MA* 8.1, 763.
27. Schiller/Lotte, 101.
28. Goethe *MA* 8.1, 770.

Capítulo 12

1. Schiller/Körner 4, 122.
2. Goethe *MA* 6.2, 13.
3. Goethe *MA*, 6.2, 17.
4. Schiller II, 817.
5. Schiller II, 271.
6. Goethe *MA* 3.2, 173.

7. Schiller I, 212.
8. Goethe *MA* 8.1, 449 y sig.
9. Goethe *MA* 8.1, 452.
10. Goethe *MA* 8.1, 478.
11. Schiller 2, 819.
12. Goethe *MA* 6,2, 694.
13. Goethe *MA* 8.1, 796.
14. Goethe *MA* 6.2, 704.
15. Goethe *MA* 8.1, 609.
16. *Briefe an Goethe* I, 325.
17. *Goethes Briefe*, 2, 404.
18. Goethe *MA* 8.1, 802.
19. Goethe *MA* II.I.2, 215.
20. Goethe *WA* I, 6. 476.
21. Goethe *MA* 6.1, 142 V.
22. Goethe *MA* 8.1, 755 y sig.
23. *Goethe MA* 6.2, 692.
24. Goethe *MA* 6.1, 923.
25. Schiller I, 211 y sig.
26. Goethe *MA* 8.1, 789.
27. Goethe *MA* 8.1, 794.
28. Goethe *MA* 8.1, 830.
29. Goethe *MA* 8.1, 788.
30. Goethe *MA* 8.1, 790.
31. Goethe *MA* 8.1, 791.
32. *Briefe an Goethe* I, 349.
33. Goethe *MA* 8.1, 799.
34. Goethe *MA* 8.1, 688.
35. Goethe *MA* 8.1, 699.
36. Goethe *MA* 8.1, 707.
37. Goethe *MA* 8.1, 691.
38. Goethe *MA* 8.1, 691.
39. Goethe *MA* 8.1, 705.
40. Schiller II, 627.
41. Schiller II, 663.
42. Schiller II, 816.
43. Goethe *MA* 8.1, 655.
44. Goethe *MA* 8.1, 656.
45. Goethe *MA* 8.1, 41.
46. Goethe *MA* 8.1, 42.
47. Goethe *MA* 8.1, 364.
48. Goethe *MA* 8.1, 570.
49. Goethe *DKV* II, 5, 31.
50. Goethe *MA* 8.1, 795.
51. Goethe *MA* 8.1, 360.
52. Goethe *MA* 8.1, 812.

53. Goethe *MA* 8.1, 812.
54. Goethe *MA* 8.1, 812 y sig.
55. Goethe *MA* 6.1, 1050.

Capítulo 13

1. Goethe *MA* 8.1, 724.
2. Goethe *MA* 8.1, 727.
3. Goethe *MA* 8.1, 722.
4. Goethe *MA* 8.1, 724.
5. Goethe *MA* 8.1, 600.
6. Klessmann, *Karoline*, 233.
7. Klessmann, *Karoline*, 229.
8. *Goethe Briefe* 2, 349.
9. Brentano, 89.
10. Goethe *MA* 8.1, 588 y sig.
11. Goethe *MA* 8.1, 817.
12. *Goethe Briefe* 2, 408.
13. *Briefe an Goethe* I, 353 (26 de febrero de 1800).
14. Goethe *DKV* II, 5, 118.
15. Goethe *MA* 8.1, 851 y sig.
16. Goethe *MA* 8.1, 861.
17. Goethe *MA* 8.1, 857.
18. Schiller II, 741.
19. Goethe *MA* 8.1, 855 y sig.
20. Schiller/Körner 4, 178.
21. Schiller I, 133.
22. Buchwald 2, 414.
23. Schiller II, 698.
24. Schiller II, 699.
25. Goethe *MA* 8.1, 888.
26. Goethe *MA* 8.1, 887 y sig.
27. Goethe *MA* 6.1, 323.
28. Goethe *MA* 6.1, 325.
29. Goethe *MA* 8.1, 887.
30. Goethe *MA* 6.1, 303 y sig.
31. Schiller/Humboldt 2, 248.
32. Prügeley, 63.
33. Prügeley 318.
34. Biedermann, *Schiller*, 324.
35. Berger 2, 588.
36. Goethe *MA* 8.1, 888.
37. Goethe *MA* 14, 89.
38. Goethe *MA* 8.1, 909.

39. Goethe *MA* 8.1, 913.
40. Schiller/Humboldt 2, 230 y sig.

Capítulo 14

1. Schiller/Körner 4, 264.
2. Goethe *MA* 19, 570.
3. Lotte I, 227.
4. Schiller/Lotte, I, 231.
5. Goethe *MA* 8.1, 442.
6. Goethe *MA* 8.1, 442.
7. Goethe *MA* 8.1, 888.
8. Schiller *DKV* 12, 605 y sig.
9. Goethe *MA* 14, 166.
10. Goethe *MA* 8.1, 948.
11. Goethe *MA* 8.1, 967.
12. Goethe *MA* 8.1, 968.
13. Schiller II, 959.
14. Schiller I, 459.
15. Schiller II, 932.
16. Schiller II, 1025.
17. Goethe *MA* 8.1, 955.
18. Goethe *MA* 8.1, 957.
19. Goethe *MA* 8.1, 595.
20. Goethe *MA* 8.1, 957.
21. Herold 272.
22. Herold 263.
23. Goethe *MA* 8.1, 975.
24. Herold, 265.
25. Goethe *MA* 14, 568.
26. Goethe *MA* 14, 834.
27. Goethe *WA* I 36, 256.
28. Goethe *DKV* II, 5, 538.
29. Schiller *DKV* 12, 706.
30. Goethe *DKV* II, 5, 493.
31. Schiller/Humboldt, 229.
32. Goethe *DKV* II, 5, 967.
33. Schiller III, 259.
34. Schiller III, 192.
35. Schiller III, 98.
36. Goethe *MA* 7, 579.
37. Goethe *DKV* II, 5, 536.
38. Goethe *MA* 8.1, 1001.
39. Goethe *DKV* II, 5, 571.
40. Goethe *MA* 20. I, 98.

Epílogo

1. Goethe *MA* 14, 130.
2. Goethe *MA* 14, 130 y sig.
3. Goethe *MA* 6.1, 91.
4. Goethe 6, I, 904.
5. Goethe *MA* 14, 132.
6. Goethe *MA* 14, 166.
7. Goethe *MA* 14, 677 y sig.
8. *Goethe Briefe* 3, 20.
9. Goethe *MA* 14, 164.
10. Goethe *MA* 19, 75.
11. Goethe *MA* 20. I, 813.
12. Goethe *MA* 20. I, 818.
13. Gotehe *MA* 8.2, 127.
14. Goethe *MA* 8.2, 110.
15. Goethe *MA* 8.2, 117.
16. Goethe *MA* 8.2, 79.
17. Goethe *MA* 20.2, 1559.
18. Goethe *MA* 8.1, 156.
19. Goethe *MA* 8.2, 60.
20. Goethe *MA* 20. I, 818.
21. Goethe *MA* 19, 139 y sig.
22. Goethe *MA* 19, 130.
23. Goethe *MA* 19, 196.
24. Goethe *MA* 19, 131.
25. Goethe *MA* 19, 188.
26. Goethe *MA* 19, 252.
27. Goethe *MA* 19, 290.
28. Goethe *MA* 18.1, 197.
29. Schiller/Humboldt I, 243.
30. Goethe *MA* 20, 2, 1395.
31. Goethe *MA* 19, 586.
32. Schöne, 19.
33. Goethe *MA* 13, I, 189.
34. Goethe *MA* 6, 2, 355.

Índice onomástico

Abel, Jakob Friedrich, 24, 25, 280
Alighieri, Dante, 155
Anschütz, Heinrich, 258
Aristóteles, 11
Augustenburg (duque de), 89, 97, 151

Baggesen, Jens, 89
Baviera Luis I (rey de), 302
Bertuch, Friedrich Justin, 66
Beulwitz Karoline von (véase Wolzogen, Karoline von)
Böhmer, Auguste, 250, 251
Böhmer, Karoline (véase Schlegel, Karoline)
Bonaparte, Napoleón, 21, 87, 196, 219, 235, 260, 261, 273, 278
Börne, Ludwig, 12, 296
Böttiger, Karl August, 22, 151, 178, 264
Bourbon-Conti, príncipe, 261
Brachmann, Louise, 158
Brun, Friederike, 158
Bürger, Gottfried August, 153, 175
Bury, Friedrich, 54

Carlyle, Thomas, 140
Chateaubriand, 279
Claudius, Matthias, 172
Cotta, Johann Friedrich, 98, 101, 141, 151, 170, 185, 188, 211, 217, 246, 272, 296

Dacheröden, Karoline von, 57
Dalberg, Karl von, 75, 88
Dannecker, Johann Heinrich, 195, 301
Diderot, Denis, 15, 234, 286, 287
Dyck, Johann Friedrich, 166, 172

Eckermann, Johann Peter, 114, 157, 174, 176, 260, 270, 295, 298, 299, 302
Ehrhard, Johann Benjamin, 144
Engelhardt, Michael von, 175
Eurípides, 232

Falk, Johann Daniel, 284
Farinato, Paolo, 49
Fichte, Johann Gottlieb, 98, 101, 106, 142-148, 185, 223-226, 234, 235, 252, 282
Forberg, Friedrich Karl, 223, 224
Forster, Georg, 78, 86
Frommann, Carl Friedrich Ernst, 294
Fulda, Fürchtegott Christian, 172

Garve, Christian, 125, 142
Genast, Anton, 265
Gentz, Friedrich, 101
Glück, Christoph, 240
Goethe, August von, 73, 160, 191, 195, 301
Goethe, Ottilie von (de soltera, Von Pogevisch), 300

Gontard, Susette Borkenstein, 189
Göschen, Georg Joachim, 46, 66, 103
Gotha, August von (príncipe), 235
Grabbe, Christian Dietrich, 296

Hacker, Jakob Philipp, 54, 294
Hebel, Henriette von, 270
Hegel, Georg Wilhelm Friedrich, 78, 98
Heinse, Wilhelm, 171
Herder, August, 13
Herder, Johann Gottfried, 19, 31, 51, 52, 54, 74, 85, 101, 118, 126, 149, 151, 175, 229, 236, 238, 241, 279, 281, 283
Herder, Karoline, 65, 66, 78, 129
Herz, Henriette, 57, 102, 104
Herzlieb, Minna, 294
Hohenheim, Franziska von, 19
Hölderlin, Friedrich, 78, 98, 185, 187-191
Homero, 60, 62, 168, 176, 181, 184, 287
Huber, Ludwig Ferdinand, 43, 44
Humboldt, Alexander von, 101, 142
Humboldt, Wilhelm von, 57, 98, 101, 104, 106, 117, 125, 137, 142, 151, 160, 163, 164, 170, 227, 258, 263, 267, 283, 297, 300, 302

Iffland, August Wilheim, 17, 173, 174, 211, 229, 241, 273
Imhoff, Amalie von, 158

Jacobi, Friedrich Heinrich, 20, 66, 86, 101, 126, 166, 238
Jacobi, Max, 160
Jagemann, Karoline, 257
Jerusalem, K.W., 21

Kalb, Charlotte von, 42, 105, 188, 227

Kant, Immanuel, 11, 24, 81, 89, 91, 93, 101, 144, 160, 164, 221, 224, 252
Kaufmann, Christoph, 22
Kestner, Johann Christian, 47
Kleist, Heinrich von, 256
Klettenberg, Susanna Katharina, 127
Klinger, Friedrich Maximilian, 22, 287
Klopstock, Friedrich Gottlieb 22, 23, 24, 78, 101
Knebel, Karl Ludwig von, 51, 64, 67, 80, 118, 122, 151, 185
Körner, Gottfried Christian, 43, 51-53, 58-60, 67, 69, 70, 72, 87, 89, 91, 97, 100, 101, 107, 109, 112, 119, 123, 130, 135, 137, 148, 152, 153, 163, 169, 170, 178, 182, 190, 199, 203, 212, 227, 242, 255, 257, 258, 270
Kotzebue, August von, 167, 171, 262-265

Lafontaine, August Heinrich Julius, 167
Lavater, Johann Kaspar, 166, 171, 196
Lehndorff, Ernst Ashaverus Heinrich, 45
Leibniz, Gottfried, 236
Lengefeld, Charlotte von, 12, 57-59, 62-64, 66, 67, 70, 72, 75, 98, 149, 162-164, 166, 221, 227, 228, 271, 281, 283
Lengefeld, Karoline von, 57-59, 70, 72, 258
Lenz, Jacob, 22, 26
Lessing, Gotthold Ephraim, 21, 83, 236
Levin, Rahel, 151
Lichtenberg, Georg Christoph, 45, 142
Loder, Justus, Christian, 31, 160
Ludendorf, Mathilde, 292
Luis XIV, 285
Luis XVI, 90, 261
Lyncker, Karl Wilhelm von, 46

Mackensen, Wilhelm Friedrich August von, 152
Mann, Thomas, 286
Manso, Johann Friedrich, 166, 172
Marcial, 169
Merckt, Johann Heinrich, 46
Mereau, Sophie, 158
Meyer, Johann Heinrich, 54, 160, 181, 183, 186, 196, 197, 217, 218, 288
Meyer, Marianne, 151
Montaigne, Michel de, 13
Montesquieu, 90
Moritz, Karl Philip, 49, 50, 68, 102
Müller, Johannes, 88, 227, 271

Necker, Jacques, 278
Neuffer, Christian Ludwig, 188
Newton, Isaac, 171
Nicolai, Friedrich, 166, 171
Niethammer, Friedrich Immanuel, 185, 252
Nietzsche, Friedrich, 210
Novalis, 83, 88, 133, 156

Platón, 30
Plutarco, 87
Prusia, Louis Ferdinand (príncipe), 282

Racine, Jean, 278
Rapp, Gottlob, Heinrich, 195
Recke, Elisa von, 158
Reichhardt, Johann Friedrich, 84, 171
Reinhold, Karl Leonhard, 69, 88
Reinwald, Friedrich Hermann, 42
Richter, Jean Paul, 98, 172, 229, 238
Riedel, Cornelius, 63, 67
Riedesel Johann Hermann von, 20
Riemer, Friedrich Wilhelm, 298
Rousseau, Jean Jacques, 20, 26

Schardt, Sophie von, 66
Scharffenstein, Georg Friedrich, 19, 34
Schelling, Friedrich, 78, 98, 250-255
Schiller, Karl, 160
Schiller, Karoline Henriette, 227
Schimmelmann, Ernest von, 89
Schlegel, August Wilhelm von, 58, 98, 101, 152, 153, 155-158, 226, 232, 239, 241, 249, 250, 251, 254, 264, 265, 281, 296, 297
Schlegel, Karoline, 250, 251, 253, 254
Schlegel, Friedrich, 152-157, 171, 250, 254, 265
Schleiermacher, Friedrich, 250
Schlosser, Johann Georg, 127, 226
Schmidt, Johann Christoph, 53
Schöne, Albrecht, 301
Schubart, Christian Friedrich Daniel, 18, 19
Schubart, Helene, 19
Schütz, Christian Gottfried, 142, 223, 269
Schwabe, Karl Leberecht, 301
Shakespeare, William, 24, 25, 27, 40, 124, 155, 157, 204, 239, 264
Sófocles, 168
Staël, Germaine (Madame de), 263, 277-279, 281
Starck, Johann Christian, 227
Steffens, Heinrich, 250, 251
Stein, Charlotte von, 18, 22, 31, 36, 39, 45-48, 58, 65-68, 75, 83, 118, 126-128, 151, 162, 163, 164, 176, 221, 227, 287
Stein, Gottlob Friedrich Constantin (Fritz), 66, 88
Stock, Dora, 43
Stock, Mina, 43
Stolberg, Christian, 22, 102, 166
Stolberg, Friedrich von, 22, 102, 127, 166, 171
Streicher, Andreas, 42

Tieck, Ludwig, 98, 156, 296
Tischbein, Johann Henrich, 48, 288
Tschudi, 272

Unger, Johann Friedrich, 117, 119

Varnhagen, Rahel, 282
Veit, Dorothea, 250
Vieweg, Johann Friedrich, 185
Voigt, Christian Gottlob, 53, 69, 74, 144, 224, 225, 251, 283
Voltaire, 231, 234-239, 257
Voss, Johann Heinrich, 62, 148, 182, 288
Voss, Heinrich, 287
Vulpius, August, 65, 66
Vulpius, Christiane, 12, 59, 65, 66, 72, 75, 83, 119, 129, 149, 159, 160, 162-164, 191, 195, 288

Weimar, Anna Amalia (duquesa de), 51, 281

Weimar, Karl August (duque de), 17, 43, 51, 74, 138, 151, 224, 225
Weimar, Louise (duquesa de), 35, 73
Weisshuhn, Friedrich August, 144, 148
Werner, Zacharias, 294
Wieland, Christoph Martin, 18, 25, 33, 51, 68, 78, 88, 99, 114, 118, 151, 229
Winckelmann, Johann Joachim, 61, 218, 303
Wolf, Friedrich August, 182, 293
Wolff, Amalia, 293
Woltmann, Karl Ludwig, 101, 148
Wolzogen, Henriette von, 42, 57
Wolzogen, Karoline von, 58, 158
Wolzogen, Wilheim von, 287
Württemberg, Karl Eugen (duque de), 12, 19

Zelter, Karl Friedrich, 15, 233, 289, 295, 296, 300
Zimmermann, Johann Georg, 22